普通高等教育"十三五"经济与管理类专业核心课程规划教材

U0747778

商务谈判（第二版）

主　审　李锦成

主　编　雷　娟　全　婧

副主编　王　艳　李冰洁

西安交通大学出版社
XI'AN JIAOTONG UNIVERSITY PRESS

内 容 提 要

　　本教材从本科院校的教学需求出发，以商务谈判的程序与要素为主线，以商务谈判的原则、方法、策略和技巧为核心编写而成，整个教材按照"谈判前的准备、谈判过程、僵局和纠纷等的处理"的顺序，主要包括综合知识篇、实务篇和模拟综合实训三部分内容。

　　注重实用、操作性强是本教材的一大特色。整个教材项目按照谈判实际操作流程来编写，每章附有复习思考题、案例分析与讨论、实训练习与操作等内容，以达到为教学提供方便的目的。

普通高等教育"十三五"经济与管理类专业核心课程规划教材

编写委员会

总 主 编　汪应洛（中国工程院院士）

编委会委员（按姓氏笔画排序）：

马治国　　万映红　　王文博　　王林雪

邓晓兰　　孙林岩　　冯宗宪　　冯宪芬

冯　涛　　刘　儒　　李　成　　李　琪

张俊瑞　　郭根龙　　郭　鹏　　相里六续

郝渊晓　　袁治平　　樊技飞　　魏　玮

策　　划　　魏照民

第二版前言

随着中国经济的飞速发展,中国在世界经济中的地位日益重要。同时,中国也面临着和其他国家之间的利益之争。因此,谈判在中国社会主义市场经济中发挥着越来越重要的作用。人们要想在生活和工作实践中,特别是在商务活动中取得满意的谈判结果,就必须掌握商务谈判的基本规律,并结合实际加以运用。只有了解、学习并掌握了商务谈判的基本规律,并运用得当,才能以胜利者的姿态面对纷繁复杂的商务交往而游刃有余。

商务谈程是一门复杂的、需要综合运用多种技能与技巧的艺术。尤其在现代社会经济生活中,商务谈判作为一门学科,融汇了市场营销、国际贸易、金融、法律、科技、文学艺术、心理和演讲等多种学科,所涉及的知识领域更为广阔。

本书在第一版的基础上,根据国内外经济发展的特点和广大读者提出的宝贵意见,调整了部分章节内容,更新了教学案例,补充了国际商务谈判中遇到的问题,收入了大量著名的成功谈判案例。由于本书以商务谈判的程序与要素为主线,以商务谈判的原则、方法、策略和技巧为核心编写而成,因此在这次编写中,特别对项目四的内容进行调整,按照商务谈判前的"人员和队伍的组织——物质准备——信息收集——谈判方案的制定"的顺序整理教材内容,力图使读者按照谈判发生过程了解谈判需要准备的事项。

本书的编写定位是面向普通高等院校经管类专业课教材,特别适合应用型本科采用,也可作为其他各专业的公共选修课教材,还可以作为企业、公司及各类管理人员学习商务谈判知识和参加继续教育培训的教材。如果作为高职院校选用,建议项目二和项目三中的知识素养一和知识素养二可以不作为讲解内容。

本书的编写人员及分工如下:雷娟(项目二、六、七、八、九、十),全婧(项目三、四、十一),李冰洁(项目一),王艳(项目五),张莉娜(项目十二),雷可为(项目十三)。其中,雷娟负责全书总体结构的设计、大纲的拟定和初稿的修改补充,并对全书进行总纂、定稿,李锦成老师对全书进行了审核。

本书在编写的过程中,参考和借鉴了大量国内外同类著作文献,以及报刊资料。至此出版之际,特向这些作者表示诚挚的感谢! 同时,西安交通大学出版社的各位老师对本书的出版做了大量的工作,在此一并表示感谢。

书中疏漏之处,敬请批评指正,以便再版时予以完善和纠正。

编者

2014 年 4 月

第一版前言

中国加入世界贸易组织后,作为其重要一员,随着参与世界经济的更加深入,商务谈判也逐渐进入了人们的日常生活。要想在生活和工作实践中,特别是在商务活动中取得满意的谈判结果,就必须掌握商务谈判的基本规律,并结合实际加以运用。只有了解、学习并掌握了商务谈判的基本规律,才能以胜利者的姿态面对纷繁复杂的商务交往而游刃有余。商务谈判过程是一门复杂的、需要综合运用多种技能与技巧的艺术。尤其在现代社会经济生活中,商务谈判作为一门学科,融汇了市场营销、国际贸易、金融、法律、科技、文学艺术、心理和演讲等多种学科,所涉及的知识领域更为广阔。为了满足社会经济发展和高等院校教育发展的需要,在认真总结多年教学实践的基础上,我们组织编写了本书。

本书从应用型本科院校的教学要求出发,遵循"理论以够用为度,强化技能训练"的编写原则,以商务谈判的程序与要素为主线,以商务谈判的原则、方法、策略和技巧为核心编写而成,主要包括综合知识篇、实务篇和模拟综合实训三部分内容。与以往的教材相比较,本书具有以下突出特点:

1. 编写体系新颖

本书在编写过程中大胆吸收了国内、国际,特别是发达国家 21 世纪以来较为成熟的理论和方法,同时注意反映和提炼我国商务经济领域的最新理论和实践。在编写体制上,本书核心部分是以谈判前的准备、谈判过程、谈判总结为顺序来安排教材内容,使读者能够更清晰地了解谈判过程。

2. 注重实用性

本书编写风格力求生动、易懂、实用,系统而真实地反映商务谈判的内容与技巧,让复杂的问题简单化、枯燥的原理形象化、零散的问题系统化。全书采用"项目导向,任务驱动"的编写方法,具体到每一个项目中,都明确了知识目标和技能目标,每一个项目在知识素养的基础上安排了实训内容,真正做到了"边学边做,学以致用"。

本书的编写定位是面向普通高等院校经管类专业课教材,特别适合应用型本科采用,也可作为其他各专业的公共选修课教材,还可以作为企业、公司及各类管理人员学习商务谈判知识和参加继续教育培训的教材。如果作为高职院校选用,建议项目二和项目三中的知识素养一和知识素养二可以不作为讲解内容。

本书的建议学时为 48~64 学时,其中项目一建议学时为 2~3 学时,项目二建议学时为 2~4 学时,项目三建议学时为 3~4 学时,项目四建议学时为 3~5 学时,项目五建议学时为 3~4 学时,项目六建议学时为 5~6 学时,项目七建议学时为 5~6 学时,项目八建议学时为 6~7 学时,项目九建议学时为 3~4 学时,项目十建议学时为 5~6 学时,项目十一建议学时为 6~7 学时,项目十二建议学时为 3~4 学时,项目十三建议学时为 3~4 学时。

本书的编写人员及分工如下:雷娟(西安欧亚学院,项目二、六、七、八、九、十、十三),全婧(西安培华学院,项目三、四、十一),李冰洁(西安欧亚学院,项目一),王艳(西安培华学院,项目五),张莉娜、雷可为(西安欧亚学院,项目十二),答百洋(西安欧亚学院,项目十三)。其中,雷娟负责全书总体结构的设计、大纲的拟定和初稿的修改补充,并对全书进行总纂、定稿,李锦成老师对全书进行了审核。

本书在编写的过程中,参考和借鉴了大量国内外同类著作文献以及报刊资料,值此出版之际,特向这些作者表示诚挚的感谢! 同时,西安交通大学出版社的各位老师对本书的出版做了大量的工作,在此一并表示感谢。

由于国际商务谈判理论和实践的发展变化日新月异,加之作者水平有限,本书虽经过多次修改,但仍难免有疏漏之处,敬请批评指正,以便再版时予以完善和纠正。

编者

2011 年 8 月

目录
Contents

第一篇

商务谈判综合知识

项目一
商务谈判概述

学习目标

一、知识目标

1. 熟悉商务谈判的概念和特点
2. 明确谈判的目的和手段,树立正确的谈判观
3. 了解商务谈判的类型和构成要素

二、技能目标

熟练运用商务谈判的基本原则

情境链接

小王是思远商务公司刚刚入职的商务代表,他的主管希望他先熟悉基本业务。因为小王将从事公司与客户的联系、接待及谈判的相关工作,所以他需要学习大量的商务谈判知识来满足工作的需要,小王决定先从入门知识学起。

知识素养一 商务谈判的基本概念和特点

一、谈判

谈判是人类行为的一个组成部分,在人们社会交往活动中起着越来越重要的作用。了解和借鉴古今中外有关谈判的一些理论、原则乃至不同的谈判风格,对提高自身素质、改善企业的经营管理和提高企业经济效益有着十分重要的意义。

现代社会中,对政府、企业组织或者对每一个人来说,每时每刻都在与社会发生着广泛而复杂的联系。家庭成员之间、人与人之间、人与组织之间、组织与组织之间,都因社会交往的需要而要进行谈判。不管你是否喜欢,你都是一位谈判者;不论你是否意识到,你都在进行谈判。当你还是孩童的时候,拿到期末考试优异的成绩单,你会设法向父母争取奖励,而父母在奖励之后,则会向你提出下一个目标;当你长大成人之后,你会与自己的恋人商量是去听流行歌手的音乐会还是去看足球比赛;当你为公司工作时,你会作为公司代表与其他企业代表磋商交易;当你在公司的业绩不断提高时,你会小心地和公司老板商量加薪和升职事宜。这些都是谈判。总之,现实世界就是一个巨大的谈判桌,不管你是否愿意,你始终是一个参加者。人们为了适应生活、满足工作要求、处理冲突,不管喜欢与否,都会坐到桌边来,想方设法利用谈判来

满足需要和欲望,以达到自己的目的。需要和欲望则成为驱使人们谈判的原始动力。如果没有需要和欲望,也就不会有谈判。而成功的谈判应该是双方的需要和欲望通过磋商都有所满足,有所得益。因此,为了事业的成功,为了谋求一个美好的生活氛围,我们每一个人都有必要学习和掌握谈判的原理及其技巧。

(一)谈判的含义

谈判是人们为了协调彼此之间的关系,满足各自的需要,通过协商而争取达到意见一致的行为和过程。

谈判是一个过程,在这个过程中利益双方就共同关心的或志趣相同的问题进行磋商,协调和调整各自的经济、政治和其他利益,谋求妥协,从而使双方都感到是在有利的条件下达成协议,促成均衡。谈判的目的是协调利益冲突,实现共同利益。

谈判作为协调各方面关系的重要手段,广泛运用于政治、经济、军事、外交、科技等各个领域。

(二)谈判的特点

1. 谈判的目的性

谈判各方均有各自的需求、愿望或利益目标,是目的性很强的活动。没有明确的谈判目的,不明白为什么而谈和在谈什么,至多只能叫做"聊天"或"闲谈"。

案例链接 1-1

1972年,在中美建交前的一次谈判中,基辛格对邓小平说:"我们的谈判是建立在健全的基础上的,因为我们都无求于对方。"第二天,毛泽东会见基辛格时反驳道:"如果双方都无求于对方,你到北京来干什么? 如果双方都无所求的话,那么,我们为什么要接待你和你的总统?"可见,谈判中,若谈判者以一种"高姿态"的口气表达自己"无求于对方",可以肯定地说,这只不过是一个把戏而已。

谈判的直接原因是因为谈判各方都有自己的需求,需求是谈判的内在动力。谈判者只有为了保护和寻求某种利益才会去谈判。

谈判的内在动力是需求,而且满足一方的需求会涉及或影响另一方需求的满足,任何一方都不能无视他方需求的满足。可以这样说,谈判各方之间各自的需求是既对立又统一的矛盾关系。例如,中外双方经过磋商洽谈在中国境内建立一个合资企业,合资企业所需先进技术由外方提供。对外商而言,举办这种合资企业,其目的和需求应该是利用技术上的优势,通过合资这种形式,绕过直接贸易的障碍,利用中国政府给予中外合资企业的许多便利,开拓和占领中国广阔的市场,并获得长期丰厚的利润。而对中方来讲,其目的和需求则是利用外商的先进技术,并积极消化和吸收这种技术的精华,提高我国在该项产品上的技术水平,同时还向外商学习其先进的管理经验,在使产品满足国内市场的同时,积极争取出口创汇。显而易见,中外双方的目的和需求是既统一又矛盾的:对中方而言,是以市场换技术;而对外商而言,则是以技术换市场。

2. 谈判的相互性

谈判是一种双边或多边的行为和活动,这总要涉及谈判的对象。否则,自己和自己谈,就不称其为谈判,也达不到谈判的目的。因此,人们在谈判的定义中都指出谈判的相互性,即谋求一种合作这一基本点,如,"为了改变相互关系"、"涉及各方"、"双方致力于说服对方"或者"个人、组织或国家之间"、"使两个或数个角色的合作"、"谈判双方"、"协调彼此之间的关系"等。

案例链接 1-2

某市有一个广播电视修理商,生意很不景气,总想找机会突破这种局面,以求有所发展,于是修理商主动找电台谈判,期望合作。通过谈判,双方达成如下协议:电台为广播电视修理商免费做广告宣传,修理商则把电台的节目单张贴在修理铺的橱窗上,还保证所有修好的收音机都能收到该电台节目。协议的结果是双方都获益,修理商得到了免费广告,而电台得到了更多的听众。结果双方一直保持良好的合作关系。

在整个谈判过程中,谈判一方以行为和语言等手段向对方传递有关产品、企业、服务等信息,另一方也会对该方传递的信息作出反应,或向该方传递新的信息。双方都对对方发出的信息作出"接收"、"加工整理"、"反馈"等反应,并相应地调整或改变自己的行为,通过持续不断的信息传递与反馈进行相互影响、相互适应。

3. 谈判的协商性

谈判是通过相互合作实现各自目标的有效手段。谈判不是命令或通知,不能由一方说了算。所以,在谈判中,一方既要清楚地表达其立场和观点,又必须认真地听取他方的陈述和要求,并不断调整对策,以求沟通信息、增进了解、缩小分歧、达成共识,这就是彼此之间的协商或磋商。因此,谈判的定义不能不阐明谈判的协商性,即寻求一致意见这一基本点,如"交换观点"、"利用协商手段"、"进行磋商"、"说服对方"、"观点互换"、"通过协商"、"进行相互协商"等。

二、商务谈判的内涵及特征

(一) 商务谈判的内涵

谈判是一种普遍的行为,广泛存在于政治活动、经济活动、社会活动以及国际关系中。随着社会经济的发展和人们之间的经济交往日趋频繁,为实现一定的交易行为或实现一定的商务利益而进行的谈判——商务谈判——迅速发展起来,日益成为现代社会中谈判的重要形式之一。

商务谈判是在经济活动中,以经济利益为目的,因各种业务往来而进行的谈判,包括一切国内经济组织间的商务谈判及国内经济组织与国外经济组织间的涉外商务谈判。

(二)商务谈判的特征

作为一种谈判,商务谈判具有谈判的所有特点,但它又不同于其他谈判,其具有自身的特征:

1. 商务谈判的本质特征是以经济利益为目的

谈判的类型很多,谈判的主题也是各式各样的:有的以某一观点和意见作为谈判主题,如工作管理谈判和党派谈判;有的以对某一问题的处理方式作为谈判主题,如军事谈判和政治谈判;有的以相互关系的定位作为谈判的主题,如某些外交谈判。而商务谈判的目的就是要获得经济上的利益。在具体实际的谈判中,有的谈判人员可能会调动和运用各种因素,运用各种策略和战术,有的甚至运用许多非经济因素来影响谈判。但是不管怎么样,其最终的目的仍然是受经济利益的驱使,目标仍然是经济利益。

2. 商务谈判以价值谈判为核心

商务谈判涉及的因素很多,谈判者的需求和利益表现在众多方面,但价值则几乎是所有商务谈判的核心内容。这是因为在商务谈判中价值的表现形式——价格——最直接地反映了谈判双方的利益。谈判双方在其他利益上的得与失,在很多情况下或多或少都可以折算为一定的价格,并通过价格升降而得到体现。需要指出的是:在商务谈判中,我们一方面要以价格为中心,坚持自己的利益;另一方面又不能仅仅局限于价格,应该拓宽思路,设法从其他利益因素上争取应得的利益。因为,与其在价格上与对手争执不休,还不如在其他利益因素上使对方在不知不觉中让步。这是进行商务谈判时所需要注意的。

3. 商务谈判注重合同条款的严密性与准确性

商务谈判的结果是通过双方协商一致的协议或合同来体现的。合同条款实质上反映了各方的权利和义务,合同条款的严密性与准确性是保障谈判双方获得各种利益的重要前提。有些谈判者在商务谈判中花了很大气力,好不容易为自己获得了较有利的结果,对方为了得到合同,也迫不得已作了许多让步,这时谈判者似乎已经获得了这场谈判的胜利,但如果在拟订合同条款时掉以轻心,不注意合同条款的完整、严密、准确、合理、合法,其结果往往是谈判对手在条款措词或表述技巧上设制陷阱,这不仅会把到手的利益丧失殆尽,而且还要为此付出惨重的代价,这种例子在商务谈判中屡见不鲜。因此,在商务谈判中,谈判者不仅要重视口头上的承诺,更要重视合同条款的准确性和严密性。

案例链接 1-3

中国某大学机械厂与日本某株式会社办事处签订了一份标的物为“阴井盖”的加工合同,数量为 16000 吨,金额为 2050 万元。合同规定:机械厂严格按株式会社的图纸生产,材质规格必须符合标准,样品不合格或逾期交第一批货按违约处理。株式会社方面还收取机械厂 3 万元履行合同的保证金,机械厂另付中间人 4.5 万元介绍业务酬金,以及差旅费、招待费 7000元。随后机械厂又高薪聘请外单位工程师负责技术把关,组织样品生产。但是,到合同规定送样品截止日期只差一个星期的时候,机械厂还是生产不出符合要求的样品。这时机械厂厂长、工程师才恍然大悟:合同上对阴井盖的要求与图纸有矛盾,这样,“违约”百分之百是机械厂。这就是一种“规避法规”合同,机械厂因此共计损失 10 万元。这种手段也常被社会上一些不法分子在骗取金钱时使用。

(三)国际商务谈判的特点

国际商务谈判是国际商务活动中不同的利益主体,为了达成某笔交易,而就交易的各项条件进行协商的过程。

国际商务谈判既具有一般商务谈判的特点,又具有国际经济活动的特殊性,其具体表现在:

1. 政治性强

国际商务谈判既是一种商务交易谈判,也是一项国际交往活动,具有较强的政策性。由于谈判双方的商务关系是两国或两个地区之间整体经济关系的一部分,常常涉及两国或地区之间的政治关系和外交关系,因此在谈判中两国或两个地区的政府常常会干预和影响商务谈判。

所以,国际商务谈判必须贯彻执行国家的有关方针政策和外交政策,同时,还应注意国别政策,以及执行对外经济贸易的一系列法律和规章制度。

2. 以国际商法为准则

由于国际商务谈判的结果会导致资产的跨国转移,必然要涉及国际贸易、国际结算、国际保险、国际运输等一系列问题,因此在国际商务谈判中要以国际商法为准则,并以国际惯例为基础。所以,谈判人员要熟悉各种国际惯例、对方所在国的法律条款,以及国际经济组织的各种规定和国际法。这些问题是一般国内商务谈判所无法涉及的,要引起特别重视。

3. 谈判难度大

由于国际商务谈判的谈判者代表了不同国家或地区的利益,有着不同的社会文化和经济、政治背景,人们的价值观、思维方式、行为方式、语言及风俗习惯各不相同,从而使影响谈判的因素更加复杂,谈判的难度更大。在实际谈判过程中,对手的情况千变万化,作风各异:有的热情洋溢,有的沉默寡言;有的果敢决断,有的多疑多虑;有的善意合作,有的故意寻衅。这种种表现,都与一定的社会文化、经济政治有关。不同表现反映了不同谈判者有不同的价值观和不同的思维方式。因此,谈判者必须具备广博的知识和高超的谈判技巧,不仅能在谈判桌上因人而异,运用自如,而且要在谈判前注意资料的准备、信息的收集,使谈判按预定的方案顺利进行。

案例链接 1-4

某总经理去广交会考察,恰巧碰上出口部经理和印尼客户热烈地洽谈合同。看见领导走过来,出口部经理忙向客户介绍,总经理因右手拿着公文包,便伸出左手握住对方伸出的右手。谁知刚才还笑容满面的客人突然笑容全无,并且就座后也失去了先前讨价还价的热情,不一会便声称有其他约会,急急地离开了。

知识素养二 商务谈判的类型和原则

一、商务谈判的类型

商务谈判按照不同的标准可以划分成不同类型,了解了不同类型的谈判,可以更好地参与谈判和采取有效的谈判策略。下面我们来看一下商务谈判可以分为哪些类型:

(一)按谈判的方向划分

1. 纵向谈判

纵向谈判是指所确定的议题按先后顺序依次进行商讨的谈判方式,即在确定谈判的主要问题后,逐个讨论每一问题和条款,讨论一个问题,解决一个问题,一直到谈判结束。例如,一项产品交易谈判,双方确定出价格、质量、运输、保险、索赔等几项主要内容后,开始就价格进行磋商。如果价格确定不下来,就不谈其他条款。只有价格谈妥之后,才依次讨论其他问题。

2. 横向谈判

横向谈判是指在确定谈判所涉及的主要问题后,开始逐个讨论预先确定的问题,在某一问题上出现矛盾或分歧时,就把这一问题放在后面,讨论其他问题,如此周而复始地讨论下去,直到所有内容都谈妥为止。例如,在资金借贷谈判中,谈判内容要涉及货币、金额、利息率、贷款期限、担保、还款以及宽限期等问题,如果双方在贷款期限上不能达成一致意见,就可以把这一问题放在后面,继续讨论担保、还款等问题。当其他问题解决之后,再回过头来讨论这个问题。这种谈判方式的核心就是灵活、变通,只要有利于问题解决,经过双方协商同意,讨论的条款可以随时调整。谈判遇到分歧时也可以采用这种方法:把与此有关的异议提出来,一起讨论研究,使谈判双方对这些异议相互之间有一个协商让步的余地,这非常有利于问题的解决。例如,贷款期不能确定,可与利率、还款及宽限期一起讨论磋商,以促进问题的解决。

一般大型谈判、涉及两方以上人员参加的谈判大都采用横向谈判的形式;而规模较小、业务简单,特别是双方已有过合作历史的谈判,则可采用纵向谈判。

(二)按谈判方所采取的态度划分

1. 让步型谈判

让步型谈判又叫软式谈判,是指以妥协、让步为手段,希望避免冲突,为此随时准备以牺牲己方利益换取协议与合作的谈判方法,是硬式谈判的对称。软式谈判法往往适用于总体利益和长远利益大于一次具体谈判所涉及的局部利益和近期利益的谈判。

让步型谈判中谈判者把谈判对手视为朋友,信守"和为贵"的原则。让步型谈判的目标是取得协议,即协议本身高于本次谈判中自身的立场、利益,为取得协议而接受损失,强调建立和维持双方的关系。

2. 立场型谈判

立场型谈判又称硬式谈判。立场型谈判者把任何情况看做是一场意志力的竞争和搏斗,认为在这样的竞赛中,立场越强硬者,最后的收获也就越多。立场型谈判者往往在谈判开始时提出一个极端的立场,进而固执地加以坚持。

这种谈判,谈判者视对方为劲敌,强调谈判立场的坚定性和针锋相对,认为只有按照己方的立场达成了协议才是谈判的胜利。

3. 原则型谈判

原则型谈判也称价值型谈判。这种谈判,最早由美国哈佛大学谈判中心提出,故又称哈佛谈判术。

原则型谈判的参加者把对方看做与自己并肩合作的同事,既非朋友更非敌人;他们不像让步型谈判那样只强调对方的关系而忽视己方利益的获取,也不像立场型谈判那样只坚持本方的立场,不兼顾双方的利益,而是渴立寻求双方利益上的共同点,在此基础上设想各种使双方各有所获的方案。

(三)按谈判人员的数量划分

1. "一对一"谈判

项目小的商务谈判往往是"一对一"式。出席谈判的各方虽然均只有一个人,但并非意味着谈判者不需要做准备。"一对一"谈判往往是一种最困难的谈判类型,因为谈判者只能各自为战,得不到助手的及时帮助。

2. 小组谈判

一般较大的谈判项目,情况比较复杂,谈判各方有几个人同时参加,各人之间有分工有协作,取长补短,各尽所能,可以大大缩短谈判时间,提高谈判效率。

3. 大型谈判

国家级、省(市)级或重大项目的谈判,都必须采用大型谈判这种类型。

(四)按谈判的地域划分

1. 主座谈判

主座谈判又称主场谈判,即在本方所在地组织的谈判。

2. 客座谈判

客座谈判亦称为客场谈判,即在谈判对手所在地组织的商务谈判。客座谈判对客方来说需要克服许多困难,到客场谈判时必须注意:①要入境问俗,入国问禁;②要审时度势,争取主动;③要配备好自己的翻译、代理人,不能随便接受对方推荐的人员,以防泄密。

3. 主客座轮流谈判

这是一种在商务交易中谈判地点互易的谈判。谈判可能开始在卖方,继续谈判在买方,结束又在卖方。谈判内容可能涉及大宗商品买卖,也可能涉及成套项目的买卖。进行主客座轮流谈判应注意以下两个方面的问题:①确定阶段利益目标,争取不同阶段最佳谈判效益;②坚持主谈人的连贯性,换座不换帅。

4. 第三地谈判(或中立地谈判)

第三地谈判是指谈判地点设在第三地的商务谈判类型。第三地谈判避免了地域上的优势,使得各方的地位较平等,谈判环境较为公平,但会造成谈判成本的提高。

(五)按谈判内容的透明度划分

1. 公开谈判

公开谈判是指谈判的主题、时间、地点、参谈人员及谈判过程均向外界公开的谈判。

2. 秘密谈判

秘密谈判是指谈判主题、时间、地点、人员、进程及结果等均不公开的谈判。

二、商务谈判的原则

商务谈判的原则是指商务谈判中谈判各方应当遵循的指导思想和基本准则。商务谈判的原则是商务谈判内在的、必然的行为规范,是商务谈判的实践总结和制胜规律。因此,认识和把握商务谈判的原则,有助于维护谈判各方的权益、提高谈判的成功率和指导谈判策略的运用。

商务谈判都依存于特定的环境和条件,并服从于谈判者对特定目标的追求。因而在现实中存在的大量商务谈判行为,必然是各具特色、互不相同的。但是,任何一项商务谈判又都是谈判各方共同解决问题、满足各自需要的过程,从这个意义上讲,不同的商务谈判对谈判者的行为又有着共同的要求。或者说,无论人们参与什么样的商务谈判,都必须遵循某些共同的准则。商务谈判是一种原则性很强的活动,在商务谈判中,谈判者应遵循的原则主要有下述几个方面:

1. 平等原则

平等原则是指商务谈判中不管各方的经济实力有多强,组织规模有多大,都应该坚持地位平等,自愿合作,平等协商,公平交易。

从某种意义上讲,双方力量、人格、地位等的相对独立和对等,是谈判行为发生与存在的必要条件。如果谈判中的某一方由于某些特殊原因而丧失了与对方对等的力量或地位,那么另一方可能很快就不再把他作为谈判对手,并且可能试图去寻找其他的而不是谈判的途径来解决问题,这样,谈判也就失去了它本来的面目。在商务谈判中,当事各方对于交易项目及其交易条件都拥有同样的否决权,达成协议只能协商一致,不能由一家说了算或少数服从多数。这种同质的否决权和协商一致的要求,客观上赋予了各方平等的权力和地位。因此,谈判各方必须充分认识这种相互平等的权力和地位,自觉贯彻平等原则。平等原则反映了商务谈判的内在要求,是谈判者必须遵循的一项基本原则。商务谈判是涉及谈判各方的行为,这一行为是由谈判各方共同推动的,谈判的结果并不取决于某一方的主观意愿,而是取决于谈判各方的共同要求。

贯彻平等原则,要求谈判各方互相尊重、以礼相待,任何一方都不能仗势欺人、以强凌弱,把自己的意志强加于人。只有坚持这种平等原则,商务谈判才能在互信合作的气氛中顺利进行,才能达到互助互惠的谈判目标。可以说,平等原则是商务谈判的基础。

2. 互利原则

互利原则是指谈判达成的协议对于各方都是有利的原则。互利是平等的客观要求和直接结果。商务谈判不是竞技比赛,不能一方胜利一方失败,一方盈利一方亏本。因为,谈判如果只有利于一方,不利方就会退出谈判,这样自然导致谈判破裂,谈判的胜利方也就不复存在。同时,谈判中所耗费的劳动也就成为无效劳动,谈判各方也都只能是失败者了。可见,互利是商务谈判的目标。坚持互利,就要重视合作;没有合作,互利就不能实现。谈判各方只有在追求自身利益的同时,也尊重对方的利益追求,立足于互补合作,才能互谅互让,争取互惠"双赢",实现各自的利益目标,获得谈判的成功。

谈判所取得的结果应该对各方都有利,因此互惠互利是谈判取得成功的重要保证。但这并不是说各方从谈判中获取的利益必须是等量的,因此互利并不意味着利益的相等。在谈判过程中,任何一方都有权要求对方作出某些让步;同时,任何一方又都必须对对方所提出的要求作出相应的反应。让步对于确立双方利益而言是必需的,但让步的幅度在不同的谈判上又可以是不相等的。

事实上,谈判双方可以通过共同努力来增加可以切割的利益总数。如果双方联合起来做更大的蛋糕,尽管其相对的份额保持不变,但各自的所得却增加了。这是一种典型的"赢—赢"式的谈判,其重点是合作,而不是冲突。例如,与美国摩托公司谈判的美国联合汽车工人工会领导人发现,如果坚持原来的立场将迫使公司大幅度停工,甚至破产,工人也会因此失业。由于认识到了这是一个共同的利益,因此双方达成了一项长期协议。根据这一协议,双方各自作出让步以便在未来取得更多的利益。这样,他们双方就合作制作了一块更大的馅饼。当然,在谈判中,50%对50%的做法仅仅是一种可能的结果,更为常见的是谈判各方都力图从那一块较大的蛋糕中取得较多的一份。尽管商务谈判强调合作更甚于强调冲突,但在任何一项谈判中又都不可避免地存在冲突的因素。一个出色的谈判者应该善于合理地运用合作和冲突,在平等互利的基础上,努力为本方争取最大的利益。

在实践中,商务谈判的结果有四种可能,即你赢我输,你输我赢,你输我输,你赢我赢。前两种结果实际上是一方侵占了另一方的利益;第三种结果说明双方由于相互争夺,导致都受损失;第四种结果表明双方达到了互利互惠,这是商务谈判中双方应当争取的结果。

某房客租房后发现房间设备有损坏,按租约规定:室内原有设备如果不是故意损坏的,由房东负责修理、更换。但房东说没有钱来维修。一段时间过后,房东仍不肯让步。最后,房客找到房东说:"我今天来通知你,我下个星期搬出你这儿,你必须在下周一前,把预交三年的租金如数退还。如果你下一周前不退钱,我将采取其他方式迫使你退还。"房东心想,预收的租金已经用在盖楼房了,退不了租金可能就要被告上法庭。最终房东作了让步,损坏的设备得到了更换,问题得到了解决。这个问题之所以能得到解决,是因为在他们对立的立场背后既存在着冲突性的利益,又存在着共同的利益。

3. 合法原则

合法原则是指商务谈判必须遵守国家的法律、政策。国际商务谈判还应当遵循有关的国际法和对方国家的有关法规。商务谈判的合法原则,具体体现在以下三个方面:一是谈判主体合法,即谈判参与的各方组织及其谈判人员具有合法的资格;二是谈判议题合法,即谈判所要磋商的交易项目具有合法性,对于法律不允许的行为,如买卖毒品、贩卖人口、走私货物等,其谈判显然是违法的;三是谈判手段合法,即应通过公正、公平、公开的手段达到谈判目的,而不能采用某些不正当的,如行贿受贿、暴力威胁等手段来达到谈判的目的。总之,只有在商务谈判中遵守合法原则,谈判及其协议才具有法律效力,当事各方的权益才能受到法律的保护。因此合法原则是商务谈判的根本。

长期以来,不少企业守法和用法观念淡薄:一方面,有些企业有意或无意地触犯和违反了政策、法律和条令,例如,生产销售假冒劣质产品,任意涨价、哄抬物价,扰乱市场;另一方面,有些企业的利益受到侵犯,却不知如何依法追究对方责任,尤其是在与外商交易时更是如此。因此进行商务谈判必须遵守合法原则,否则害人害己。

4. 诚信原则

诚信原则即守信与诚实原则。进行谈判,诚实、守信至关重要,这也是参加商务谈判的一项重要原则。

所谓守信,就是言出必行;所谓诚实,就是真诚相待。任何谈判,如果言而无信,出尔反尔,势必失信于人,破坏双方的合作,谈判也必将失败。俗话说"诚招天下客",这在商务谈判中尤其如此。诚心实意,坦率守信,这既是一条谈判原则,又是谈判成功的有效法宝之一。

为了在谈判中遵循这一原则,谈判者应该做到:①讲信用,遵守谈判中的诺言,所谓"一诺千金",此乃取信于人的核心。②信任对方,此乃守信的基础,也是取信于人的方法,只有信任对方,才能得到对方的信任。③不轻诺,此乃守信的重要保障。轻诺寡信,必将失信于人。④以诚相待,此乃取信于人的积极方法。诚实与保守商业机密并不矛盾,诚实的意义在于不欺诈,所以谈判人员应该明白这样的道理。

哈佛原则谈判法

荣格·费舍尔是哈佛大学法学院的荣誉教授,在1959年加盟该学院后一直在从事谈判理论的研究和实践经验的总结。费舍尔有着丰富的谈判阅历,他曾经长期担任美国热门电视栏目《辩护士》的特约嘉宾,同时参与和咨询了许多著名的国际纠纷和冲突问题,包括埃以首脑戴维营和谈(1978年)、伊朗贝鲁特人质事件(1981年)、第二次埃斯基普拉斯中美洲国家首脑会谈(1989年)等等。与通常那些旷日持久的马拉松式的政治谈判不同,以上谈判事件都取得了较圆满的结局,堪称奇迹。也正因为这些不同寻常的经历,费舍尔曾经担任美国、伊朗、危地马拉等国家和政府的高级谈判顾问。

在费舍尔的倡导下,1979年哈佛大学法学院、商学院的一批学者成立了一个关于谈判的研究兴趣小组,他们定期地聚会讨论谈判与冲突的问题,这就是著名的哈佛谈判项目的雏形。该项目凝聚了一批优秀的研究巨匠,例如霍华德·雷法、戴维·拉科斯、詹姆斯·赛本斯、杰弗·鲁宾、比尔·尤瑞等,宛若日月争辉,哈佛大学成为全球谈判研究的圣地。在其感染下,美国其他院校也纷纷设立了谈判(或称为"争端解决"、"冲突处理"等)研究机构。其中以哈佛大学、西北大学、麻省理工学院为代表的最著名的17家研究机构长期受到美国休哈特基金会的资助。"同类相从,同声相应",这些研究机构在不断丰富理论研究的同时,也通过著作出版、案例撰写或者会议交流等多种形式,丰富和促进着全球谈判学的知识库。

在哈佛谈判项目所提出的众多理论中,其中最著名的就是费舍尔在《赢得协议》一书里所总结的原则式谈判。正因为如此,《赢得协议》出版后迅速成为纽约时报最畅销的上榜著作,并被翻译成10多种语言,发行量超过100万册。

以往,人们通常将谈判划分为软式谈判和硬式谈判两种风格。但根据荣格·费舍尔的观点,这两种谈判风格都是错误的,正确的应该是所谓的原则式谈判风格。与软式谈判相比,原则式谈判也注意与对方保持良好的关系,但是并不像软式谈判那样只强调双方的关系而忽视利益的公平。与硬式谈判相比,原则式谈判主张注重调和双方的利益,而不是在立场上纠缠不清。因此,原则式谈判既不是软式谈判,也不是硬式谈判,而是介于两者之间。根据原则式谈判的思路,费舍尔对谈判过程的关键要素重新进行了诠释,并提出处理这些问题的基本原则。例如:

(1)人:谈判者要将谈判过程中人的因素与谈判的具体问题区别开。

(2)利益:谈判者应关注双方实质性的利益,而不是表面的立场。

(3)方案:为了共同的利益,谈判者要努力创造各种可供选择的解决方案。

(4)标准:如果遇到利益冲突,谈判者应该采用客观标准来衡量彼此的利益范围。

原则式谈判是一种既注重理性又注重感情,既关心利益也关心关系的谈判风格,在谈判活动中的应用范围很广泛。实践证明,这种谈判风格达成的协议,在履行过程中比较顺利,毁约、索赔的情况也比较少。当然,原则式谈判也有其应用范围。首先,它要求谈判双方能够仔细地在冲突性立场的背后努力寻求共同的利益;其次,谈判双方处于平等的地位,没有咄咄逼人的优势,也没有软弱无力的退让。

知识素养三　商务谈判的要素和内容

一、谈判的构成要素

谈判作为一种人类活动有其自身的构成要素。认识谈判的构成要素与谈判者正确运用谈判策略和技巧有密切关系。一项完整的谈判活动必须具备以下要素：

1. 谈判主体

谈判主体是指代表各自利益的当事人。谈判的利益主体至少由两方组成，也可以是三方甚至多方，这主要由谈判客体所涉及的利益关系而定。从谈判当事人的归属来说，谈判主体可以是个人、组织或国家。

2. 谈判标的

谈判标的是指谈判的事物，如贸易谈判标的是指买卖的货物，服务型谈判标的是指服务的内容等。

3. 谈判议题

谈判议题是指谈判中双方所要协商解决的具体问题。它包含了双方的利益，必须是双方当事人所共同关心的，与各方利益有某种程度联系的提案、盟约、交易、观点或事务。一个问题要成为谈判议题，需要具备两个条件：一是它对于各方的共同性，亦即这一问题是各方共同关心并希望得到解决的，如果不具备这一点，就构不成谈判议题。二是它要具备可谈性，也就是说提出的议题必须是现实中能实现的，如果根本不具备实现的条件，那也不能构成议题。在不同的谈判中，可能谈判的标的相同，但议题不同，比如标货同为大米，有的谈判中议题为大米的价格，有的谈判议题为大米的交货期和数量。也有可能谈判的标的和议题都不相同。而选择的议题不同，最终谈判获得的利益就不同。改变了谈判的议题，获得的利益也会随之改变。

案例链接 1-6

曾经有一个职业运动员，他想和球队经理谈判以取得满意的合同，但他是个害羞的人，他认为自己并不是经理的对手，而且经理手中有一张王牌——他们之间原有的协定，此协定规定，该运动员不能跳槽。

结果经理每次都迫使运动员签下待遇更坏的合同，于是该运动员请了一位经纪人，由他代表自己和经理谈判。经纪人提出，虽然协定规定该运动员不能跳槽，但没有规定他不能参加表演事业，如果经理再不修改合同，他将和制片商洽谈，让该运动员进入演艺界。谈判的结果是该运动员大获全胜，其他运动员开始纷纷效仿。

4. 谈判约束条件

谈判的约束条件是指其他一些对谈判具有重大影响的制约因素。

(1)自然因素。自然因素是最大的约束条件，各种类型的谈判都要涉及一个自然约束的问题，在商务谈判中这种约束会更加明显。

(2)经济因素。经济的发达与不发达对于任何一种谈判都是一种清晰可见的约束力量，比如原材料价格、劳动力价格、土地资源以及免税政策等，都是经济约束的表现形式。不少地方就是通过这些因素的调节，来招商引资、搞活经济的。

(3)政治因素。不仅政治谈判有政治约束，任何谈判都会有政治约束问题。由于政治因素的影响，有些事情在一个国家看来是自然而然的，但到另一个国家就可能变得根本行不通。

(4)文化因素。谈判还有一个文化约束问题。我们在电视上经常可以见到国家领导人之间谈判的情景，除了领导人、记者之外，有一种人通常是不可少的，这就是翻译。为什么需要翻译？这是因为各国文化不同、语言不通，需要兼通两种语言的人代为传达。

案例链接 *1-7*

我国某公司曾经和西方某国做过一批核桃进出口生意。谈判双方商定,交货日期是当年的11月中旬,并规定了延后交货的罚款条款。但由于客观原因,我方没能按期交货,错过了对方销售的黄金时期,对方要求赔偿。因为对方有在圣诞节消费核桃的习惯,所以延期交货会使对方蒙受损失。

在谈判的过程中,约束条件有的对己方有利,有的对对方有利,有的可能对双方都产生影响。作为谈判人员,在谈判之前必须清楚地知道谈判的各种约束条件,将对己方有利的条件加以利用,对己方不利的条件进行合理规避,为己方赢得谈判利益。

二、商务谈判的内容

商务谈判包括货物买卖、劳务买卖、工程承包、咨询服务、中介服务、技术贸易和合资合作等方面的谈判。

(一)货物买卖谈判

1. 货物买卖谈判的概念

货物买卖谈判是最常见的一种谈判,是指针对有形商品买卖而进行的谈判。货物买卖谈判按照交易地位可分为采购谈判和推销谈判,按照国域界限可分为国内货物买卖谈判和国际货物买卖谈判。在国际货物买卖谈判中,又有进口谈判和出口谈判之分。

2. 货物买卖谈判的特点

(1)难度相对较小。这是由于货物买卖谈判有悠久的历史,在交易中已经产生惯例和一整套规范。

(2)条款比较全面。常见的交易条件有11条,即品名和品质条件、数量条件、包装条件、商检条件、价格条件、装运条件、保险条件、支付条件、不可抗力条件、索赔条件和仲裁条件。按照一般的概念,其中的6条属于主要交易条件,即品质和品质条件、数量条件、包装条件、价格条件、装运条件和支付条件。

3. 货物买卖谈判的主要内容

(1)标的:通常是指被交易的具体货物,应为规范化的商品名称。

(2)品质:通常以样品、规格等级、品牌商标、产地名称、说明书和图样等为标准。

(3)数量:应根据货物性质和交易需要选用适当的计量单位。

(4)包装:主要包括包装材料、包装方式、包装标志和包装费用。

(5)价格:主要包括价格水平、价格计算的方式、价格术语的运用。

(6)交货:主要包括货物运输方式、装运时间、装运地和目的地。

(7)支付:主要包括支付手段、支付时间、支付货币、支付方式。

(8)检验:主要包括检验内容和方法、检验时间和地点、检验机构。

(9)不可抗力:通常是指某些非可控的自然或社会力量引起的突发事件,主要包括不可抗力事件的范围、出具不可抗力事件证明的机构、事件发生后通知对方的期限、不可抗力事件后合同的履行和处理等。

（二）技术贸易谈判

1．技术与技术贸易

技术是指制造一种产品的系列知识、所采用的一种工艺，或提供的一项服务。技术贸易是指以技术为标的的买卖交易活动。

2．技术的分类

（1）知识化的技术，即借助于技术资料，包括图纸、公式、配方、工艺说明等而存在的技术。

（2）技能化的技术，即潜存于人体之中的技术，一般由掌握它的人在一定条件下通过演示、传授表现出来。

（3）物化的技术，即以机器设备形式存在的技术。

3．技术贸易的对象

（1）专利技术。专利技术是指向国家申请了专利权的创造性发明所包含的技术，其主要内容向社会公开，但专利技术的所有者将其最为关键和核心的部分隐藏起来。

（2）专有技术。专有技术是指没有申请专利的技术秘诀、技术诀窍。

4．技术贸易的特点

（1）使用权的转让。引进方虽然支付价款购买并获得了某项技术，但对转让方来说还是拥有该项技术的所有权，即转让方只是将该项技术的使用权让渡给了引进方。

（2）技术价格具有不确定性。技术价格无法以价值为基础，它并不反映成本。技术价格取决于所带来的经济效益的大小，越大价格越高、越小价格越低。

（3）交易关系具有持续性。技术的转让方除交付有关技术资料外，通常还要承担引进方的技术咨询和人员培训，甚至有关技术设备的安装和调试等。

（4）国际技术贸易受转让方政府干预。这是因为技术是一个国家经济发展的根本，是国家在国际经济竞争中的制胜法宝，有些技术甚至关系到一个国家的安全。

5．技术贸易谈判的主要内容

（1）标的：即技术贸易的对象、内容、范围等。

（2）技术性能：要用能够全面反映该项技术真正水平与特性的指标明确地加以规定。

（3）技术资料的交付：主要包括交付日期、交付方式、文本和资料的完好性。

（4）技术咨询和人员培训：主要包括人选、工作条件和生活待遇。

（5）技术考核与验收：主要包括考核验收的方式和标准、结果的评定与处理、考核与验收的时间与地点、参加人员。

（6）技术的改进和交换：主要包括明确改进了的技术的收益、所有权和技术反馈权。

（7）技术使用的范围和许可的程度：主要包括技术使用的组织范围、技术使用的产品范围、使用某技术生产的产品的销售地区范围。

（8）价格：通常由技术使用基本费、项目设计费、技术资料费、技术咨询费、人员培训费等构成；从转让方的角度，影响价格的因素还包括技术开发费、技术转让费、利润损失补偿费。

（9）支付。

（10）保证、索赔和罚款。

（11）侵权和保密：这是技术贸易谈判中的特殊内容。侵权问题是针对专利技术的许可而言，保密问题则是针对专有技术的许可而言。

（12）不可抗力、仲裁与法律适用：这些与货物买卖谈判涉及的问题相似。

(三)工程承包、租赁、合资、合作谈判

1.工程承包谈判

工程承包是承包人通过投标或接受委托等方式,与发包人签订合同或协议,完成所规定的工程任务,并按规定的价格向发包人收取费用。工程承包谈判内容主要涉及材料、设备的品种、规格、数量与价格,技术、劳务价格,工程条件,工期,工程质量与验收等。

2.租赁谈判

租赁是指出租方将财产交给承租方使用,由承租方交付租金,在租赁关系终止时将原财产归还给出租方。租赁谈判内容主要涉及确定租赁的设备、租赁的类型、租金、设备的交货、租赁期终止、设备的归还等。

3.合资谈判

合资是指两个或两个以上的组织或个人,按一定资金比例联合投资。合资谈判内容主要涉及投资总额和注册资本,投资比例和董事会席位分配,出资方式和资产评估,组织机构与职责权限,劳动管理,中外合资经营中的外汇收支平衡,合营的期限和清算等。

4.合作谈判

合作谈判是指在经济谈判中谈判双方因为合作生产或经营而进行的谈判。具体来说,经济活动中的合作各方以人力、智力(管理或技术)、财力及物力互相协作完成某一共同制定的目标,并按各自承担的协作份量对经济利益进行分配。这种生产经营合作具体包括来料加工、来样加工、来件装配、补偿贸易等形式。

"三来一补",即指来料加工、来样加工、来件装配和补偿贸易。

"三来"谈判内容主要涉及来料、来件的质量、数量及时间,成品质量标准,原材料、零部件的损耗率与成品合格率,加工费及支付方式,保证与索赔等。

补偿贸易,指合作一方提供技术投备、器材等兴建企业或改造老企业,待项目竣工投产后,合作的另一方以该项目的产品或双方商定的其他产品来偿还的合作方式。

谈判内容主要涉及:供货商的选择,技术设备的性能及价格,补偿方式和补偿产品,补偿产品的作价原则,补偿期限与各期补偿产品的数量,技术设备购买合同与补偿产品购买合同的联结,违约责任。

实训项目

一、撰写谈判剧本

1.实训目的

(1)体验谈判无处不在。

(2)此剧本范围为生活中的谈判,回忆你曾经和父母、朋友、同学、小商贩……的一次记忆深刻的谈判。

(3)以角色扮演和对话的形式进行描写。

2.实训背景

简单介绍发生此谈判的时间、地点、人物及原因。

3.实训过程

采取分小组角色扮演形式,表演撰写的剧本,要求生动形象,自然真实。

4. 实训评议

各小组表演完毕后由老师点评。

二、实例实训

1. 实训要求

(1)分析文中的"本人"是从哪些方面去说服对方的。

(2)分析文中的谈判四要素分别是什么。

2. 谈判背景介绍

大二开学前,我要卖掉我那辆自行车,它半成新,是进入大学时买的,原价240元。

有很多同学都卖过自行车,买主主要是修理自行车的老板。根据询问卖过车的同学我得出结论,生活园A区的修理部,收购价格十分低。依次分为:新买来价格在100多元的车,无论使用多久,收购价格均为20元;价格在200元以上的新车,收购价格为30~40元;价格在300元以上的新车,收购价格为50~70元。

3. 谈判对手的确定

根据所了解的情况可知,在校园卖车不可能卖出一个好价钱,这样让人觉得很不值得,买来时的价格和卖出的价格落差太大,心理上无法接受,于是决定选择在校外自行车修理部出售。本人的心理满意价是50元左右。

4. 谈判对话

本人:老板,自行车收不收啊?

老板:收。

本人:我这辆自行车要出多少钱? 我想卖了。

老板:有发票没有。

本人:发票不见了,你放心不会是什么不干净的车。上面有学校的车牌,我有证的,可以查的到我名字。(拿出当时的车上牌凭据与学生证核对,确实是本人的)

老板:你说吧,多少钱,你出个价。

本人:你说多少,你看看我的车几乎都是新的,你是老板你出个价吧,只要你出个我满意的价格,大家都好说的,太低了什么三四十块我们也就没什么好说的。以前我车都是你这里修的,我也不想和你多说价格,是吧。

老板:你这样的车大概就30块,我都是这个价的,既然你车都在我这修的,就35好了。

本人:不会吧,老板。我到学校里面也可以卖个45块,看你这里修过才到你这里卖的,把生意留给你做了。早知道我在学校卖了也不用骑车出来了。我坐三轮回去也要3块呢。

老板:学校怎么可能是这个价格啊,行情我知道,学校最多就40块了。

本人:老板这样说你就错了,我车上次内胎你这里换的呢,新的。不信你可以马上看。而且车全都好的,不信你骑下了。你也是老行家了,东西好坏你是知道的。

老板:你车后面都生锈了。

本人:不会吧,老板,这个都要说啊,你是修车的,喷漆设备都有,还不懂得弄啊。你买去稍微弄下跟新的也没有两样啦。而且你看,我是有车牌的。没车牌进不了学校,现在开学到了,有学生买车,肯定也会到你这里买,看到有车牌肯定先要。一个车牌也要10块钱呢,是吧。

老板想了想,看了看说:那好吧,50块了,这个是我给你最高的价了。

(已经到了理想的价格了)

本人:50,不会吧,老板。你和其他地方比没什么特别啊,我来去一趟也辛苦。而且我以后也可以介绍朋友车卖给你呢。60了,说多了我也不要。你买过去,肯定可以赚两倍以上的价格。

老板:那好吧,60就60了,以后介绍同学到我这里啊。

本人:好的,没问题。(交易成功,达到满意的价格)

项目小结

商务谈判在商务活动中起着举足轻重的作用,在了解和研究商务谈判理论之前必须对商务谈判的基础知识有所认识。本章介绍了商务谈判的基本概念、特点、基本要素与主要内容。通过对这些基本知识的学习,从而可以打开商务谈判研究的大门。

思考与案例分析

一、重要概念

谈判　商务谈判　谈判主体　谈判议题　纵向谈判

二、思考题

1. 商务谈判的特征有哪些?

2. 商务谈判是由哪些要素构成的?

3. 商务谈判的原则包括哪些?

三、案例分析

欧洲 A 公司的代理商到中国与中国 C 公司谈判出口工程设备的交易。中方根据其报价提出了意见,建议对方考虑中国市场的竞争性,并认为该公司第一次进入市场,应认真考虑改善价格。该代理商作了一番解释后仍不肯降价并坚持认为其价格是合理的。中方对其条件又作了分析,代理人又随之作出解释,谈判毫无结果。中方认为代理商过于傲慢固执,代理商认为中方毫无购买诚意,双方相互埋怨后,谈判不欢而散。

请回答以下的问题:

1. 构成其谈判要素有哪些?

2. 根据谈判人员的态度划分欧洲代理人进行的是哪类谈判?

3. 谈判是否有可能不散? 若可能不散,欧洲代理人应如何谈判?

项目二
商务谈判的理论及成果评价

情境链接

失火了,你往哪个门跑

一天晚上,你参加一个派对,屋里有很多人,你玩得很开心。这时候,屋里突然失火,火势很大,无法扑灭,此时你想逃生。你的面前有两个门:左门和右门,你必须在它们之间选择。但问题是,其他人也要争抢从这两个门出逃。如果你选择的门是很多人选择的,那么你将因人多拥挤、冲不出去而烧死;相反,如果你选择的门是较少人选择的,那么你将逃生。这里我们不考虑道德因素,你将如何选择? 这就是博弈论!

你的选择必须考虑其他人的选择,而其他人的选择也考虑你的选择。你的结果——博弈论称之为支付,不仅取决于你的行动选择——博弈论称之为策略选择,同时取决于他人的策略选择。你和这群人构成一个博弈(game)。

上述博弈是从著名学者张翼成在 1997 年提出的一个博弈论模型中简化出来的,被称之为少数者博弈或少数派博弈(minority game)。博弈论对人的基本假定是:人是理性的(rational)。所谓理性的人是指行动者具有推理能力,在选择具体策略时的目的是使自己的利益最大化。博弈论研究的是理性的人之间如何进行策略选择。

知识素养一　博弈论在谈判中的运用

博弈论是从棋弈、扑克和战争等带有竞赛、对抗与决策性质的问题中借用的术语,其准确的定义是:博弈论是指研究一定环境和一定规则约束下,两个或多个参与者在互相影响、互相竞争中各自选择最佳应对方案的理论。要了解博弈论在商务中的应用,我们先看一下博弈论的基本模型"囚徒困境"。

一、"囚徒困境"

两个人因盗窃被捕,警方怀疑他们有抢劫行为,但未获得确凿证据无法定罪,除非有一个人供认或两个人都供认。如果两个人都不供认,也可判他们犯有盗窃罪。囚徒被分离审查,不允许他们之间互通消息,并交代政策如下:如果两个人都供认,每个人都将因抢劫罪加盗窃罪被判2年徒刑;如果两个人都拒供,则两个人都将因盗窃罪被判处0.5年徒刑;如果一个人供认而拒供者将因抢劫罪、盗窃罪以及抗拒从严而被重判5年徒刑,而供认者会被立即释放,如表2-1所示。

表2-1 囚徒困境

囚徒乙 囚徒甲	拒供	供认
拒供	0.5, 0.5	5,0
供认	0,5	2,2

(注:第一个数字代表甲,第二个数字代表乙)

在这个模型中,最终两人选择的策略都是供认,因为每个囚徒都会发现:如果对方拒供,则自己供认便可立即获得释放,而自己拒供则会被判0.5年徒刑,因此供认是较好的选择;如果对方供认,则自己供认将被判2年徒刑,而自己拒供则会被判5年徒刑,因此供认是较好的选择。其实在表2-1中明显能够看到存在一种对双方都有利的选择——拒供,这种策略是一个对双方都有利的结局,分别被判0.5年徒刑。

"囚徒困境"有着广泛而深刻的意义。个人理性与集体理性的冲突,个人追求利己行为而导致的最终结局是一个"纳什均衡"(以其研究者、数学家纳什命名),也是对所有人都不利的结局。甲、乙两人都是在供认与拒供策略上首先想到自己,这样他们必然要服较长的刑期。只有当甲、乙都首先替对方着想时,或者相互合谋(串供)时,才可以得到最轻的刑罚。从利己目的出发,结果是损人不利己,两个囚徒的命运就是如此。因此,我们可以悟出:合作是最有利的"利己策略",也就是我们所说的"己所不欲,勿施于人"。

二、"囚徒困境"模型对商务谈判的启示

在商务谈判中,采取何种谈判策略有时类似于"囚徒困境"模型中囚徒的选择。谈判双方都有欺骗和合作两种策略,一方欺骗而另一方不欺骗时,能够给欺骗方带来额外利益,如表2-2所示。

表2-2 诚信困境

公司B 公司A	诚信	欺诈
诚信	3,3	-3,9
欺诈	9,-3	-1,-1

表2-2中的数字是代表两家公司的交易结果:获得收益或者是遭受损失,第一个数字是

A 公司的结果,第二个数字是 B 公司的结果。例如,当 A 公司诚信而 B 公司采取欺骗手段时,A 公司将遭受 3 个单位的损失,而 B 公司则获得 9 个单位的收益。依据我们对前面的"囚徒困境"分析,容易得出这个模型的"纳什均衡"是双方都欺骗,结果双方都遭受损失。这显然不是最有利于双方的结果,也不是我们所提倡的在商务交往中应该遵循的诚信原则。

事实上,商务交易与"囚徒困境"最根本的区别在于:"囚徒困境"模型对双方来说都是一次性的;而现实商务交易,则多数不是一次性的。后来学者对多次博弈进行了研究,并将谈判双方的交易分为以下四种不同的类型:

(1)双方的合作是一次性。在这种情况下,由于不考虑长期商务关系的维系,理性的谈判者都是从自私的角度出发谋取最大利益,合作的可能性几乎为零。因此,类似于"囚徒困境"模型中双方都选择供认,谈判双方所采取的最佳策略是相互欺骗。这时双方都会认为自己在这种策略下的损失不会比对方大,甚至可以获得额外的利益。这种情况多出现在谈判双方还没有建立起相互信任,社会还没有明确的商业信用观念的时候。在一次性的商务谈判中,为谋取最大的私利,欺骗就成为最佳的选择,但是这一类的商务往来达成交易的可能性非常低。

(2)双方只有有限次数的商务往来。一般情况下,在谈判的最初阶段,由于考虑到以后的商务往来,双方都会尽量避免欺骗而寻求合作,但是随着双方的往来进入后期,欺骗的可能性就逐渐增大。

(3)双方有长期无限次数的商务往来。由于谈判双方的商务往来是长期的,因此双方都清楚如果欺骗了对方,那么将来必然会遭到对方同样的欺骗。同样是从私利出发,双方就有可能避免欺骗,而采取合作的态度以争取最大的谈判利益。此时就类似于"囚徒困境"模型中双方串谋的情况。双方商务活动持续的时间越长,合作的可能性就越大。

(4)双方的商务往来期限不明确。由于不知道合作的期限,因此双方也都知道如果欺诈一次,未来会为此付出代价,所以双方采取合作的态度更符合双方的利益。

由此可见,商务往来的期限和谈判的轮次决定了双方在谈判中所采取的态度。由于多数商务往来的期限是不明确的,因此诚信是最符合企业自身利益的策略。

三、谈判中的诚信

博弈论告诉我们,在商务活动中,诚信是最符合企业自身利益的一个基本原则。

(1)"诚"偏向于内在,偏向于生命主题。在谈判中,"诚"主要指谈判动机要诚,因而"诚"含有两个方面相互联系的内容:一是"光明正大",即谈判者不应怀着不可告人的目的。二是"诚心诚意",即指在谈判中双方出现分歧时,双方应抱着真诚合作的态度与对方磋商,达成谈判协议。

(2)"信"偏向于外在,偏向于行为表现。在谈判中,"信"主要指谈判人员在谈判中要言而有信,出口有据,言必行,行必果。这是"信"在谈判中最突出的表现。在谈判中,如果谈判者立场摇摆不定,信口开河,这很可能使对方对己方的谈判诚意发生怀疑,从而导致双方谈判的终止。在谈判中对于自己的失言,最好的挽救办法就是承认错误,这也是谈判的技巧之一。通过承认错误,双方能重新坐到谈判桌前,继续已经中止的谈判,以实现双方都期望得到的利益。

知识素养二 商务谈判的 APRAM 模式

一、APRAM 模式概述

商务谈判过程中存在着激烈竞争。主观上,所有的谈判者都希望战胜对方,从中取得更多的利益。客观上,由于多种原因,谈判的结果并不一定如期所望。在长期谈判的过程中,人们总结谈判过程,形成了国际上目前比较流行的 APRAM(appraisal, plan, relationship, agreement, maintenance)模式,它由五个环节组成。

1. 进行科学的项目评估(appraisal)

商务谈判是否取得成功取决于各项准备工作。准备工作主要是指正式谈判之前的项目评估工作。科学的评估,可能有时候复杂一些,有时候简单一些,但都是必需的。没有进行科学评估,或草率评估、盲目上阵,就很难达到企业的预期目标,也很难使谈判双方的资源得以合理利用,那么谈判就会失败或有欠缺。"没有进行科学评估就不要上谈判桌",这应该成为谈判者的一条戒律。

2. 制定正确的谈判计划(plan)

"凡事预则立",制定谈判计划是有效开展谈判、获得谈判成功的基本前提。在制定谈判计划时,首先,要明确己方的谈判目标。其次,要设法去理解和弄清对方的谈判目标,并把双方的目标进行比较,找出双方利益的共同点和不同点。对双方利益一致的地方,应该仔细地列出来,并准备在以后正式谈判中摆在桌面上,由双方加以确认,以便提高和保持双方对谈判的兴趣和争取成功的信心,同时又为以后解决利益不一致的问题打下基础。对双方利益需求不一致的地方,则要在制定谈判计划时进行周密思考,想好适当对策,并在谈判过程中通过双方"交锋",充分发挥各自的思维创造力和想象力,来谋求使双方都能满意的方案,从而实现谈判各方的目标。

3. 建立谈判双方的信任关系(relationship)

在正式协商谈判之前,要建立起与谈判对方的良好关系。这种关系应该是一种有意识形成的,能使谈判双方在协商过程中都感受到的舒畅、开放、融洽、愉快的和谐关系。之所以要建立这种信任关系,主要是因为在一般情况下,人们不愿意向自己不了解、不信任的人敞开心扉并与之订立合同。当双方相互了解,并且建立了相互信任的关系时,就会减少双方之间的戒备心理,从而降低谈判的难度,增加谈判成功的机会。

经验证明,要建立谈判双方之间的信任关系,增强彼此的信赖感,就应该注意以下三点:

(1)要努力使对方信任自己。对对方事业与个人的关心、良好的修养、周到的礼仪、工作的勤勉等都能促使对方信任自己。相反,一句不得体的话,一个不合礼仪的动作,一次考虑不周的安排,都会影响对方对你的信任程度,在初次谈判时更要引起特别的重视。

(2)要尽量设法表现出自己的诚意。在与不熟悉自己的人进行谈判时,向对方表示自己的诚意是非常重要的。取得陌生人信任的有效方法很多,首先应表现出自己落落大方的行为举止,言谈中要不断流露出自己的诚意,特别是表情要真诚、自然。还可以向对方列举一些在过去的交易中,己方诚实待人的实例。

(3)要行动。行动是使他人相信自己的最好语言,在商务谈判时要做到有约必行,信守诺言。要时刻牢记,不论自己与对方的信赖感有多强,只要有一次失约,彼此间的信任就会降低,再要重新修复是十分困难的。对于对方的询问要及时予以答复,无论作出肯定或否定,都必须及时回答对方。对目前做不到的,要诚心诚意地加以解释,以此来取得对方的谅解和认可。

通过以上论述我们不难看出,如果我们还没有与对方建立起足够好的信任关系,就不要匆忙进入实质性的谈判阶段;否则,勉强行事,很难达到预期效果,有时还会将问题搞乱。

4. 达成双方都能接受的协议(agreement)

在谈判双方建立了充分信任的关系之后,即可进入实质性的事务谈判阶段。在这时,首先应该核实对方的谈判目标。其次,对彼此意见一致的问题加以确认,而对彼此意见不一致的问题则应充分地交换意见,寻求出一个有利于双方的利益需要、双方都能接受的方法来解决。

对谈判者来讲,应该清楚地认识到:达成满意的协议并不是谈判的终极目标,谈判的终极目标应该是协议的内容能得到圆满的贯彻执行。因为,不管协议多么完美,如果对方不认真履行,那么它的价值就会荡然无存。尽管对于违约可以付诸诉讼,但却要付出沉重的代价。

5. 协议的履行与关系的维持(maintenance)

在谈判中,人们最容易犯的错误是,一旦达成了令自己满意的协议就认为万事大吉,并且会鼓掌欢呼谈判的结束,认为对方会马上毫不动摇地履行他的义务和责任了。其实,谈判到这时并没有结束。这是因为履行职责的不是协议书而是人。不管协议书规定得多么严格,它本身并不能保证得到实施。因此,签订协议书是重要的,但履行协议书的内容更加重要。

为了促使对方履行协议,我们必须同时认真地做好以下两项工作:

第一,要求别人信守协议,首先自己要信守协议。有时人们埋怨对方不履行协议,而当冷静地仔细分析时,却发现是自己工作的失误造成了协议不能完整地执行。当己方信守协议,并按规定履行己方的义务时,也要让对方知道他也要履行自己的义务。

第二,对对方遵守协议的行为给予适时的情感反应。当代行为科学的理论告诉我们,当某人努力工作并取得成功的时候,给予适时的鼓励能起到激励干劲的作用。同样,当对方努力信守协议时,给予适时的肯定和感谢,其信守协议的做法就会保持下去。当然,情感反应可以通过写信、打电话、发传真等形式来表达,也可以通过亲自拜访表示感谢。

当双方均完成了自己的任务,整个协议算是得到了认真的履行时,对于一项具体交易谈判来讲,可以画上一个圆满的句号,但对于一个具有长远战略眼光的谈判人员来讲,则还有一项重要工作要做,就是使双方的关系和交易得以延续,避免关系的断裂,以免日后与对方交易时再花费力气重新开发与对方的关系。

维持关系的方法很多,例如,在谈判后继续保持与对方的接触,逢年过节加以祝贺,听到对方取得成绩时表示关切和祝福,在圣诞节和春节到来之前寄一张贺卡等。

二、APRAM 模式循环

APRAM 模式依次经过上述五个步骤,也就完成了某个具体交易的谈判过程。不仅如此,它还为今后与对方的交易谈判奠定了基础。因为这五个循环步骤是相互联系的,前一个步骤为后一个步骤打下了基础,从而可以实现循环发展,形成一个连续不断的过程。

　　对商务谈判认识不深的人,习惯把谈判看做一个个独立的、互不联系的、单独的过程,往往把双方的初次会面看做开始,而把协议的达成看做结束。APRAM模式则不同,它把谈判看做一个连续不断的过程,因而,一次交易的成功将会导致以后交易的不断成功。

　　APRAM模式给出了谈判五个大的基本步骤,但实际的谈判过程要比五个基本步骤更具体、更复杂。一般来说,商务谈判的过程可以划分为准备阶段、开局阶段、摸底及报价阶段、磋商阶段、成交阶段和协议后阶段等几个基本阶段。

1. 准备阶段

　　谈判准备阶段是指谈判正式开始以前的阶段,其主要任务是进行环境调查、搜集相关情报、选择谈判对象、制定谈判方案与计划、组织谈判人员、建立与对方的关系等。准备阶段是商务谈判最重要的阶段之一,良好的谈判准备有助于增强谈判的实力,建立良好的关系,影响对方的期望,为谈判的进行和成功创造良好的条件。

2. 开局阶段

　　开局阶段是指谈判开始以后到实质性谈判开始之前的阶段,是谈判的前奏和铺垫。虽然这个阶段不长,但它在整个谈判过程中起着非常关键的作用,它为谈判奠定了一个大的氛围和格局,影响和制约着以后谈判的进行。因为这是谈判双方的首次正式亮相和谈判实力的首次较量,直接关系到谈判的主动权。开局阶段的主要任务是建立良好的第一印象、创造合适的谈判气氛、谋求有利的谈判地位等。

3. 摸底及报价阶段

　　摸底阶段是指实质性谈判开始后到报价之前的阶段。在这个阶段,谈判双方通常会交流各自谈判的意图和想法,试探对方的需求和虚实,协商谈判的具体议程,进行谈判情况的审查与倡议,并首先对双方无争议的问题达成一致,同时评估报价和讨价还价的形势,为其做好准备。报价是商务谈判的第一个重要回合,它不仅对对方的还价及接踵而至的讨价还价关系重大,而且对整个谈判结果都会产生重大影响。在这个阶段的价格谈判中,双方都期望达成一个于己有利的交易价格。对卖方来说,售价越高越有利;就买方而言,购价越低越受欢迎。一般来说,卖方的初次发盘价代表卖方的最大期望售价,而买方的递盘价格则是买方愿意支付的最小期望售价。无论是卖方的发盘价还是买方的递盘价,都在一定程度上影响着对方的还价。

4. 磋商阶段

　　磋商阶段是指一方报价以后至成交之前的阶段,是整个谈判的核心阶段,也是谈判中最艰难的阶段,是谈判策略与技巧运用的集中体现,直接决定着谈判的结果。它包括了报价、讨价、还价、要求、抗争、异议处理、压力与反压力、僵局处理、让步等诸多活动和任务。磋商阶段与摸底阶段往往不是截然分开的,而是相互交织在一起的,即双方如果在价格问题上暂时谈不拢,又会回到其他问题继续洽谈,再次进行摸底,直至最后攻克价格这个堡垒。

5. 成交阶段

　　成交阶段是指双方在主要交易条件基本达成一致以后,到协议签订完毕的阶段。成交阶段的开始,并不代表谈判双方的所有问题都已解决,而是指提出成交的时机已经到来。实际上,这个阶段双方往往需要对价格及主要交易条件进行最后的谈判和确认,但是此时双方的利益分歧已经不大,可以提出成交。成交阶段的主要任务是对前期谈判进行总结回顾,进行最后的报价和让步,促使成交,拟定合同条款及对合同进行审核与签订等。

6.协议后阶段

合同的签订代表着谈判告一段落,但并不意味着谈判活动的完结,谈判的真正目的不是签订合同,而是履行合同。因此,协议签订后的阶段也是谈判过程的重要组成部分。该阶段的主要任务是对谈判进行总结和资料管理,确保合同的履行与维护双方的关系。

知识素养三　商务谈判成果评价标准

每个谈判者都追求谈判的成功,但是大家对成功谈判的标准认识却不一样。美国谈判学会会长、著名律师杰勒德·尼尔伦伯格指出,谈判不是一场棋赛,不要求决出胜负;谈判也不是一场战争,不是要将对方消灭或置于死地。相反,谈判是一项互惠的合作事业。

从谈判是一项互惠的合作事业并且在谈判中应该实行合作的利己主义的观点出发,我们认为可以把评价商务谈判是否成功的价值标准归纳为以下三个方面:

一、目标实现标准

人们在谈判时总是把自己的需要转化成一定的谈判目标。谈判的最终结果有没有达到预期目标,在多大程度上实现了预期目标,这是人们评价一场商务谈判是否成功的首要标准。

谈判目标包括最佳目标和起码目标。成功的谈判是既达成了协议,又尽可能接近本方预期最佳目标,也尽可能得接近对方预期最佳目标的谈判,即最好的谈判结局是"皆大欢喜"。

需要指出的是,不要简单地把谈判目标理解为利益目标,这里所指的谈判目标是具有普遍意义的综合目标。不同类型的商务谈判,不同的谈判者,其谈判目标均有所不同。比如,对于采购谈判来讲,其谈判目标一般就是采购到性价比高、服务优的商品;对于租赁业务谈判来讲,其谈判目标则有可能是以最低租金租到功能较齐全的某种设备。因此,谈判目标只有到具体的谈判项目中才能具体化。

二、成本优化标准

经济领域里的任何经济行为都是有成本的,也是要讲效率的,即要将付出与收益进行对比。商务谈判本身是经济活动的一部分,谈判同样要花费一定成本,通常一场谈判有三种成本:一是谈判的基本成本,即为达成协议所作出的让步,也即预期谈判收益与实际谈判收益的差距;二是谈判的直接成本,即人们为谈判所耗费的各种资源,如投入的人力、物力、财力和时间等;三是谈判的机会成本,即因参加该项谈判而占用了资源,失去了其他获利机会,损失了有望获得的其他价值。

在三种成本中,人们往往较多地关注第一种成本,常常特别注重谈判桌上的得失,而忽视第二种成本,对第三种成本则考虑得更少,这是需要予以注意的。要想准确考核谈判的效率,对谈判成本的准确计算就显得非常重要。如果谈判所费成本很低,而收益却较大,则可以说该次谈判是成功的、高效率的;反之,则是不经济的,甚至在某种程度上是失败的。

三、人际关系标准

商务谈判是人们之间的一种交流活动,谈判的结果不只是体现在最终成交的价格高低、利润分配的多少,以及风险与收益的关系上,它还应体现在人际关系上,即还要看谈判是否促进和加强了双方的友好合作关系。

商务谈判实践告诉我们,一个能够使本企业业务不断扩大的精明谈判人员,往往具有战略眼光,不过分计较或看重某一场谈判的得失、成本高低,而是着眼于长远和未来。因为他知道良好的信誉、融洽的关系是企业得以发展的重要因素,也是商务谈判成功的重要标志。因此在谈判中除了争取实现自己的预定目标、降低谈判成本之外,还应重视建立和维护双方的友好合作关系。"生意不成友情在"在商务谈判中也是一条普遍适用的基本原则。

从上述三个评价标准看,一场成功的或理想的谈判应该是:通过谈判,双方的需求都得到了满足,谈判所获收益与所费成本之比最大,而且这种较为满意的结果是在高效率的节奏下完成的,同时双方的友好合作关系得以建立或进一步发展和加强。正确地认识谈判的价值评价标准,不仅使我们知道什么是成功的谈判,而且还使我们知道应该怎样取得谈判的成功。

实训项目

畅谈谈判经历

1. 实训目的

理解谈判成功的价值评判标准。

2. 实训背景

以生活中的谈判事件(比如购物、旅游、人际交往等)为背景,选择一次典型事件进行讨论(可以在项目一实训项目的基础之上完成)。

3. 实训过程

(1)选择生活中的谈判事件(比如购物、旅游、人际交往等),以小组为单位,每位成员畅谈个人经历过的谈判事件,通过小组全体讨论,(可以在项目一实训项目的谈判中)选择一个典型的谈判事件,就谈判内容、方式、策略等方面进行集中分析,判断其是否为一场成功的谈判,进而提出改进方案。

(2)每个小组上台汇报,就选出的典型案例跟其他小组进行交流,其他同学可以根据自己的理解提出个人观点。

4. 实训评议

教师点评,就讨论中所涉及的知识点和技能进行归纳总结。

项目小结

(1)博弈论是指研究一定环境和一定规则约束下,两个或多个参与者在互相影响、互相竞争中各自选择最佳应对方案的理论。在商务谈判中,采取何种谈判策略有时类似于"囚徒困境"模型中囚徒的选择。

博弈论告诉我们,在商务活动中,诚信是最符合企业自身利益的一个基本原则。

(2)国际上目前比较流行的 APRAM 模式,它由五个环节组成。APRAM 模式给出了谈判五个大的基本步骤,但实际的谈判过程要比五个基本步骤更具体、更复杂。一般来说,商务谈判的过程可以划分为准备阶段、开局阶段、摸底及报价阶段、磋商阶段、成交阶段和协议后阶段等几个基本阶段。

(3)从谈判是一项互惠的合作事业和在谈判中应该实行合作的利己主义的观点出发,我们认为可以把评价商务谈判是否成功的价值标准归纳为三个方面:目标实现标准、成本优化标准、人际关系标准。

思考与案例分析

一、简答题

1.如何理解商务谈判的概念?

2.简述商务谈判的基本原则。

3.商务谈判在现代经济生活中起何作用?

4.怎样正确理解商务谈判的成功?

5.简述商务谈判的基本过程。

二、案例题

在比利时某画廊曾发生过这样一件事:一位美国商人看中了印度画商带来的三幅画,标价均为2500美元。美国商人不愿出此价钱,双方各执己见,谈判陷入僵局。

终于,那位印度画商被惹火了,怒气冲冲地跑出去,当着美国人的面把其中的一幅画烧掉了。美国商人看到这么好的画被烧掉,十分心痛,赶忙问印度画商剩下的两幅画愿意卖多少价,回答还是2500美元,美国商人思来想去,拒绝了这个报价,这位印度画商心一横,又烧掉了其中一幅画。美国人只好乞求他千万别再烧掉最后那幅画。当美国人再次询问这位印度商人愿以多少价钱出售时,卖主说:"最后这幅画只能是三幅画的总价钱。"最终,这位印度商手中的最后一幅画以7500美元的价格拍板成交。

请回答以下的问题:

该案例中印度画商为什么会烧掉他的画?建议从心理研究方面考虑。

项目三
商务谈判的心理研究

学习目标

一、知识目标

1. 掌握商务谈判的需求和动机的含义
2. 了解商务谈判中个性的利用

二、技能目标

掌握商务谈判心理的运用

情境链接

科恩在墨西哥城

科恩是美国一位著名的谈判大师,他的谈判生涯富有传奇色彩。有一次,他同妻子去墨西哥城观光,妻子突然碰了一下科恩的胳膊说:"科恩,你看那边有什么东西在闪光?"科恩说:"唉,不,我们不去那儿,那是一个旅游者的商业区。如果你想去那个商业区的话,你去吧,我在旅馆里等你。"

科恩的妻子一贯是不听劝说、独立自主的人,听罢科恩的话便独自走向商业区。科恩穿过人潮,在相距很远的地方看见一个真正的当地土著人。当科恩走近之后,看到他在大热的天气里仍披着好几件披肩毛毯,并叫卖着:"1200 比索。""他在向谁讲话呢?"科恩问自己,"绝对不是向我讲,首先,他怎么知道我是个旅游者呢? 其次,他不会知道我在暗中注意他,甚至在潜意识里想要一件披肩毛毯。"科恩加快脚步,尽量装出没有看见他的样子,甚至用他的语言说:"朋友,我确实敬佩你的主动、勤奋和坚持不懈的精神,但是我不想买披肩毛毯,请你到别处卖吧,你听懂我的话吗?""是。"土著人答道,这说明他完全听懂了。科恩继续往前走,只听背后有脚步声。土著人一直跟着科恩,好像他们系在一条链子上了。他一次又一次地说道:"800 比索!"科恩有点生气,开始小跑。但他紧跟着一步不落,这时,价格已降到 600 比索了。到了十字路口,因车辆阻塞了马路,科恩不得不停住了脚步,土著人仍唱着他的独角戏:"600 比索……500 比索……好吧,400 比索,怎么样?"当车辆过去之后,科恩迅速穿过马路,希望把他甩在路那边,但是科恩还没来得及转身,就听到他笨重的脚步声和说话声了:"先生,你胜利了! 只对你,200 比索。""你说什么? 给我一件,让我看看。"科恩说。

又是一番讨价还价,科恩最终以 170 比索成交,从小贩口中得知,他在墨西哥历史上创造了买披肩毛毯的新纪录。

知识素养一　商务谈判心理

商务谈判是一种特定条件下人与人之间的交流行为。在整个谈判过程的始末,从谈判对象选择、谈判计划制定、谈判策略和技巧的选择与谈判结果的认定,都伴随着谈判各方当事人各种各样的心理现象和心态反应。商务谈判者的心理直接影响着商务谈判行为,对商务谈判的成功与否起着举足轻重的作用。有效地掌握谈判者的心理状况,准确地引导谈判,控制谈判节奏,把谈判者的心理活动控制在最佳状态,可以使谈判者在心理上处于优势地位,从而争取良好的谈判结果,实现预定的谈判目标。

一、商务谈判心理概述

(一)商务谈判心理的概念

1. 心理的含义

人的心理看不见摸不到,给人一种深邃的感觉。当一个人面对祖国壮丽的河山、秀美的景色,便会产生喜爱愉悦的心理;而当看到被污染的环境、恶劣的天气,又会出现厌恶逃避的心理。这些就是人的心理活动、心理现象,也就是人的心理。心理学认为,心理是人脑对客观现实的主观能动反映,它既包括人们的各种心理活动,如认知、情感、意志等,也包括人们的心理特征,如动机、需要、气质、性格、能力等。人的心理是复杂多样的,人们在不同的专业活动中,会产生各种与不同活动相联系的心理。

2. 商务谈判心理的含义

商务谈判心理是指在商务谈判活动中谈判者的各种心理活动,它是商务谈判者在谈判活动中对各种情况、条件等客观现实的主观能动反映。譬如,当谈判者在商务谈判中第一次与谈判对手会晤时,对方彬彬有礼,态度诚恳,就会对对方有好印象,对谈判取得成功也会抱有信心和希望;反之,如果谈判对手态度狂妄,盛气凌人,势必留下不好的印象,从而会对商务谈判的顺利开展存有忧虑。

通过对谈判者心理的研究,一方面,有利于谈判者了解己方谈判成员的心理活动和心理弱点,以便采取相应措施进行调整和控制,保证己方谈判者能以一个良好的心理状态投入到谈判中去;另一方面,有利于摸清谈判对手的心理活动和心理特征,以便对不同的谈判对手,选择不同的战略和战术。

(二)商务谈判心理的特点

与其他的心理活动一样,商务谈判心理也有其心理活动的特点和规律性。一般来说,商务谈判心理的具体特点归纳如下。

1. 商务谈判心理的内隐性

商务谈判心理的内隐性是指商务谈判心理是商务谈判者的内心活动,藏之于脑、存之于心,别人是无法直接观察到的。尽管如此,人的心理和行为之间还是有密切的联系,即人的心理会影响人的行为,人的行为是人的心理的外显表现,比如,高兴时手舞足蹈、悔恨时捶胸顿足、沉痛时低头不语等。因此,人的心理可以从其外显行为上加以推测。例如,在商务谈判中,对方作为购买方对所购买的商品在价格、质量、运输等方面的谈判协议条件感到很满意,那么,在双方接触过程中,谈判对方会表现出温和、友好、礼貌、赞赏等态度反应和行为举止;相反,如果很不满意,对方则会表现出冷漠、粗暴、不友好、怀疑甚至挑衅的态度反应和行为举止。由此可知,掌握这其中的一定规律,就能较为充分地了解对方的心理状态,更好地洞悉对方的所思所想,从而在商务谈判中占据主动。

2. 商务谈判心理的个体差异性

商务谈判心理的个体差异性是指因谈判者个体的主客观情况不同,谈判者个体之间的心理状态存在着一定的差异。商务谈判心理的个体差异性,要求人们在研究商务谈判心理时,既要注重探索商务谈判心理的共同特点和规律,又要注意把握个体心理的独特之处,以便有效地为商务谈判开展服务。

3. 商务谈判心理的相对稳定性

商务谈判心理的相对稳定性是指个体的某种商务谈判心理现象,产生后往往具有一定的稳定性,在一段时间或一定时期内,不会发生大的变化。但这种稳定性不是绝对的,只能说是相对的,例如,商务谈判者的谈判能力会随着谈判者经验的增多而有所提高,但在一段时间内是相对稳定的。

正是由于商务谈判心理具有相对稳定性,我们才可以通过对谈判对手过去种种表现的观察,去了解谈判对手,进一步去认识谈判对手。此外,我们也可以运用一定的心理方法和手段去改变或影响我们的谈判心理,使其利于商务谈判的开展。

知识素养二 商务谈判的需要与动机

一、商务谈判的需要

(一)商务谈判需要概述

商务谈判者在商务谈判中存在着一定的商务谈判需要。商务谈判需要是一种较为特殊的需要,它对商务谈判的进行存在着重要的影响。因此,必须对它加以重视。

1. 商务谈判需要的含义

需要是人类对客观事物的某种欲望,是人们最基本、最典型的心理现象。口渴的人需要喝水,饥饿的人渴望食物,疲惫的人盼望休息等,这些都是需要。可以说,需要是无穷无尽的,这正是推动人类不断进化的根源。所谓需要,是人缺乏某种东西时产生的一种主观状态,是人对一定客观事物需求的反映,也是人的自然和社会的客观需求在人脑中的反映。需要是无限的,而满足需要的条件是有限的,这就必然会产生种种利益上的矛盾和冲突。争斗、械斗和战争是人类最容易选择的解决冲突和矛盾的手段,但是这种手段未必能彻底解决所有的问题,所以作为和平解决矛盾和冲突的手段,谈判就成为解决问题的手段之一。买卖双方的需要,促使他们一起坐到谈判桌上来进行讨价还价的商务谈判,以求最大限度地满足各自的需要。

有了以上的认识,就可以对商务谈判需要的含义作出概括:所谓商务谈判需要,就是商务谈判者的谈判客观需要在其头脑中的反映,也可以理解为商务谈判者通过谈判所希望达到的利益和需要。商务谈判需要分为两大类:物质性需要和精神性需要。物质性需要是指资金、资产、物资资料等方面的有形的需要;精神性需要是指尊重、公正、成就感等方面的无形的需要。

2. 马斯洛的需要层次理论

对人的需要,很多学者有过研究和大量论述,在众多的需求理论研究中,得到最广泛认可与应用的是美国著名心理学家亚伯拉罕·马斯洛(Abraham H. Maslow,1908—1970)在20世纪50年代发表的代表作《动机与个性》中提出的"需要层次"理论。

马斯洛把人的各种需要划分为五个层次,并按照其需要满足的先后顺序进行排列,得出的需要层次依次为生理需要、安全需要、社交需要、尊重需要和自我实现的需要。五个层次的需要由低级向高级发展,自我实现的需要属于最高层次的需要,只有低层次的需要得以满足或基本满足才有助于高层次需要的出现。

(1)生理需要。生理需要是人类对维持和发展生命所必需的最原始、最基本的需要,如衣、食、住、行和婚育的需要。马斯洛认为,生理需要是第一位的、最优先的需要,如果这一层次的需要不能较好地满足,那么其他的需要就没有什么意义了。可以这样说,人类的发展史是一部人类的需要与满足的发展史,而生理需要是基本的需要。一个人可能欠缺许多东西,比如爱、安全、自尊等,若同时又感到饥饿,在这种情境下,除非他的饥饿得到某些满足,不然他是不会在意其他需要的。同样,一个饿得半死的人不可能有绘画吟诗的雅兴,这个时候他所渴望的东西只有食物,对其他一切都不感兴趣。换句话说,他会全心全意、不顾一切地攫取食物,而忘了其他各种需要。

(2)安全需要。安全需要就是人类希望保护自身肉体和精神的安全与健康,或者在经济上、财产上不受威胁等的需要。安全需要是人类的生理需要得到满足或基本满足后接踵而来的,它仍然属于较低层次的需要。在实际生活中,它表现为希望生命不受伤害、职业得到保障、健康得到保护、财产不受损失和免受不公正待遇等方面的需要。

(3)社交需要。社交需要是追求社会交往中人际关系的需要。社交需要是人的中等层次的需要,它表现为两个方面的内容:一个内容是爱的需要,也就是希望得到和给予友谊、关怀、忠诚和爱护,希望得到爱并给予别人爱;另一个内容是归属的需要,也就是人有一种要求归属于集体的愿望,希望成为集体中的一员,得到集体其他成员的关怀和照顾,增强力量感和信心。如果一个人不被他人或集体所接受,他将会产生孤独感、自卑感,造成精神压抑、心情郁闷。

(4)尊重需要。尊重需要属于人类较高层次的需要,马斯洛认为所有正常人都有自尊心和荣誉感,希望有一定的社会地位,博得别人的敬重,得到社会的尊重和承认,使自尊心得到满足。所以,尊重需要包括受人尊重和自尊两个方面。受人尊重是指人希望有地位、有威望,得到别人的好评、尊敬和信赖;自尊是指人希望在各种不同的情境中,有胜任自身角色的能力,有自信心。

(5)自我实现的需要。自我实现的需要是指人充分发挥自己的潜能,实现个人理想抱负的需要。这是人类需求的最高层次。马斯洛认为,每个人在社会上都担任一定角色,并担任相应的工作。例如,演员应该演戏,画家必须绘画,音乐家离不开音符……只有这样,人们才能感到最大的快乐,取得最大的成就。

(二)需要层次理论与商务谈判

需要层次理论不仅揭示了商务谈判对人类生存发展的必然性和必要性,同时也是人们在商务谈判中获胜的理论依据。

1. 商务谈判者的生理需要

在商务谈判中,谈判者的生理需要表现在衣、食、住、行四个方面,这是谈判者的基本需要。只有基本的生理需要获得满足后,商务谈判者才能顺利地展开谈判。试想,如果谈判者一边进行谈判,一边还要考虑如何解决中午的吃饭问题、晚上的住宿问题,那么,这样的谈判结果是可想而知的,甚至根本无法进行下去。所以,在商务谈判中,谈判者首先必须吃得好、穿得整齐、住得舒服、外出行动方便。如果这些方面的需要得不到满足和保证,就会极大地影响谈判者的精力、情绪,影响谈判技巧的发挥,甚至举动失常,难以完成谈判任务。

2. 商务谈判者的安全需要

商务谈判者具有较强的安全需要,在这里,安全既包括谈判者的人身、财产安全,更重要的是谈判内容本身的风险情况。为此,凡是局势动荡或战乱等不能较好保证人身、财产安全的地区,商务谈判往往无法顺利进行,这主要是因为在谈判者安全需要无法满足的情况下,对商务谈判的需要就不那么强烈了。对一般的商务谈判而言,除了要满足谈判者对人身和财产的安全外,更重要的是要在商务谈判的具体经济项目上给谈判当事人以安全、稳定、可靠的感觉。为此,谈判者因为熟悉与了解,通常乐意与老客户打交道,而在与新客户打交道时往往会心存戒备和疑虑,从而影响了谈判的进行。所以,在商务谈判中,要尽可能地为商务谈判者营造一个安全的氛围。

3. 商务谈判者的社交需要

商务谈判者并不是只讲物质利益的"经济人",而是一群有感情的人。他们一样追求友情,希望在友好的气氛中合作共事。就商务谈判活动本身而言,它也是满足人们社交需要的一种典型活动,是为了满足人与人之间的交往、友情和归属问题的需要。经验告诉我们,无论是在双方谈判者之间,还是在一方谈判小组内部,都要建立良好的人际关系,这就要求谈判者在谈判过程中应本着友好合作的态度,共同处理不可避免的分歧,为把冲突和对立转化为满意结果打下良好的基础。比如,为对方举行家宴,邀请对方进行联欢,赠送礼品给对方等。一旦谈判双方产生了友情,让步与达成协议就变成不需要花费很大力气就能办到的事情。

4. 商务谈判者的尊重需要

谈判者得不到应有的尊重往往是导致谈判破裂的原因。有着强烈尊重需要的人,当自尊心受到伤害而感觉到大伤颜面时,很可能会表现出攻击性的敌意行为,或者是不愿意继续合作,为谈判的顺利进行带来很大的障碍。一个优秀的谈判者应该知道,在商务谈判中,"面子"不值钱,但伤了"面子"却是难以弥补的。只要有可能,谈判者都应保全对方的面子。当然每个谈判者对自己面子的关心程度不一样,有的人在整个谈判过程中如坐针毡,担心自己的面子,而有的谈判者则并不那么在乎,所以,谈判者很有必要评估对方心理对面子的关切程度,以及自身的关切会给对手或谈判产生多大影响。另外,谈判者还要有自尊心,维护民族尊严和人格尊严,面对强大的谈判对手不奴颜婢膝,更不能出卖尊严换取交易的成功。

案例链接 *3-1*

美国想购买墨西哥的天然气,双方进行谈判。美国希望以更加便宜的价格购买,为此美国能源部长拒绝承认美国石油工会与墨西哥所达成的涨价协议。美国人认为,在没有其他买主的情况下,这笔买卖只有美国人愿意与墨西哥人做,所以,美国相信对方将会同意降低价格出售。但是墨西哥不仅渴望以较高价格出售天然气,而且期望得到美国的尊重,并强烈希望受到公正、平等的待遇。双方虽经历多次磋商,美方仍然不放弃高压政策,以致引起墨西哥人极大的愤慨,他们决定为了维护尊严,即使把天然气烧掉,也不愿意低价卖给美国,最终导致这场交易完全失败。

其实,墨西哥人需要的不仅仅是增加天然气价格,同时还要求地位的平等和受到尊重的需要,而美国人恰恰忽略了这一需要,所以使谈判以失败而告终。

5. 商务谈判者的自我实现的需要

这是对于谈判者的最高要求,商务谈判者都希望自己的工作富有成果,能得到别人的承认,在不影响满足己方利益的同时,也应尽可能地使对方利益得到满足。从谈判角度来看,要在商务谈判中满足对方自我实现的需要是比较困难的,原因在于:对方是以其在谈判中取得的成就或成绩来体现和评价其自我实现的需要是否得到满足,以及得到多大程度的满足,而谈判中的成就实际上主要是通过谈判而能获取的利益。成就大意味着所获取的利益多,成就小意味着所获取的利益少。在对方通过谈判可以取得较多的利益,或者实现了其既定的利益目标时,他的自我实现的需要得到了满足;而当其通过谈判没有达到既定的利益目标时,那么其自我实现的需要就只得到部分的满足。这实际上从另一个角度说明,对方的自我实现的需要是与己方的利益相矛盾的。争取尽可能多的利益,是每一个谈判者所要追求的。而在一般情况下,除了策略上的需要以外,任何人都不会放弃自己的利益去满足对方自我实现的需要。

总之,在商务谈判的整个过程中,要注意到谈判者各个层次的需要,并尽可能地从低层次到高层次对这些需要给予满足,推动谈判顺利进行,为最终的胜利创造良好的环境和条件。

二、商务谈判的动机

动机是促使人去满足需要的行为的驱动力,或者说是推动一个人进行活动的内部原动力。它是引起和维持一个人的活动,并将活动导向某一目标,以满足个体某种需要的念头、愿望、理想等表现形式。

(一)谈判动机的含义

商务谈判动机是促使谈判人员去满足需要的谈判行为的驱动力。

动机的产生决定于两个因素:内在因素和外在因素。内在因素是指需要,即因个体对某些东西的缺乏而引起的内部紧张状态和不舒服感,需要产生欲望和驱动力,引起活动。外在因素包括个体之外的各种刺激,即物质环境因素的刺激和社会环境因素的刺激,如商品的外观造型、优雅的环境、对话者的言语、神态表情等对人的刺激。

动机与需要既相互联系,又有区别。需要是人的行为的基础和根源,动机是推动人们活动的直接原因。当人的需要具有某种特定目标时,需要才能转化为动机。一般说来,当人产生某种需要而又未得到满足时,会产生一种紧张不安的心理状态,在遇到能够满足需要的目标时,紧张的心理状态就会转化为动机,推动人们去从事某种活动,向目标前进。当人达到目标时,紧张的心理状态就会消除,从而需要得到满足。

(二)商务谈判动机的类型

动机有生理性动机、社会性动机等种类。商务谈判的具体动机类型有:

1．经济型动机

此类动机是指谈判者对成交价等经济因素很敏感，十分看重经济利益，谈判行为主要受经济利益所驱使。

2．冲动型动机

此类动机是指谈判者在谈判决策上表现冲动，谈判决策行为受情感等刺激所诱发。

3．疑虑型动机

此类动机是指谈判者的谈判行为受疑心和忧虑的影响，由此引发谨小慎微的谈判行为。

4．冒险型动机

此类动机是指谈判者喜欢冒风险去追求较为完美的谈判成果而形成的谈判动机。

知识素养三　商务谈判中个性的运用

个性是指个人带有倾向的、本质的、稳定的心理特征的总和。个性是由多层次、多侧面的心理特征结合构成的整体，这些层次特征包括气质特征、性格特征、能力特征等。商务谈判人员的个性与商务谈判有着极其密切的关系，它对商务谈判的方式、风格、成效都有着较大的影响。

一、气质在商务谈判中的运用

(一)根据气质类型选择谈判人员

气质是指人的相对稳定的个性特点和风格气度。人有许多不同的气质特征，这些特征并不是有规则地互相联系的。根据研究，心理学家认为人有四种较为典型的气质类型：多血质、胆汁质、黏液质和抑郁质。纯粹属于这四种典型气质类型中某一气质类型的人很少，大多是混合类型的。出于谈判的需要，要根据谈判人员的气质特征、气质类型来选择合适人选。

(二)根据对手的气质类型采用相应的谈判策略

出于谈判的需要，要根据谈判对手的气质类型采取相应的谈判策略。如谈判对手属于胆汁质，则这类人急躁、外向，对外界富有挑战特点，但却往往缺乏耐力，一旦扼制住其突如其来的气势，其气势就会很快丧失。谈判策略可以采取马拉松式的战术，避其锐气，攻击弱点，以柔克刚。

二、性格在商务谈判中的运用

性格是个性特征的核心，它决定人活动的内容和方向。在现实活动中，人们的性格是千差万别的：比如在交际方面，有的人活泼外向，喜欢结交朋友，有的人孤寂内向，爱独自沉思；在待人处事上，有的人诚实、和蔼，有的人虚伪、狡诈；在情绪特点方面，有的人乐观进取，有的人悲观失望；在行动上，有的人果敢坚强，有的人则谨慎怯懦。这些都会在商务谈判活动中明显地表现出来，直接影响人们的行为方式。为了促使谈判成功，必须对各类性格的人有所了解、把握并制订相应的对策。

(一)商务谈判人员的性格类型

1. 权力型

权力型谈判者强烈地追求专权,全力以赴地实现目标,敢冒风险,喜欢挑剔,缺少同情,不惜代价。贪权人对繁琐的数字和事实不感兴趣,他们认为那只是以往的结果,而未来的结果是由他们创造的。在谈判中,这是最难对付的一类谈判者。因为如果你顺从他,你必然被剥夺得一干二净;如果你反抗他,谈判有可能陷入僵局甚至破裂,而这并不是你希望得到的结果。

权力型谈判者的特点:

(1)对权力、成绩狂热地追求。这是这种类型的谈判者最根本的特征。他们通常无视他人的反应和感觉,为了取得最大成就,获得最大利益,他们不惜一切代价。对于具有与其同样雄心、同样目标和同样手段的人他们会无情打击。通常,这类谈判者在谈判中十分难处。他们不会给别人留下任何余地,在大部分问题上,他们我行我素,以自我为中心。一旦他们控制谈判,就会充分运用手中的权力,向对方讨价还价,甚至不择手段,逼迫对方接受条件。他们时常抱怨权力有限,束缚了他们谈判能力的发挥。更有甚者,为了体现他们是权力的拥有者,他们追求豪华的谈判场所、舒适的谈判环境、精美的宴席、隆重的场面。

(2)敢冒风险,喜欢挑战。他们不仅喜欢向对方挑战,而且喜欢迎接困难和挑战,因为只有经过艰苦的讨价还价,调动他们的全部力量获取成功,才能显现自己的能力和实现自我形象,才会使他们感到满足。

(3)急于建树,决策果断。这种人求胜心切,不喜欢也不能容忍任何拖沓、延误,对官僚习气更是水火不相容。由于受到要获得更大权力和成绩的心情驱使,总是迅速地处理手头的工作,然后着手下一步的行动。因此,他们拍板果断、决策坚决。面对当机立断的问题,一般人会犹豫、拖延,并尽可能避免决策;而这种谈判者则正好相反,他们乐于决策,并对决策充满信心。

权力型谈判者的弱点:不顾及冒险代价,一意孤行;缺乏必要的警惕性;缺乏耐心,讨厌拖拉;对细节不感兴趣,不愿陷入琐事;希望统治他人,包括自己的同事;必须是谈判的主导者,拒绝当配角;易于冲动,容易激动,有时控制不住自己。

2. 说服型

在谈判活动中,最普遍、最有代表性的谈判者是说服型谈判者。在某种程度上,这种谈判者比权力型谈判者更难对付。权力型谈判者容易引起对方的警惕,但说服型谈判者却容易被人所忽视。在谈判中,他们十分随和,能迎合对手的兴趣,在不知不觉中把人说服。在说服型谈判者温文尔雅的外表下,通常暗藏雄心。

说服型谈判者的特点:

(1)具有良好的人际关系。人际关系好是说服型谈判者追求的重要目标,为了好人缘他们会不惜代价。他们需要别人的赞扬和欢迎,受到社会的承认对他们来说无比重要。如果说服型谈判者失去外界的信赖,那么他们将无法生存,任何对他们形象不利的议论都会引起他们的焦虑。他们乐于帮助别人,会主动消除交际中的障碍,在和谐融洽的气氛中,他们如鱼得水,发挥自如。同时,这种谈判者与下属的关系比较融洽,他们能与下属一起创造出一种良好的工作气氛,给下属更多的权力,使下属对其保持忠诚,并对其充满信赖。

(2)处理问题三思而后行。他们对自己的面子和对方的面子都竭力维护,决不轻易做伤害对方感情的事。在许多场合下,即使他们不同意对方的提议,也不愿意直截了当地拒绝,总是想方设法说服对方或阐述他们不能接受的理由。

（3）着眼于战略问题，超脱细节。说服型谈判者对陷入琐事极不适应，他们的目标是规划总体蓝图和制订战略。他们总是力图摆脱工作细节，在他们的心目中，细节被视为对正常生活趣味的干扰。

说服型与权力型的区别：

①权力型谈判者认为权力是能力的象征；而说服型谈判者并不认为权力是能力的象征，他们认为权力只是一种形式，虽然他们也喜欢权力，但实质的追求并不在于权力的多少，他们认为，人的报酬才是能力的象征，因而希望获得更多的报酬。

②权力型谈判者不顾及别人的看法，他们自认为自己是超人；而说服型谈判者却不是这样，持久的社会认可是他们工作的动力。

③权力型谈判者总是与人为敌；而说服型谈判者则需要有一个良好的人际环境，他们喜欢帮助别人，使大家都振作起来，只有在和善的气氛中他们才能发挥最大作用。

说服型谈判者的弱点：过分热心与对方搞好关系，忽略了必要的进攻和反击；对细节问题不感兴趣，不愿进行数字研究；不能长时间专注于单一的具体工作，希望考虑重大问题；不适应冲突气氛；不喜欢单独工作。

3. 执行型

这种性格类型的谈判者在谈判中并不少见，他们对变革无动于衷，不愿接受挑战。他们根本无法理解和接受任何对现状造成威胁的意见，维护现状是他们最大的愿望。

执行型谈判者的特点：

（1）工作安全感强。他们喜欢安全、有秩序、没有太大波折的谈判。他们不愿接受挑战，也不喜欢爱挑战的人。

（2）照章办事。这种性格的谈判者对上级的命令和指示，以及事先定好的计划坚决执行，全力以赴，但是拿不出自己的主张和见解，缺乏创造性。他们决策能力很差，喜欢照章办事，在处理问题时，喜欢寻找先例。

（3）适应能力差。他们需要不断地被上级认可、指示。特别是在比较复杂的环境中，面对各种挑战，他们往往不知所措，很难评价对方提出新建议的价值，自然他们也无法拿出建设性的意见。

（4）能力有限，只能做执行性的工作。这种性格的谈判者不可能在重大工作中独当一面。他们缺乏构思能力和想象力。但是，这种谈判者在特定的局部领域中，往往工作得心应手。如果有一个构思能力很强的人领导他们，他们便会如鱼得水。这种谈判者最大的价值是起平衡器和缓冲器的作用。

执行型谈判者的弱点：他们讨厌挑战、冲突，不喜欢新提议、新花样；没有能力把握大的问题，不习惯，也不善于从全局考虑问题；不愿意很快决策，也尽量避免决策；不愿单独谈判，并需要得到同伴的支持；适应能力差，有时无法应付复杂的、多种方案并存的局面。

4. 疑虑型

疑虑型谈判者的特点：

（1）怀疑多虑。这是这类谈判者的典型特征，他们对任何事都持怀疑、批评的态度。每当一项新建议拿到谈判桌上来，即使是对他们有明显的好处，只要是由对方提出，他们都会怀疑、反对，千方百计地探求他们所不知道的一切。

（2）犹豫不定，难于决策。他们对问题考虑慎重，不轻易下结论。在关键时刻，如拍板、签合同、选择方案等问题上，不能当机立断，而是犹豫反复，举棋不定，担心吃亏上当，结果常常贻误时机，错过达成更有利于协议的机会。

（3）对细节问题观察仔细，注意较多，常常提出一些出人意料的问题。

（4）不喜欢矛盾冲突。虽然他们经常怀疑一切，经常批评、抱怨他人，但很少会导致冲突激化的程度，他们竭力避免对立，如果真的发生冲突，也很少固执己见。

（二）对各个性格种类谈判人员的应对策略

1. 权力型

对于权力型的谈判对手可使用以下策略和方法：

（1）表现出极大的耐心，靠韧性取胜，以柔克刚。即使对方发火，甚至暴跳如雷，也一定要沉着冷静，耐心倾听，不要急于反驳、反击。如果能冷眼旁观，无动于衷，效果会更好。因为对方就是想通过这种方式来制服你，如果你能承受住，他便无计可施，甚至还会对你产生尊重、敬佩之情。

（2）在个人谈判时，必须努力创造一种直率的、能让对手接受的讨论气氛。在个人谈判中，面对面直接冲突应加以避免，这并不是惧怕对方，而是因为冲突根本不能解决问题，应把更多的精力放在唤起对手的兴趣和欲望上。

（3）在谈判前设计出大量的、具有创造性的建议，一旦谈判陷入僵局，就抛出一个建议以缓解气氛。

（4）在进行团队谈判时，可以在对方内部关系上大做文章。在开始谈判时，可用多种方式满足贪权人的追求，让他发号施令，让他夸夸其谈，对他格外尊敬。但当谈判进入决定性阶段后，我们可把兴趣突然转移到其下属身上，造成贪权人的失落感。出于本能，贪权人必然要"夺回"自己失去的权力。为了出风头，引人注目，他会不惜出人意料地同意我方的许多要求，这显然对我方是有利的。所以，与贪权人正面作战不会有任何好结果，而巧妙地利用他的弱点迂回取胜，才是明智之举。

（5）要尽可能利用文件，尤其是数字复杂的资料来证明自己观点的可靠性。必须指出，与贪权人打交道必须及早准备，如果等到谈判开始之后才知道对手是什么类型的人的话，就为时已晚了。在那种情况下，我方肯定会陷入一片忙乱之中，谈判的最终结果也决不会令人满意。

2. 说服型

对于说服型的谈判对手可使用以下策略和方法：

（1）在维持礼节的前提下保持进攻的态度。从谈判一开始就造成一种公事公办的气氛，注意保持双方的感情距离，不要与对手交往过于亲密。在不激怒对手的情况下，保持态度上的进攻性，引起一些争论，使对手感到紧张不适。

（2）准备大量细节问题。说服型谈判者往往对细节问题不感兴趣，他们希望立即取得具有实质意义和影响全局的成果，以此证明他们的能力。我们可以利用这种心理，在谈判中不断向对方人员提出大量细节问题，对其施加压力。通常经过一轮大量的提问，会使对方人员难以忍受，并想尽快与我方达成协议。

（3）在可能的情况下，努力造成一对一的谈判局面。说服型谈判者的群体意识较强，他们善于利用他人造成有利于自己的环境气氛，不喜欢单独工作。利用这一点可使我方轻易获得主动，因为在一对一的谈判格局中，对手总有不适之感，其结果自然不会那么理想。

(4)准备好奉承话,随时准备戴高帽。说服型谈判者需要自己的能力得到外界认可,为了达到目的,我们可以充分利用这一特点。在需要时,送给对方一些奉承话,这对具有说服者性格的人非常有效,但必须恭维得恰到好处。

(5)具有耐性。说服型谈判者不喜欢长久局限于某个问题之中,他们希望以一种友善的方式尽快解决实质问题。这种情况下,我方既要耐心又要使对手感到冷漠,让说服型谈判者感到谈判的紧张和漫长性对我方是十分有利的。

(6)必要时制造冲突。当对方对达成协议报有迟疑态度时,我方可以有意制造冲突,迫使对手妥协。对于说服型谈判者而言,重要的是完美的自我形象,他们不希望直接冲突。但冲突制造得必须恰到好处,因为当冲突过于激烈,他们会被迫回击时,一旦撕开脸面,就很难指望会有好的结果。

3. 执行型

对于执行型的谈判对手可使用以下策略和方法:

(1)努力造成一对一谈判的格局。执行型谈判者需要同伴的支持,当只身一人时,他们会感到自己弱小无力。

(2)力争缩短谈判的每一个具体过程。这类人反应迟缓,谈判时间越长,他们的防御性也越强,所以,从某种角度讲,达成协议的速度是成功的关键。

(3)准备详细的资料支持自己的观点。由于执行型谈判者常会要求回答一些详细和具体的问题,因此,必须有足够的准备来应付,但不要轻易提出新建议或主张,这会引起他们的反感或防卫。实在必要时,要加以巧妙地掩护或一步步提出,如果能让他们认识到新建议对他有很大益处,则是最大的成功;否则,会引起他们的反对,而且这种反对很少有通融的余地。

(4)讲话的态度、措辞也很重要,冷静、耐心都是不可缺少的。与这类谈判者谈判,必须十分冷静和有耐心,克制自己的脾气至关重要。当他们对决策顾虑重重时,会让己方感到十分沮丧,这时,更要注意自己的态度。如果做了周密的准备,并真正注意把诱发需求与利用弱点结合起来进行攻击的话,则完全可以控制整个谈判的最终结果。

4. 疑虑型

对于疑虑型的谈判对手可使用以下策略和方法:

(1)提出的方案、建议一定要详细、具体、准确,避免使用"大概"、"差不多"等词句,要论点清楚,论据充分。

(2)在谈判中耐心、细心是十分重要的。如果对方决策时间长,千万不要催促,逼迫对方表态,这样反会更加重其疑心。在陈述问题的同时,留出充裕的时间让对方思考,并提出详细的说明数据。

(3)在谈判中要尽量襟怀坦荡、诚实、热情。如果疑虑型谈判者发现有一个问题被欺骗,那么就很难再获其信任。虽然这类谈判者不适应矛盾冲突,但也不能过多地运用制造冲突的方法,否则,会促使其更多地防卫、封闭自己来躲避进攻,使双方无法进行坦诚、友好的合作。

知识素养四 商务谈判中心理的运用

商务谈判心理是影响商务谈判的重要因素。高明的谈判人员,往往善于利用商务谈判心理,讲究谈判技巧。

一、谈判期望心理的利用

谈判活动与谈判方的谈判期望密切相关。谈判期望对谈判方谈判的积极性和谈判的策略选择均具有一定的指导意义,因此谈判人员应掌握谈判期望心理的分析技巧。

(一)谈判期望概述

谈判期望是指商务谈判者根据以往的经验在一定时间内希望达到一定的谈判目标或满足谈判需要的心理活动。

人的需要多种多样,由于主客观条件的限制,人的某些需要并不能全部获得满足。但即使这样,人的需要也不会因此消失。一旦人发现可以满足自己需要的目标时,就会受需要的驱使在心中产生一种期望。

期望心理活动与人的需要相联系。期望产生于需要,是对实现需要的期待。期望是有方向和目标的,期望的强弱与目标价值的高低有密切的联系;谈判期望是谈判者根据自己以往经验对达到目标的可能性进行分析判断后形成的。达到目标的可能性越大,期望越大。例如,某个大型商务采购团公开招标采购商品的消息公布之后,不少企业希望参加投标。有的企业认为有可能中标,对投标抱很大的期望;有的企业认为中标较困难,抱较小的期望。

(二)谈判期望的分析利用

谈判期望有水平的高低。期望目标水准高,称为期望水平高;期望目标水准低,称为期望水平低。期望水平受到人的能力、经验、抱负、自我估价等多方面因素的影响,它反映人的自我评价的高低。

期望水平影响期望者潜能的发挥。期望水平高,对期望者的潜能激发程度也高,成功可能性就高。有专家作过研究,期望水平高的人所取得的成就往往会更大。期望水平高的人往往会为取得较优异的成绩付出较大的意志努力和耐心,不会轻易放弃自己定下的标准;而期望水平低的人对追求的目标往往缺乏充分的信心和意志努力,所取得的成绩就会不理想。

遵循这一心理机制,考虑到调动己方谈判人员的积极性,事先所设的谈判最优期望目标可高些,以激发人员想象力、创造力和充分挖掘其潜能。同时,对对手的谈判最优期望目标、一般期望目标和最低限度目标要进行预测和研究分析,使谈判能争取主动,灵活而有策略。

期望水平有其两面性。期望水平的高低,要根据实际情况来决定,要考虑人的能力、经验、实际条件和心理素质。期望水平过高,其自身能力、经验欠缺,心理素质低,到时候不仅会因为实现期望的可能性小而造成积极性降低,而且会因为期望目标不能如愿实现而造成心理挫折,这样反而不利于谈判。

在谈判过程中,为了防止对手对我方谈判策略实行反制措施,谈判人员的期望目标及其水平一般不宜过早暴露,需要事先加以掩饰,转移对方的注意力。例如,己方作为买方重视的是对方货物的价格和质量,而对方的兴趣在己方订货的数量和交货期,在这种情况下,为了掩饰己方心理,在谈判中可先将双方讨论的问题引到货款支付方式、包装运输上,以分散对方的注意力。

考虑到人的需要会不断发展变化的特点和期望心理满足方面的机制作用,一般不要轻易许诺,一旦许诺就必须兑现。

二、正确运用商务谈判的感知觉

人对客观现实的反映,是从感知觉开始的,正确运用商务谈判的感知觉,对于从事商务谈判具有一定意义。

(一)商务谈判中的感觉和知觉

感觉和知觉是具有密切关联的心理现象。感觉和知觉都是外界事物作用于人的感觉器官所产生的反映。

感觉是人的大脑凭借感官对事物个别属性(如颜色、气味、温度)的反映,是人对客观事物认识的最简单形式,但它是一切复杂心理活动的基础。人们通过感觉,获得对客观事物有关信息。人们运用这些信息,经过复杂的心理活动,进而取得对客观事物的更深的认识。因此,商务谈判人员必须注重运用自己的感觉器官去获取有关的信息,如食品的色、香、味,谈判对手的一颦一笑。

知觉则是人对事物各种属性所构成的整体的反映。如我们感觉到梨的颜色、滋味、平滑度、软硬度、温度、大小和形状,在综合这些方面的基础上构成了我们对"梨"的整体的映像,这就是我们对梨的知觉。

(二)知觉的选择性

知觉作为感性认识,对客观事物的反映不是消极的和被动的,而是一种积极能动的认识过程。这种知觉的能动性的主要表现是知觉的选择性。在同一时间,有许多客观事物同时作用于人的感官,人不能同时反映这些事物,而只对其中的某些事物有清晰的知觉,这就是知觉的选择性。

1. 影响知觉的选择性的因素

人的知觉的选择性既受到客观因素的影响,也受人本身主观因素的影响。客观因素主要是知觉对象的特点、与背景的差别等。主观因素是知觉者的兴趣、需要、个性特征和过去的经验。

2. 知觉的个别差异

知觉的选择性使得不同的人对同一事物往往会产生不同的知觉,表现出个别差异。人们对他们喜欢的事物易形成注意,对他们讨厌和不喜欢的事物易产生回避,这会形成知觉的差异。不同神经类型的人,知觉的广度和深度有个别差异。多血质的人知觉速度快,但不稳定,不细致;黏液质的人知觉速度慢,但相对稳定和细致。对某一事物有无经验,知觉会有较大的差别,"内行看门道,外行看热闹"就是一个典型的例子。

3. 知觉习惯

人的知觉是社会知觉,其中又包括对别人的知觉、对人际的知觉和对自我的知觉。人的社会知觉有一些习惯,如第一印象、晕轮效应等,这些知觉习惯有助于提高人们知觉的效率,但也会引发对人的各种偏见,因此在对人的知觉上要注意防范人的知觉习惯的不良影响,以实现对人的正确知觉。

(1)第一印象。在对人的知觉过程中,会存在对某人的第一次印象,即第一印象。第一印象往往比较鲜明、深刻,会影响到人们对某个人的评价和对其行为的解释。在许多情况下,人们对某人的看法、见解、情感、态度,往往产生于第一印象。如果对某人第一印象好,就可能对其形成肯定的态度;若第一印象不好,就可能对其形成否定的态度。第一印象是人们认识人的过程中出现的一种常见的现象,它有助于人们对人的知觉,但又可能由于对人的知觉不全面、停留在表面而不深入,形成一些影响对人正确知觉的偏见。第一印象的形成主要取决于人的外表、着装、言谈和举止。在正常情况下,仪表端庄、言谈得体、举止大方的人较易获得良好的第一印象,得到人们的好感。

由于第一印象有较大的影响作用,商务谈判者必须重视谈判双方的初次接触。要努力在初次接触中给对方留下好的印象,赢得对方的好感和信任;同时,也要注意在初次接触后对对方多作些了解。

(2)晕轮效应。晕轮效应也叫以点概面效应,它是指人们在观察某个人时,对于他的某个品质特征有清晰明显的知觉,这一从观察者看来非常突出的品质、特征,妨碍了观察者对被观察者其他品质、特征的知觉。也就是说,这一突出的品质、特征起到一种类似晕轮的作用,使观察者看不到被观察者的其他品质、特征,从而从一点做出对被观察者整个面貌的判断。

晕轮效应在谈判中的作用有正面的也有负面的。如若谈判一方给另一方留下某个方面的良好的、深刻的看法或印象,那么他提出的要求、建议往往容易引起对方积极的响应,要求条件也常能得到满足;如果能引起对方的尊敬或崇拜,那就更容易掌握谈判的主动权。如若给对方某方面的看法或印象特别的不好,他提出的于双方有利的建议也会受到怀疑,不信任,不赞同。

(3)先入为主。先入为主是指人们最先所得到的关于事物的看法、观点等信息对人们存在着强烈的影响,影响人们的知觉和判断。人们最先获得的信息,有准确的和不准确的两种,凭据这些信息对事物做出判断,有正确和错误两种结果。

先入为主的一个重要问题是它往往妨碍和影响人们对事物的进一步的了解认识,使判断带有主观性。先入为主的影响在谈判中通常表现为主观武断地猜测对方的心理活动,如对方的意图、对方关注的焦点问题、对方的心理期望等。这些主观预测一旦失误,就会直接或间接地影响谈判。

由于存在着先入为主的心理知觉状况,在谈判中对人们的先入为主的知觉规律要予以注意。在商务谈判的前几分钟,谈判双方的交流对谈判气氛会产生重要的影响,会产生先入为主的效应。这时,在言谈举止方面要谨慎,一般来说,在寒暄之后以选择有共同兴趣的中性话题为宜,对于令人不愉快的话题尽可能不谈,也不要一见面就开门见山直奔正题。

(4)刻板。人的知觉有刻板的习惯,会存在着对某类人的固定形象。这是在过去有限经验基础上对他人作结论的结果。刻板最常见的是在看到某个人时即把其划归到某一群体之中。但通过改变知觉者的兴趣、注意力,给知觉者增加更多的感知信息,就有可能改变这一刻板的印象。

认识感知觉的规律性,有助于谈判中的观察和判断。在商务谈判中,谈判对手不会轻易让对方了解商业秘密或某些事实的真实情况,而且还会故意制造一些假象来迷惑对方。这样,就需要“眼观六路,耳听八方”,注意观察从对方的言行举止中偶尔流露出来的真实自我和信息,运用敏锐的洞察力,透过现象看本质,弄清其真实状况和意图。

三、商务谈判情绪的调控

商务谈判情况复杂多变,谈判双方的情绪也随之波动,如果任情绪在谈判场上像脱缰的野马一样随意狂奔,使谈判过于情绪化,则无益于谈判。作为谈判一方,为使商务谈判能按预期的方向发展,就必须运用相应的措施,对双方的商务谈判情绪进行有效的调控。

(一)商务谈判情绪

情绪是人脑对客观事物能否满足自己的需要而产生的一定态度体验。人的情绪对人的活动有着相当重要的影响。能够敏锐地知觉他人情绪,善于控制自己情绪,巧于处理人际关系的人,才更容易取得事业活动的成功。

商务谈判情绪是参与商务谈判各方人员的情绪表现。在谈判活动中,谈判者的需要和期望满足的情况会千变万化,其情绪心理也往往会随之波澜起伏。在错综复杂的商务谈判中,免不了会出现各种情绪的变化和波动。当异常的情绪波动出现时,要善于采用适当的策略办法对情绪进行调控,而不能让情绪对谈判产生负面影响。在谈判桌上,过激的情绪应尽量地避免。当有损谈判气氛、谈判利益的情绪出现之后,应尽量缓和、平息或回避,防止有害的僵局出现导致谈判的流产。

(二)如何调控商务谈判情绪

一般情况下,谈判人员不仅对自己的情绪要加以调整,对谈判对手的情绪也应作好相应的防范和引导。商务谈判人员个人的情绪要服从商务谈判的利益,不能让情绪随意宣泄。谈判人员要有良好的意志力,对自身的情绪要有自控能力,不管谈判是处于顺境还是处于逆境,都能很好地控制自己的理智和情绪,而不是被谈判对手所控制。当然,这并不是说什么时候都要表现出谦恭和温顺,而是要在保持冷静清醒的头脑的情况下灵活地调控自己,把握分寸,适当地表现强硬、灵活、友好或妥协。当年赫鲁晓夫在联合国大会上用皮鞋敲桌子"示怒",实际上并不是真正到了怒不可遏的地步,只不过是想借此来加强其发言的效果,提醒别国注意苏联的立场。

1. 情绪策略

在商务谈判过程中,谈判对手可能会有意运用攻心术或红白脸策略来扰乱对方的情绪,牵制对方并干扰对方的策略思考,对此必须有所防范。

(1)攻心术。攻心术是谈判一方利用使对方心理上不舒服(如使有负罪感)或感情上的软化来使对方妥协退让的策略。常见的形式有以下几种:

其一,以愤怒、指责的情绪态度使谈判对方感到强大的心理压力,在对方惶惑之际迫使其作出让步。

其二,以人身攻击来激怒对手,严重破坏谈判对方的情绪和理智,扰乱其思路,引诱对方陷入圈套。

其三,以眼泪或可怜相等软化方式引诱谈判对方同情、怜悯而让步。

其四,谄媚讨好谈判对方,使对方在意乱情迷之下忘乎所以地作出施舍。

(2)红白脸策略。红脸、白脸的运用是心理策略的一种具体形式。红脸通常表现出温和友好、通情达理的谈判态度,以换取对方的让步;白脸通常喜欢吹毛求疵地争辩,提出苛刻的条件纠缠对方,极力从对方手中争夺利益。

2. 情绪调控的技巧

由于随时都可能面对对手的心理战,谈判人员在参加谈判时,可以从以下方面调控自己的情绪:

(1)注意保持冷静、清醒的头脑。应培养理智的思辨能力和言语行为的调控能力。当发现自己的心绪不宁、思路不清、反应迟钝时应设法暂停谈判,通过休息、内部相互交换意见等办法使自己得以恢复良好的状态。

(2)要始终保持正确的谈判动机。商务谈判以追求谈判的商务利益为目标,而不是追求虚荣心的满足或其他个人实现,要防止因为对手的挖苦、讽刺或恭维而迷失了方向。

(3)要将谈判的问题与人划分开来。在阐述问题时,侧重实际情况的阐述,少指责或避免指责对方,切忌意气用事而把对问题的不满发泄到谈判对手个人身上,对谈判对手个人指责、抱怨,甚至充满敌意。当谈判双方关系出现不协调、紧张时,要及时运用社交手段表示同情、尊重,弥合紧张关系,清除敌意。

(4)要注意尊重对方。尊重对方是指态度、言语和行为举止上具有礼貌,使对方感到受尊重。尊重就是要注意自己言谈举止的风度和分寸。谈判时见面不打招呼或慵懒致意,脸红脖子粗地争吵,拍桌子,当众摔东西或闭起眼睛翘起二郎腿不理睬,这些行为都会伤害对方的感情,甚至使对方感到受到侮辱,不利于谈判。考虑到对手的尊重需要,即使在某些谈判问题上占据上风,也不要显出傲慢的神情,并应在适当的时候给对手台阶可下。然而,尊重对方并不是屈从或任对方侮辱,对于无礼的态度、侮辱的言行应适当地给予反击。但这种反击不是"以牙还牙"的方式,而是以富有修养的针对性的批评、反驳,以严肃的表情来表明自己的态度和观点。

(5)在谈判过程中提出我方与对方不同的意见和主张时,为了防止对方情绪的抵触或对抗,可在一致的方面或无关紧要的问题上对对方的意见先予以肯定,表现得通情达理,缓和对方的不满情绪,使其容易接受我方的看法。当对方人员的情绪出现异常时,我方应适当地加以劝说、安慰、体谅或回避,使其缓和或平息。

精明的谈判人员,都有一种小心调控自我情绪的习惯,并能对别人谈话中的自相矛盾和过火的言谈表现出极大的忍耐性,能恰当地表述自己的意见。他们常用"据我了解"、"是否可以这样"、"我个人认为"等委婉的说法来阐述自己的真实意图。这样的态度会使本来相互提防的谈判变得气氛融洽、情绪愉快。

对谈判对手有意运用的情绪策略,则要有所防范和有相应的调控反制对策。针对对手的情绪策略,可以采取相应的策略与情绪反应。

四、商务谈判中心理挫折的防范与应对

商务谈判人员应做好防范谈判心理挫折的心理准备,对所出现的心理挫折应能够有效地化解。

(一)商务谈判中的心理挫折

人们需要的存在,会引发动机。动机一旦产生便引导人们的行为指向目标。受各种主客观原因的影响,行为活动有的达到目标,有的受到阻碍。行为活动受到阻碍达不到目标,便是挫折。

1. 心理挫折的含义

心理挫折是人在追求实现目标的过程中遇到自己感到无法克服的障碍、干扰而产生的一种焦虑、紧张、愤懑或沮丧、失意的情绪心理状态。在商务谈判中,心理挫折造成人情绪上的沮丧、愤怒,会引发与对手的对立和对对手的敌意,容易导致谈判的破裂。

2. 心理挫折的行为表现

当人遭受心理挫折时,会产生紧张不安的情绪和引发行为上的异常。

(1)攻击。攻击是指人在遭受挫折时最易表现出来的行为,即将受挫折时产生的怨气、愤怒的情绪向人或物发泄。攻击行为可能直接指向阻碍人们达到目标的人或物,也可能指向其他的替代物。

(2)退化。退化是指人在遭受挫折时所表现出来的与自己年龄不相称的幼稚行为。例如,情绪上失控,出现孩子似的无理智行为。

(3)病态的固执。病态的固执是指一个人明知从事某种行为不能取得预期的效果,但仍不断重复这种行为的行为表现。病态的固执往往受人的逆反心理的影响。在人遭受挫折后,为了减轻心理上所承受的压力,或想证实自己行为的正确,以逃避指责,在逆反心理的作用下,往往无视行为的结果不断地重复某种无效的行为。

(4)畏缩。畏缩是指人受挫折后失去自信,消极悲观,孤僻不合群,易受暗示,盲目顺从的行为表现。

(二)心理挫折的预防和应对

商务谈判是一项艰辛而困难重重的工作。谈判所遇到的困难很多,困难多就易遭遇失败,有失败就有挫折。心理挫折会引发谈判人员的情绪上的沮丧,从而产生对谈判对手的敌意,容易导致谈判的破裂。因此,商务谈判人员对商务谈判中客观的挫折应有心理准备,并作好对心理挫折的防范,对自己所出现的心理挫折应有有效的办法及时地加以化解,并对谈判对手出现挫折而影响谈判顺利进行的问题有较好的应对办法。

1. 心理挫折的预防

(1)消除引起客观挫折的原因。人的心理挫折是伴随着客观挫折的产生而产生的。如果能减少引起客观挫折的原因,人的心理挫折就可以减少。

(2)提高心理素质。一个人遭受客观挫折时是否体验到挫折,与他对客观挫折的容忍力有关,容忍力较弱者比容忍力较强者易感受到挫折。人对挫折的容忍力又与人的意志品质、承受挫折的经历及个人对挫折的主观判断的影响有关。有着坚强意志品质的人能承受较大的挫折,有较多承受挫折经历的人也对挫折有较高的承受力。

为了预防心理挫折的产生,从主观方面来说,就要尽力培养谈判人员意志的品质,提高其对挫折的容忍力。

2. 心理挫折的应对

在商务谈判中,不管是我方人员还是谈判对方产生心理挫折感都不利于谈判的顺利开展。为了使谈判能顺利进行,对心理挫折应采取积极应对措施。

案例链接 3-2

迪巴诺面包公司是纽约一家较有名气的面包公司,但是纽约一家大饭店却从未向它订购过面包。四年来,公司经理迪巴诺每星期去拜访大饭店经理一次,也参加在大饭店所举行的会议,甚至以客人的身份住进大饭店。不论他采取正面攻势,还是旁敲侧击,这家大饭店仍是丝毫不为其所动。这反而更激起了迪巴诺推销面包的决心,问题是需要采取什么策略。通过调查,迪巴诺发现,饭店的经理是美国饭店协会的会长,特别热心协会的具体工作,凡是协会召开的会议,不论在何地,他都一定参加。于是,迪巴诺再去拜访他时,便大谈起协会的有关事情,果然引起了经理的兴趣。饭店经理滔滔不绝地讲了协会的各种情况,声称协会给他带来了无穷乐趣,并邀请迪巴诺参加。在两人的交谈中,丝毫也没涉及购买面包的事宜,但几天后,饭店的采购部门打来电话,表示要立刻购买迪巴诺公司的面包。

(1)要勇于面对挫折。常言道"人生不如意事十有八九",这对于商务谈判来说也是一样,商务谈判往往要经过曲折的谈判过程,通过艰苦的努力才能达到成功的彼岸。商务谈判人员对于谈判所遇到的困难,甚至失败要有充分的心理准备,以提高对挫折打击的承受力,并能在挫折打击下从容应对新的变化的环境和情况,做好下一步的工作。

(2)摆脱挫折情境。相对于勇敢地面对挫折而言,这是一种被动地应对挫折的办法。遭受挫折后,当商务谈判人员再无法面对挫折情境时,通过脱离挫折的环境情境、人际情境或转移注意力等方式,可让情绪得到修补,使之能以新的精神状态迎接新的挑战。美国著名成人教育学家、心理学家戴尔·卡耐基就曾建议人们在受到挫折时用忙碌来摆脱挫折情境,驱除焦虑的心理。

(3)情绪宣泄。情绪宣泄是一种利用合适的途径、手段将挫折的消极情绪释放排泄出去的办法。其目的是把因挫折引起的一系列生理变化产生的能量发泄出去,消除紧张状态。

情绪宣泄有助于维持人的身心健康,形成对挫折的积极适应,并获得应对挫折的适当办法和力量。

情绪宣泄有直接宣泄和间接宣泄两种办法。直接宣泄有流泪、痛哭、怨气发泄等形式,间接宣泄有活动释放、诉说等形式。

有专家认为,面对谈判对方的愤怒、沮丧和反感,一个好的办法是给对方一个能够发泄情绪的机会,让对方把心中郁闷的情绪和不满发泄出来。让对方发泄情绪,可借此了解对方心理等状况,可以有针对性地开展说服性的工作。

实训项目

谈判心理对谈判行为与谈判过程的影响及运用

1. 实训目的

要求学生认识和了解谈判者心理,掌握不同谈判阶段中的谈判者心理过程和心理效应。

2. 实训要求

思考给出的五个场景中的销售人员试图采用何种做法以抓住顾客的心理。对于这些做法不足的地方,提出改进建议。

3. 实训背景

使顾客满意的艺术

一天,北京某书画古玩商店来了两位香港顾客,接待他们的营业员小张凭借自己的谈判经验得知他们购物是为了经商,果然这两位顾客说明他们是批发货物回港出售。小张对他们说:"我们一定使您满意。您从我们商店买回去的商品赚了钱,我们也高兴。"顾客听了很舒服,心理距离一下子拉近了不少。他们选了一种绿色玉炉,小张却对他们说:"据我们解这种货在香港销路不太好,我给你们挑一种粉红色的,既便宜,又好销。"顾客见小张诚心诚意,又是内行,就信任地委托他选了件7000元的商品。顾客回港后,只用了4天时间就将所购货物一销而空,随即就打电话托小张再挑20000元的商品,速发往香港。

面对忘了付款的顾客

一个小店的一位营业员,一次接待一位近花甲的老大娘。老大娘买了两把牙刷后,营业员忙着接待另一位顾客,老大娘在道谢后忘记付钱就往外走。营业员侧头看到这种情况,便略提高声音,十分亲切地说:"大娘,你看……"老大娘以为什么东西忘在柜台上了便返回来,营业员举着手里的包装纸说:"大娘,真对不起您老人家,您看我忘了把您的牙刷包好了,让您那么拿着容易落上灰尘,这入口的东西多不卫生呀。"说着,接过大娘的牙刷地包装起来,边包装边说:"大娘,这牙刷每支一元三角,两支二元六角。"

老大娘反应过来了:"呀!你看看,我还忘记给钱了,真对不起!""大娘,没事的,我妈也有您这么大年纪了,她也什么都好忘!"

如何让顾客买得高兴

有一天,一位北方客人来到上海绣品商店,他是为好友来购买绣花被面的。面对五彩缤纷的绣花被面,他被其中一对白头翁的被面吸引住了,但又显得有点犹豫,目光盯住这对白头翁,自言自语地说:"这鸟的姿态很好,就是嘴巴太长了点,以后夫妻会吵嘴。"营业员听到后,笑眯眯地向他介绍道:"您看见了吗?这鸟头上发白,象征夫妻白头偕老。它们的嘴巴伸得长,是在说悄悄话,是相亲相爱的表示。"这位北方顾客听了,连说:"有道理有道理!"高兴地为朋友买下了这条绣花被面。

一问就走

某位女顾客正在一家商场的服装柜前观看几件服装,当还没有拿定主意要什么颜色、什么式样时,一位营业员走过来,说道:"您好,请问您喜欢什么颜色的?"顾客看看她,无从回答,只好到别处看看。

越买越贵

一对颇有名望的外国夫妇,在我国一家商店选购首饰时,太太对一枚80000元的翡翠戒指很感兴趣,两只眼睛看过来看过去,一双手拿着摸了一遍又一遍,但因价格昂贵而犹豫不决。这时一个善于察言观色的营业员走过来介绍说:"某国总统夫人来店时也曾看过这枚戒指,而且非常喜欢,但由于价格太贵,没有买。"这对夫妇听完后,为了证明自己比那位总统夫人更有钱,就当即购买下了这枚戒指,高高兴兴离开了。

项目小结

本项目从心理学的角度对影响商务谈判的有关因素进行了介绍,阐述了商务谈判心理的概念和特点,详细介绍了需要在商务谈判中的作用及运用技巧,论述了个性心理在商务谈判中的运用技巧及商务谈判中心理挫折的防范与应对措施。掌握上述内容有助于商务谈判的顺利进行。

思考与案例分析

一、思考题

1.什么是商务谈判心理?它具有哪些特点?

2.马斯洛的需要层次理论在商务谈判中如何运用?

3.心理挫折的行为表现有哪些?

二、案例分析

日本一家航空公司的三位代表,同美国一家企业的一大帮精明人进行谈判。谈判从上午8:00开始,美国公司的谈判者首先介绍本公司的产品,他们利用了图表、图案、报表,并用三个幻灯放映机将其打在屏幕上,图文并茂,持之有据,以此来表示他们的开价合情合理,产品品质优良超群。这一推销性的介绍过程整整持续了两个半小时。在这两个半小时中,三位日本商人一直安静地坐在谈判桌旁,一言不发。

介绍结束了,美国方面的一位主管充满期待和自负地打开了房里的电灯开关,转身望着那三位不为所动的日本人说:"你们认为如何?"一位日本人礼貌地笑笑,回答说:"我们不明白。"

那位主管的脸上顿时失去了血色,吃惊地问道:"你们不明白?这是什么意思?你们不明白什么?"另一位日本人也礼貌地笑笑,回答道:"这一切。"那位主管的心脏几乎要停止跳动,他问:"从什么时候开始?"第三位日本人也礼貌地笑笑,回答说:"从电灯关了开始。"

那位主管倚墙而立,松开了昂贵的领带,气馁地呻吟道:"那么……你们希望我们怎么办?"三位日本人一齐回答:"你们可以重放一次吗?"

请回答以下的问题:

请分析日本人所使用的心理战术。

第二篇

商务谈判实务

项目四
商务谈判准备阶段的策略与技巧

学习目标

一、知识目标
1. 掌握谈判队伍的组织
2. 了解谈判队伍对人员的素质要求

二、技能目标
1. 了解谈判前的调研
2. 掌握谈判方案与谈判议程
3. 掌握模拟谈判的确定

情境链接

荷兰某生产厂与中国某企业拟订购销合同

荷兰某精密仪器生产厂与中国某企业拟签订某种精密仪器的购销合同,但双方在仪器的价格条款上还未达成一致,因此,双方就此问题专门进行了谈判。谈判一开始,荷方代表就将其产品的性能、优势以及目前在国际上的知名度作了一番细致的介绍,同时说明还有许多国家的有关企业欲购买他们的产品。最后,荷方代表带着自信的微笑对中方代表人员说:根据我方产品所具有的以上优势,我们认为一台仪器的售价应该在4000美元。

中方代表听后十分生气,因为据中方人员掌握的有关资料,目前在国际上此种产品的最高售价仅为3000美元。于是,中方代表立刻毫不客气地将其掌握的目前国际上生产这种品的十几家厂商的生产情况、技术水平及产品售价详细地向荷方代表全盘托出。

荷方代表十分震惊,因为据他们所掌握的情况,中方是第一次进口这种具有世界一流技术水平的仪器,想必对有关情况还缺乏细致入微的了解,没想到中方人员准备如此充分,荷方人员无话可说,立刻降低标准,将价格调低到3000美元,并且坚持说,他们的产品是世界一流水平的,绝对物有所值。

事实上,中方人员在谈判前就了解到,荷兰这家厂商目前经营遇到了一定的困难,陷入了巨额债务的泥潭,对他们来说回收资金是当务之急,正四处寻找其产品的买主,而目前也只有中国对其发出了购买信号,于是,中方代表从容地回答荷方:"我们也绝不怀疑贵方产品的优质性,只是由于我国政府对本企业的用汇额度有一定的限制,因此,我方只能接受2500美元的价格。"荷方代表听后,十分不悦,他们说:"我方已经说过了我们的产品是物有所值,而且需求者也不仅仅是你们一家企业,如果对方这样没有诚意的话,我们宁可终止谈判。"

中方代表依然神色从容:"既然如此,我们很遗憾。"

中方人员根据已经掌握的资料,相信荷方一定不会真的终止谈判,一定会再来找中方。

果然,没过多久,荷方就主动找到中方,表示价格可以再谈。在新的谈判中,双方又都作了一定的让步,最终以 2700 美元成交。

凡事预则立,不预则废。商务谈判前做足充分的准备,虽然无法保证一定能成功,但可以让自己处于有利的地位,保证谈判顺利进行。

知识素养一 商务谈判队伍的组织

国际商务谈判内容复杂,涉及面很广,往往不是一个人的知识、精力、时间所能承担、胜任的,一般需采取集体谈判的形式,所以,谈判人员的组成是一个群体,是一个组织。谈判人员群体构成常涉及三方面内容,即谈判队伍的规模、组成结构和分工配合问题。总的来说,谈判人员的群体构成是由谈判的性质、对象、内容、目标等方面决定的。

一、谈判组织的构成原则

谈判队伍由多方面的人员构成,可以满足谈判中对多学科、多专业的知识需求,取得知识结构上互补与综合的整体优势,群策群力,取长补短,集思广益,形成集体的进取与抵抗力量。队伍规模过大,调配不灵,将会产生内耗,增大开支,不利于谈判的进行;队伍规模过小,则又难以应对谈判中需要及时处理的问题,拖长谈判时间,因而错过时机,失去市场。因此,确定适度的谈判组织规模是组建谈判队伍首先要考虑的问题。在筹建谈判小组、选择谈判人员、考虑谈判规模时,一般要遵循以下四个原则。

(一)根据谈判对象确定组织规模

谈判队伍的具体人数如何确定,并没有统一的模式。一般商品的买卖谈判只需 3~4 人就行了,如果谈判涉及项目多、内容较复杂,则可分为若干项目小组进行谈判,适当增加人员,但最多不超过 8 人。根据国内外的谈判经验,谈判队伍的人数一般在 4 人左右。其理由是:①在这个范围内,谈判组织能够有效地进行工作,内部能适当而严密地分工和协作,内部的意见交流也易保持通畅;②根据管理学原理,每个管理者的能力都是有限的,当他直接指挥和协调的下属人数超过一定数量时,就不可能进行有效的领导,因为他应对不了自己和下属人员间迅速增加的信息交换量。

(二)赋予谈判人员法人代表资格

经济谈判是一种手段,目的是要达成协议,签订符合双方利益要求的合同或协议。整个谈判和协议签订的过程,都要依据一定的法律程序进行,所以,谈判人员应具有法人代表的资格,拥有法人所具有的权利能力和行为能力,有权处理经济谈判活动中的一切事务。但即使作为法人代表,也只能行使其权限范围以内的权力,如有越权行为,应由本人负完全责任。谈判代表可以由作为法人代表的厂长、经理直接担任,也可委托本企业熟悉某项业务的业务人员代理,还可以委托律师进行某项经济法律活动,但事先应有委托书,并注明代理人所负经济法律责任的内容、目的、要求和期限,即委托其作为代表的法人身份证明书。

(三)谈判人员应层次分明、分工明确

在谈判过程中,往往会涉及许多专业性知识,仅靠小组负责人是难以胜任的。选择谈判人员时,既要有掌握全面情况的企业经营者,还应当考虑各种专业知识的需要,考虑人员的层次结构,而且一定要分工明确,这样才能组成一支强有力的谈判队伍。

(四)组成谈判队伍时要贯彻节约原则

一支谈判队伍,从参加谈判直到协议达成的整个过程,必然要支出一定费用,其中很多费用甚至需要支付外汇。对企业来说,对外谈判费用的支出都由企业负担,支出越多,企业负担越重,在组织谈判小组时要充分考虑到这一点,以节省谈判费用支出。值得注意的是,在有些贸易谈判中甚至存在行政人员多于业务人员的不正常现象,从而造成问题不能及时解决、谈判时间延长、谈判费用增加的后果,更为严重的是往往还会造成一些决策失误,使国家遭受巨大损失。国际商务谈判是企业经营活动的一个环节,谈判费用涉及企业的经营成本,因而,应尽量按经济规律要求,将其纳入企业的整体经营活动中进行考虑。

二、谈判人员的组织结构

在一般的商务谈判中,所需的专业知识大体上可以概括为以下几个方面:一是有关工程技术方面的知识;二是有关价格、交货、支付条件、风险划分等商务方面的知识;三是有关合同权利、义务等法律方面的知识;四是语言翻译方面的知识。

根据上述专业知识的需要,一支谈判队伍应包括以下几种人员:

第一,技术人员。熟悉生产技术、产品性能和技术发展动态的技术员、工程师或总工程师,在谈判中可负责对有关产品性能、技术质量标准、产品验收、技术服务等问题谈判,也可与商务人员紧密配合,为价格决策作技术参谋。

第二,商务人员。商务人员由熟悉贸易惯例和价格谈判条件、了解交易行情的有经验的业务员或厂长、经理担任。

第三,法律人员。法律人员一般为律师或掌握经济、法律专业知识的人员,通常由特聘律师、企业法律顾问或熟悉有关法律规定的人员担任。

第四,财务人员。财务人员由熟悉成本情况、支付方式及金融知识,具有较强的财务核算能力的会计人员担任。

第五,翻译人员。翻译人员由熟悉外语和有关知识,善于与别人紧密配合,工作积极,纪律性强的人员担任。

第六,谈判领导人员。企业委派专门人员,或者是从上述人员中选择合适者对谈判加以总体组织领导。

第七,记录人员。一般由上述各类人员中的某人兼任,也可委派专人担任。

以上参加谈判的人员,按谈判的复杂程度不同可多可少,少的时候一人身兼数职,多的时候可达十几人至几十人。谈判队伍可分成几个小组,如商务小组、技术小组、法律小组等各自负责自己的专业领域的谈判。另外,谈判人员还可以组织台上和台下两套班子,台上班子主要负责对付谈判及对方临时提供的技术价格资料,台下班子负责收集整理有关资料,为台上班子提供技术和价格谈判的依据。

　　值得注意的是,作为谈判队伍中的一员应当对上述几方面的知识都有所了解,而又在某一方面有专长,即所谓的全能型专家,这样比较容易沟通不同意见,促进形成一致的主张。

　　国际商务谈判中,语言翻译非常重要。谈判人员本身具有较高的外语水平将有助于他们理解书面文件的意义,把握口头表达的分寸乃至判断对方对己方意见的反应等。但是,尽管这样,仍然要为谈判队伍配备一名得力的翻译人员。

三、谈判人员的分工配合

　　当挑选出合适的人员组成谈判班子以后,就必须在成员之间作出适当的分工,也就是根据谈判内容和各人专长作适当的分工,明确各自的职责。各成员在进入自己的角色,尽兴发挥的同时,还必须按照谈判的目标和具体的方案与同伴彼此呼应,相互协调和配合,真正演好谈判这一台集体戏,这就是谈判人员的配合。分工与配合是一个事物的两个方面,没有分工就没有良好的配合,没有有机的配合,分工也就失去了其目的性和存在的基础。

(一)谈判人员的分工

　　谈判队伍的人员包括三个层次:

　　(1)第一层次的人员是指谈判小组的领导人或首席代表,即主谈人。他应当是富有谈判经验,兼备领导才能,能应对变幻莫测环境的谈判人员。依谈判的内容不同,谈判队伍中的主谈人也不同。购买产品原材料的谈判,可由原料采购员、厂长或生产助理做谈判主谈人;购买工厂设备的重要零部件时,可由采购部经理、总工程师、有关部门经理担任;重要销售合同的谈判,其主谈人可由销售部经理、资历较深的业务总管或指定担任此合同谈判的项目经理担任;而对合同的争议,则由项目经理、销售部经理、合同执行经理或其他曾参加过谈判的有关部门经理担任主谈人的职位。

　　主谈人的主要任务是领导谈判班子的工作,其具体职责是:监督谈判程序,掌握谈判进程,听取专业人员的说明、建议,协调谈判班子的意见,决定谈判过程的重要事项,代表单位签约,汇报谈判工作。

　　(2)第二层次的人员是懂行的专家和专业人员。他们凭自己的专长负责某一方面的专门工作。谈判队伍中的各专业人员要能适应谈判工作的需要,有利于谈判的顺利进行,既要有熟悉全部生产过程的设计、技术人员,也应有基层生产或管理人员,更要有了解市场信息、善于经营的销售、经营人员。这些人员的具体职责是:阐明参加谈判的意愿和条件,弄清对方的意图、条件,找出双方的分歧或差距,同对方进行专业细节方面的磋商,修改草拟的谈判文件中的有关条款,向主谈人提出解决专业问题的建议,为最后决策提供专业方面的论证依据。

　　翻译在国际商务谈判中是实际上的核心人员,一名好的翻译,在谈判的过程中能洞察对方的心理和发言的实质,既能改变谈判气氛,又能挽救谈判失误,在增进双方了解、合作和友谊方面,可起相当大的作用。翻译的职责是:①在谈判过程中要全神贯注,工作要热情,态度要诚恳,翻译内容要准确;②对谈判人员的意见或谈话内容如觉不妥,可提请考虑,但必须以主谈人的意见为最后意见,不能向谈判双方表达翻译个人的意见;③谈判一方如有不正确的言论,应据实全部报告主谈人考虑,如谈判一方单独向翻译提出,在辨明其无恶意的情况下,可作一些解释,如属恶意,应表明自己的态度。

　　除此之外,第二层次人员还包括常由会计师担任的经济人员。国际商务谈判要求他们熟悉国际会计核算制度。经济人员的职责是：掌握该谈判项目总的财务情况，了解谈判对方在项目利益方面的期望值指数，分析、计算、修改谈判方案所带来的收益的变动，为主谈人员提供财务方面的意见、建议，在正式签约前提出对合同或协议的财务分析表。

法律人员是一项重大项目的必然成员，也属这一层次，其具体职责是：确认谈判对方经济组织的法人地位，监督谈判程序在法律许可的范围内进行，检查法律文件的准确性和完备性。

(3)第三层次的人员是指谈判必需的工作人员，如速记员或打字员。他们不作为谈判的正式代表，只是谈判组织的工作人员，他们的职责是准确、完整、及时地记录谈判内容，包括双方讨论过程中提出的问题和条件，达成的协议，谈判人员的表情、用语、习惯等。

(二)谈判人员的配合

所谓谈判人员的配合就是指谈判中成员之间语言及动作的互相协调、互相呼应。

英国贸易专家斯科特认为，谈判组织的领导人在谈判开始时如何向对方介绍自己的同事，会对谈判对手具有强烈的影响。例如，一位谈判领导人这样介绍自己的同事"这位是我们的会计，诺尔曼·凯特勒"。而在另一种场合，他这样介绍："这位是诺尔曼·凯特勒。他具有 15 年财务工作的丰富经验，有权审核 1 500 万英镑的贷款项目。"显然，同前一种场合相比，诺尔曼·凯特勒在后一种场合就会给谈判对手以引人注目的印象。

谈判人员之间的支持可以是口头上的附和，如"绝对正确"、"没错，正是这样"等等，也可以是姿态上的赞同，如眼睛注视正在发言的主谈人、不住地点头等等。谈判人员的这种附和、赞同对发言人是一种有力的支持，会大大增强发言人说话的分量和可信程度。如果在主谈人提出己方的意见和观点时，其他谈判人员或是眼睛望着天花板，或是将脸扭向一旁，或私下干自己的事，这样会影响己方主谈人的自信心，从而减弱他讲话的力量。

当然，谈判小组内部人员之间的配合，不是一朝一夕能够协调起来的，而是需要长期的磨合。总之，一支谈判队伍成员素质良好且相互配合协调，是谈判成功的基础。

四、商务谈判人员应具备的个体素质

谈判是一种对思维要求较高的活动，是对谈判人员知识、智慧、勇气、耐力等的测验，是谈判人员之间才能的较量。素质所包括的范围较广，它不仅指谈判人员的文化、技术水平和业务能力，也指谈判人员对国际、国内市场信息，有关商品知识、价格情况，法律知识，各国、各民族的风土人情、风俗习惯等知识的掌握情况，还指谈判人员的道德情操、气质及性格特征。总的来讲，商务谈判人员的个体素质主要是指谈判人员对与谈判有关的主客观情况的了解程度和解决谈判中遇到问题的能力。

(一)谈判人员应具备的基本观念

1. 忠于职守

谈判人员是作为特定组织的代表出现在谈判桌前的。国际商务谈判人员不仅代表组织个体的经济利益，而且还肩负着维护国家利益的义务和责任。因此，遵纪守法、廉洁奉公、忠于国家和组织，是谈判人员必须具备的首要条件。在我国的国际商务谈判中，也存在见利忘义，损公肥私，甚至与外商合伙坑害自己的同胞，牺牲国家利益的现象。可以说，一旦谈判班子中出现了这样的人，泄露了己方的谈判目标、战略战术以及许多机密，使对手对己方的底细了如指

掌,己方在谈判中便有可能吃败仗。为了防止这类情况的发生,必须要求参加谈判的人员具备忠于职守、廉洁奉公的思想素质。作为谈判人员,必须自觉维护国家、组织的利益,绝不能见钱眼开,收受贿赂,必须严守组织机密决不能毫无防范,多嘴多舌。

2. 平等互惠

在商务谈判中,双方地位平等,关系互惠。可是,有些谈判人员常常不能把自己和对方放在平等的地位上以求互利互惠,而存在着以下两种倾向:

(1)妄自菲薄。当遇到身份、级别较高和实力较强的对手时,有些谈判人员总觉得比对手要矮三分,尤其是和欧美的客商打交道,欲出口货物或进口仪器设备时,认为自己有求于对方,对方是对自己"施恩",结果让谈判的控制权落入对方手中;或是强调"谦虚"、"礼让",总觉得对方的意见应当受到重视,无形中丧失了对自己有利的形势,以致无法充分发挥自己的谈判能力。

(2)妄自尊大。对待身份低、实力较弱的对手时,一些谈判人员总是觉着对方的地位低,有求于自己,自己是向对方"施恩",从而盛气凌人,一心只想利益独占。

以上两种倾向都不利于国际商务谈判的顺利进行,只有本着平等互惠的原则,才能排除妄自菲薄和妄自尊大两种错误情绪的干扰,对谈判事件、交易条件保持清醒的头脑,作出正确的判断,充分发挥自身的谈判能力,力求收到最理想的效果和获得最大的利益。

3. 团队精神

商务谈判多为集体谈判,每一方都是由几个人组成的小组或团队,其中一人为总代表或主谈人,主持领导整个团队完成实际的谈判工作。参加谈判的人员,无论是作为团队总代表的主谈人还是其他的团队成员,都必须具有集体主义精神和团队精神,除了各自负责好分内工作以外,还要注意协调配合,以争取己方在谈判交易中获得更多的利益。

(二)谈判人员的基本知识

一名国际商务谈判人员,应当具备"T"型知识结构,也就是说,不仅在横的方面有广博的知识,而且在纵向方面要有较深的专门学问,两者构成一个"T"型的知识结构。

1. 横向方面的基本知识

从横向方面来说,国际商务谈判人员应当具备的知识有以下几方面:①我国有关对外经济贸易的方针政策以及我国政府颁布的有关涉外法律和法规;②某种商品在国际、国内的生产状况和市场供求关系;③价格水平及其变化趋势的信息;④产品的技术要求和质量标准;⑤有关国际贸易和国际惯例的知识;⑥国外有关法律知识,包括贸易法、技术转让法、外汇管理法以及有关国家税法方面的知识;⑦各国、各民族的风土人情和风俗习惯;⑧可能涉及的各种业务知识,包括金融尤其是有关的汇率知识和市场知识等。

2. 纵向方面的基本知识

从纵向来说,国际商务谈判人员应当具备的知识包括以下几个方面:①丰富的商品知识——熟悉商品的性能、特点及用途;②了解某种(些)商品的生产潜力或发展的可能性;③有丰富的谈判经验与应对谈判过程中出现的复杂情况的能力;④最好能熟练地掌握外语,直接用外语与对方进行谈判;⑤了解国外企业、公司的类型和不同情况;⑥懂得谈判心理学和行为科学;⑦熟悉不同国家谈判对手的风格和特点。

案例链接 4-1

法国盛产葡萄酒,外国的葡萄酒要想打入法国市场是很困难的,然而四川农学院留法研究生李华经过几年的努力,终于使中国的葡萄酒奇迹般地打入了法国市场。可是,中国葡萄酒在香港转口时却遇到了麻烦。港方说,按照土酒征 80％ 关税、洋酒征 300％ 关税的规定,内地的葡萄酒应按洋酒征税。面对这一问题,李华在与港方的谈判中吟出了一句唐诗:"葡萄美酒夜光杯,欲饮琵琶马上催。"并解释说:"这说明中国唐朝就能生产葡萄酒了。唐朝距今已有 1300 多年了,而英国和法国生产葡萄酒的历史,要比中国晚几个世纪,怎么能说中国葡萄酒是洋酒呢?"一席话驳得港方有关人员哑口无言,只好将中国葡萄酒按土酒征税。

以上各种知识构成了一个成熟的商务谈判人员所必须具备的条件,也是一名称职的谈判人员应具备的最起码的知识方面的素质要求,否则,不但无法应对复杂的谈判局面,承担谈判任务,而且更谈不上维护本企业和国家的利益。作为谈判人员,应当努力将自己培养成具备上述纵向与横向知识的团队成员,同时又应当特别精通其中的某一方面,如商务和法律方面的知识。例如,对商品技术方面的知识一窍不通,在谈判技术条款的时候,就会显得很被动,己方的谈判人员在配合方面也会比较困难,无疑降低了己方的谈判实力。如果出现了己方技术人员、商务人员、法律人员各执己见的现象,谈判工作就更难进行下去。因此,一个商务谈判人员必须是全能型专家。所谓"全能"即通晓技术、商务、法律和语言,涵盖上述纵横向的知识,"专家"即指能够专长于某一方面。

(三)谈判人员应有的能力和心理素质

谈判人员除了应当具备一定的知识之外,还要注重培养能力及心理素质。知识是与能力密切联系的,但两者又有区别。一个人具有某方面的知识并不够,还得将其灵活有效地加以运用,这样才能化为能力。一个高效率的、称职的国际商务谈判人员应具备一定的能力和良好的心理素质,主要包括四个方面:

1. 敏捷清晰的思维推理能力和较强的自控能力

谈判双方由于利益的抗衡和相互依存,使谈判人员心理上承受的压力很大,需要随时就某个谈判事项的具体典型特征和实质进行分析与判断。这就要求谈判人员在承受压力的情况下,依据自身的知识经验,细心地观察与思考,根据已知的前提进行分析判断与推理,在种种可能与假设的分析过程中识破对方的计谋,并使自己的提议与要求得以实现。即使在谈判局势发生急剧变化,甚至在激烈的辩论争执中也能克服自身的心理障碍,控制自身的行为,以恰当的语言和举止来说服和影响对方。

案例链接 4-2

一天,美国陆军部长斯坦顿来到林肯的办公室,气呼呼地告诉林肯,一位少将用侮辱的话指责他,而那位少将所说的并非真有其事。林肯并没有安慰斯坦顿,而是建议斯坦顿写一封内容尖刻的信回敬那位少将。"必要的话,你可以狠狠地骂他一顿。"林肯说。斯坦顿立刻写了一封措辞激烈的信,然后拿给林肯看。"对了,就这样。"林肯高声叫好,"要的就是这种效果!好好教训他一顿,真写绝了,斯坦顿。"当斯坦顿把信叠好装进信封里时,林肯叫住他,问道:"你想干什么?"斯坦顿有些摸不着头脑:"寄出去呀。""不要胡闹。"林肯大声说,"这信不能发,快把它扔到炉子里去。凡是生气时写的信,我都是这么处理的。这封信写得好,写的时候你已经消了气,现在感觉好多了吧,那么就把它烧掉,如果还没有完全消气,就接着写第二封吧。"

2. 信息表达与传递的能力

谈判者信息表达与传递能力的大小直接决定了其谈判能力的大小与水平的高低。表达传递的方法包括有声语言和无声语言,应当具备表现力、吸引力、感染力和说服力。综合语言的表达与传递,则要根据谈判情况的变化,灵活地、巧妙地加以设计和表现,其效果取决于谈判人员的创造性思维与行为,使信息表达与传递准确、适度。

3. 坚强的毅力、百折不挠的精神及不达目的绝不罢休的自信心和决心

商务谈判往往很困难、很艰苦,有时甚至要"知其不可为而为之"。但是,一旦接受了谈判任务,就要依照己方既定的目标与原则,以勇往直前的姿态全力以赴。在谈判桌上,双方的利益是你进我退的,一方若有半点委曲求全的意思,对方定会得寸进尺。因此,在谈判中,不管有什么样的困难和压力,都要显示出奋战到底的决心和勇气。即使妥协求和,也要在经过力争后以强者的大度予以提出。

谈判如同作战,先要精心设计合理的目标和周全的计划,然后依靠毅力和耐力去与对手周旋,以期最终实现自己的目标。谈判顺手时,必须乘势前进,步步深入,扩大战果,一气呵成;遇到双方僵持不下的情况,也不能放弃原则,而要据理力争,维护己方的最大可获得利益。

4. 敏锐的洞察力、高度的预见和应变能力

商务谈判中需要与各种各样的人打交道,而且谈判环境复杂多变,谈判进行中很多意想不到的事都是有可能发生的。因此,谈判人员要善于察言观色,及时掌握对方动向,摸清对方"底牌",随机应变。美国学者尼尔伦伯格在《谈判的艺术》一书中认为:老练的谈判家能把坐在谈判桌对面的人一眼看穿,断定他将采取什么行动和为什么行动。

合格的谈判人员要随时根据谈判中的情况变化及有关信息,透过复杂多变的现象抓住问题的实质,迅速分析并作出判断,采取必要的措施,果断地提出解决问题的具体方案。

另外,主持谈判的代表必须是能统帅全局的人,要有长远的眼光,能运筹帷幄,善于针对谈判内容的轻重、对象的层次,事先决定"兵力"部署和方案设计,并随时作出必要应变。

知识素养二　商务谈判前的信息准备

商务谈判前的准备主要包括谈判人员的组织、谈判物质的准备、谈判信息资料的收集整理、拟定谈判方案四个方面。关于谈判物质需要准备的相关内容会在谈判方案中做出安排。本章不再单独分析。

谈判信息是指那些与谈判活动有密切联系的条件、情况及其属性的一种客观描述,是一种特殊的人工信息。本节将从谈判信息的作用出发,着重介绍谈判信息准备的主要内容,最后,还将对谈判信息资料的处理作介绍。

一、谈判信息的作用

谈判信息对于谈判活动的影响是极其复杂的,有的信息直接决定谈判的成败,而有的信息只是间接地起作用。谈判信息在商务谈判中的作用可以表现在以下几个方面:

首先,谈判信息是制定谈判战略的依据。谈判战略是为了实现谈判的战略目标而预先制定的一套纲领性的总体设想。谈判战略正确与否,在很大程度上决定着谈判的得失成败。一个好的谈判战略方案应当具有战略目标正确可行、适应性强、灵敏度高的特点,这就必须有大量可靠的信息作为依据。知己知彼,百战不殆,在商务谈判中,谁能拥有谈判信息上的优势,掌握对方的真正需要和对方谈判的利益界限,谁就有可能制定出正确的谈判策略,掌握谈判的主动权。

其次,谈判信息是控制谈判过程的手段。要对谈判过程作到有效控制,必须先掌握"谈判的最终结果是什么"这一谈判信息,依据谈判战略和谈判目标的要求,确定谈判的正确策略。为了使谈判过程始终指向谈判目标,使谈判能够正常进行,必须有谈判信息作为保证,否则,对任何谈判过程都无法有效地加以控制和协调。

最后,谈判信息是谈判双方相互沟通的中介。在商务谈判活动中,尽管谈判的内容和方式各不相同,但有一点是共同的,即都是一个相互沟通和磋商的过程。沟通就是通过交流有关谈判信息以确立双方共同的经济利益和相互关系。没有谈判信息作为沟通中介,谈判就无法排除许多不确定的因素,就无法进一步磋商,也就无法调整和平衡双方的利益。因此,掌握一定的谈判信息,就能够从扑朔迷离的信息中发现机会与风险,捕捉达成协议的共同点,使谈判活动从无序到有序,消除不利于双方的因素,促使双方达成协议。

二、谈判信息收集的主要内容

如前文所述,谈判信息收集的主要内容包括市场信息,有关谈判对手的资料,科技信息,有关政策法规的信息,金融方面的信息,有关货单、样品的准备六个部分。

(一)市场信息

市场信息是反映市场经济活动特征及其发展变化的各种消息、资料、数据、情报的统称。它以语言表达作为传递工具,或者说,市场信息是由语言组成的。市场信息的内容很多,归纳起来主要包括以下几个方面:

(1)有关国内外市场分布的信息。国内外市场分布的信息,主要是指市场的分布情况、地理位置、运输条件、政治经济条件、市场潜力和容量、某一市场与其他市场的经济联系等。

(2)消费需求方面的信息。这类信息主要包括:消费者忠于某一特定品牌的期限;消费者忠于某品牌的原因、条件、因素;消费者开始使用某一特定品牌的条件和原因;使用者与购买者之间的关系;购买的原因和动机;产品的多种用途;消费者购买的意向和计划;产品被使用的次数及消费量;消费者对产品的态度;消费者对企业市场活动的反应与态度;消费者喜欢在何处购买;新的使用者的情况及使用原因;产品(资金或劳务)的需求量、潜在需求量、本企业产品的市场覆盖率和市场占有率,以及市场竞争形势对本企业销售量的影响。

(3)产品销售方面的信息。如果是卖方,则要调查本企业产品及其他企业同类产品的销售情况。如果是买方,则要调查所购买产品的销售情况,包括:该类产品过去几年的销售量、销售总额及价格变动;该类产品的长远发展趋势;拥有该类产品的家庭占全社会家庭的比率;消费者对该类产品的需求状况;购买该类产品的决定者、购买频率;季节性因素;消费者对这一企业新老产品的评价及要求。通过对产品销售方面的调查,谈判人员可以大体掌握市场容量及销售量,有助于确定未来的谈判对手及产品销售(或购买)数量。

(4)产品竞争方面的信息。这类信息主要包括:生产或购进同类产品的竞争者数目、规模以及该类产品的种类;生产该类商品的各主要生产厂家的市场占有率及未来变动趋势;各品牌商品所推出的形式与售价幅度;消费者偏爱的品牌与价格水平、竞争产品的性能与设计;各主要竞争者所能提供的售后服务的方式;顾客及中间商对此类服务的满意程度;当地经销该类产品的批发商和零售商的毛利率与各种行情;当地制造商与中间商的关系;各主要竞争者所使用销售组织的形态,是生产者的机构推销,还是中间商负责推销;各主要竞争者所使用销售组织的规模与力量;各主要竞争者所用的广告类型与广告支出额。

(5)产品分销渠道方面的信息。这类信息主要包括:主要竞争对手采用何种经销路线;当地零售商或制造商是否聘用人员直接推销,如聘用,其使用程度如何;各种类型的中间商有无仓储设备;各主要市场的批发商与零售商的数量;各种销售推广、售后服务及存储商品的功能,哪些应由制造商提供,哪些应由批发商和零售商负担。

(二)有关谈判对手的资料

在正式的商务谈判之前,对与谈判有关的环境因素进行分析是必不可少的,而对谈判对手的情况资料加以收集并进行调研与分析就更为重要。如果同一个事先毫无了解的对手谈判,其困难程度和风险程度是可想而知的。

1. 贸易客商的类型

为了更好地研究和分析谈判对手,首先应对贸易客商的情况有所了解,从而更深刻具体地了解对手。目前,贸易界的客商基本上可以归纳为以下几种类型:①世界上享有声望和信誉的跨国公司;②享有一定知名度的客商;③没有任何知名度但却能够提供公证书、董事会成员的副本及本人名片等以证明其注册资本、法定营业场所的客商;④皮包商;⑤借树乘凉的客商;⑥利用本人身份从事非法经营贸易业务的客商;⑦"骗子"客商。

在举行国内外技术、商务洽谈之前,必须对客商的资格、信誉、注册资本、法定营业地点和谈判者本人等情况进行审核,并请客商出示公证书来加以证明。我们知道,客商的资本、信誉情况、法定营业地址、洽谈人员的身份,以及经营活动范围等信息都是进行谈判的基础,因此应予以审查或取得旁证。否则,在许多问题尚未弄清楚之前就开始谈判,其结果势必会给谈判带来麻烦乃至造成自身的经济损失。

2. 对谈判对手资信情况的审查

对谈判对手资信情况的审查是谈判前准备工作的重要环节,是我们决定谈判的前提条件。对谈判对手资信情况的审查主要包括对谈判对手的合法资格、公司性质和资金状况、公司营运状况和财务状况、公司商业信誉情况的审查。

(1)对客商合法资格的审查。对客商合法资格的审查应从两个方面进行:一是对客商的法人资格进行审查;二是对前来谈判的客商的资本信用和履约能力进行审查。

(2)对谈判对方公司性质和资金状况的审查。同我国企业合作的外国企业,大多数是外国股份有限公司,但各股份有限公司的资本总额多寡不一。因此,在谈判前不但要了解对方公司的性质,还需要了解对方公司的资本状况。

(3)对谈判对手的公司营运状况和财务状况的审查。如果谈判对手是买方,卖方必须迅速地了解对方的经营状况与财务状况,判断对方的购买力、可能的付款期限、付款方式等。

(4)对谈判对手商业信誉情况的审查。商业信誉是指在同行业中,由于企业经营管理处于较为优越的地位,能够获得高于一般利润水平的能力而形成的一种价值。形成商业信誉的主要原因有优良的商品质量、良好的信誉、周到的服务、有力的广告宣传、著名的商标及品牌、稳固的垄断权力等。

在了解上述各方面的资料后,最后还应当了解对方谈判成员的有关资料,诸如对方谈判组的人数、职务、年龄及其分工,各个成员的性格、专长及爱好甚至社会和家庭关系,特别是要搞清对方成员中实力派人物的情况,以便己方选择与对方情况相适应的合格人员,运用谈判技巧促进谈判的顺利进行。

3. 对谈判双方谈判实力的判定

谈判实力是指影响双方在谈判过程中的相互关系、地位和谈判的最终结果的各种因素的总和,以及这些因素对谈判各方的有利程度。它与企业实力不同,企业实力是指从总体上看一个企业的规模、技术水平、人员素质、市场占有率等方面均处于何种水平。企业实力是形成谈判实力的潜在基础,并不一定直接构成谈判实力。例如,如果谈判的内容正好是实力很强的某一企业的薄弱之处,那么这个企业的谈判实力是弱而不是强。就一般情况而言,企业实力强有利于形成和强化其谈判实力,而谈判实力较强的企业却不一定就说明其企业实力一定很强。在通常情况下,谈判实力取决于以下几个因素:

(1)交易内容对双方的重要程度。商务谈判的成功标志着谈判双方都得到了一定的好处,但这并不说明交易内容本身对各方的重要程度相同。实际上,交易内容本身对双方来讲,其重要程度往往各不相同,这就决定了双方谈判实力上的差异。一般说来,交易对某一方越是重要,也就是说该方越希望成交,那么该方在谈判中的实力就越弱;反之越强。例如,在国际货物贸易业务洽谈过程中,若卖方的产品较为紧俏,而且买方急于购买此产品,这时,对卖方来讲其谈判实力就强,买方的谈判实力则较弱。

(2)看各方对交易内容与交易条件的满意程度。商务谈判双方对交易内容与交易条件的满足程度是存在差异的,某一方对交易内容与交易条件的满足程度越高,那么该方在谈判中就比较占优势,也就是说该方的谈判实力越强。在国际货物贸易中,卖方的货物在质量、数量、交货时间上越能够满足买方的要求,那么卖方的谈判实力就越强,因为买方在这种情况下无法提出一些使对方让步的借口,所以卖方谈判实力较强,买方谈判实力较弱。

(3)看双方竞争的形势。在业务往来中,很少出现一个买主对应一个卖主的一对一现象,而经常存在多个买主对应多个卖主的情况。很显然,如果多个卖主对应较少的买主时,即形成了买方市场,这时无疑会使买方的谈判实力增强,而使卖方的谈判实力减弱;反之,如果多个买主对应较少的卖主时,即形成了卖方市场,在这种情况下,显然卖方的谈判实力会增强,而买方的谈判实力会减弱。

(4)看双方对商业行情的了解程度。谈判的一方对交易本身的行情了解得越多、越详细,那么该方在谈判中就越是处于有利地位,也就相应地提高了自身的谈判实力;反之,如果对商业行情了解甚少,其谈判实力显然就较弱。我们知道,商业行情是极为宝贵的资源,它可以转化为财富,这在业务洽谈进程中是非常明显的。或者说,我们只有在掌握了充分的市场行情的前提下,才有可能制定出有针对性的谈判战略和战术。

(5)看双方所在企业的信誉和影响力。企业的商业信誉越高,社会影响越大,该企业的谈判实力就越强;反之就越弱。

(6)看双方对谈判时间因素的反应。在谈判过程中,一方如果特别希望早日结束谈判,达成协议,那么时间因素的限制就会大大削弱该方的谈判实力。由于时间限制,该方就不得不作出某些对其不利的让步,导致不利的结果。例如,对于季节性较强的商品,卖方往往为了在一定的时间内售出,有时会不惜降价进行推销,这种时间的限制削弱了季节性商品卖方的谈判实力。现在,有些过季商品并不过时,于是买方抓住了卖方在时间上的弱点,专门进行过季消费。

(7)看双方谈判艺术与技巧的运用。在谈判实践中,经常出现这种现象,即一方原来在该项目谈判中并不占优势,反而出乎意料地取得了很好的谈判效果,这是由于该方在洽谈艺术与技巧方面运用得当,从而取胜。事实证明,谈判人员若能充分地调动有利于己方的因素,尽可能地避免不利的因素,那么己方的谈判实力就会增强。谈判艺术和技巧越是高超,谈判实力就越强。

4. 摸清谈判对手的最后谈判期限

任何谈判都有一定的期限,重要结论和最终成果往往在谈判结束前取得,因而有必要摸清对手谈判的最后期限。谈判前,双方都在调查对方的谈判期限,对此要注意几个问题:

(1)对方可能会千方百计地保守谈判期限的秘密。对于谈判人员而言,了解情况要尽早,动手越早取得资料就越容易,但要不露痕迹地去探求。

(2)在谈判时,要通过察言观色,抓住对方流露出来的情绪,摸清期限。

(3)在国际商务谈判中,谨防对方有意提供假情报。对方口头上有意无意地提供的期限,谈判者可不必尽信,但也不能不信,要通过各种资料综合判断其真伪。判断卖方期限的真伪,要调查卖方存货的数量、质量,卖方的生产计划及现金需求情况等。判断买方期限的真伪,要全面分析买方谈判期间的动态、有无同时和其他卖方谈判购买、买方的职员能力如何等。只有掌握大量对方的情况,才能使判断准确。

(4)己方谈判期限要有弹性,可以由此避开对方利用谈判期限对自己的进攻。无论己方是购买商品还是出卖商品,都要有计划、有节奏地进行,不能过于急迫。

(5)在对方的期限压力面前提出对策。任何谈判都要考虑到,对方可能会公开指定期限,己方必须在谈判前就要提出对策,排除期限的压力。

总之,谈判前必须对期限问题有充分的调查和准备,不能掉以轻心。

5. 摸清对方对己方的信任程度

摸清对方对己方的信任程度,有利于更好地设计谈判方案,争取主动。

信任度包括对方对己方的经营状况、财务状况、付款能力、信誉、谈判能力等多种因素的评价和信任。对方若对己方有较高的信任度,可以促使谈判朝着对己方有利的方向发展,在商品价格、付款方式、运输方式、签订合同等方面易于达成协议。

(三)科技信息

在科技信息方面,主要应收集以下各方面的资料:①要全面收集该产品与其他产品在性能、质量、标准、规格等方面的优缺点比较信息,以及该产品的生命周期、竞争能力等方面的资料;②收集同类产品在专利转让或应用方面的资料;③收集该产品生产单位的技术力量和工人素质及其设备状态等方面的资料;④收集该产品的配套设备和零部件的生产与供给状况以及售后服务方面的资料;⑤收集该产品开发前景和开发费用方面的资料;⑥尽可能多地收集对该产品的品质或性能进行鉴定的重要数据或指标,以及各种鉴定方法和鉴定机构,同时也要详尽地收集可能导致该产品发生技术问题的各种潜在因素。科技信息对于国际商务谈判,特别是引进设备的谈判非常重要,它是选择技术和准确进行谈判的先决条件。

取得这些技术资料大体上可以通过这样几种方法:阅读国内外有关专业杂志;参观国内外博览会和各种专业展览会;收集和熟悉国内外产品样本和产品目录;旁听有关商务谈判;查阅专利,了解技术发展现状及趋势;向国内外有关咨询机构求助;与发达国家有关的情报中心取得联系;与联合国等国际性情报机构联系。

(四)有关政策法规的信息

在谈判开始前,应当详细了解有关的政策、法规,以免在谈判时因不熟悉政策、法规而出现失误。

1. 有关国家或地区的政治状况

政治对经济有着重要的影响,在国际商务谈判中,需要了解对方国家或地区的有关经济政策、经济合作的相关法令,以及国家对企业的管理制度。

2. 谈判双方有关谈判内容的法律规定

无论是国内贸易还是进出口贸易,都需要了解有关的法律、法规。法律所规定的当事人作为与不作为的界限,是企业经营合法或不合法的依据。除了要熟记我国现有的法律如《中华人民共和国合同法》、《中华人民共和国专利法》、《中华人民共和国商标法》、《中华人民共和国外国企业所得税法》、《中华人民共和国中外合资经营企业法》外,还应了解国外的法律制度和国际惯例,只有这样,才能避免谈判中的一些失误。

3. 有关国家或地区的各种关税政策

进行国际贸易时,需要了解有关国家或地区各种关税(诸如进口税、出口税、差价税、进口附加税、过境税或过境费等)的税率以及关税的税则和征税方法方面的资料。如果我国与交易国订有贸易协定或互惠关税协定,还必须了解其详细情况。

4. 有关国家或地区的外汇管制政策

有些国家或地区,为了保证收汇和防止逃税、套汇、黑市买卖外汇,通过颁发进出口许可证等办法来加强对外汇的管制。例如,我国对于各种外汇票据的发行和流通以及外汇、贵金属和外汇票证等的进出国境,都有较详细的规定,对此类业务必须事先加以了解。

5. 有关国家或地区进出口配额与进口许可证制度方面的情况

配额制度是指一个国家在一定时期内,对某些商品的进口数量或金额事先规定一个限额,从而起到限制某些商品的进口数量的作用。在这种制度下,凡进口的商品若是在规定的数量或金额的范围内,可以进口,超过限额则不准进口或须征收高额关税乃至罚款以后方可进口。进口配额往往与进口许可证联系在一起,一个政府采用了进口配额,就必须要发放进口许可证。其做法是:政府规定某些商品的进口配额后,再根据进口商的申请,对于每一批进口商品在其配额限度内发给进口商一定数量的进口许可证,直到配额用完为止。当然,有些没有配额限定的商品也需要许可证,因此,许可证比配额在范围上用得更广泛。目前,世界绝大多数国家都在不同程度上采用了进口配额制,对此,必须加以详细了解。

6. 国内各项政策

我国国内商务谈判要按照国家的法律、法规和政策进行,商务谈判人员不但要掌握有关的现行税制,还要熟知经济法规,使各项经济交往做到有法可依。

(五)金融方面的信息

金融方面的信息主要包括以下四个部分的内容:①收集国际金融市场上的信息,随时了解各种主要货币的汇率及其浮动现状和发展趋势;②收集进口地、出口地主要银行的营运情况,以免因银行倒闭而影响收汇;③收集进口地、出口地的主要银行对开证、议付、承兑赎单及托收等方面的有关规定,特别是有关承办手续、费用和银行所承担的义务等方面的资料;④收集商品进口地、出口地政府对进出口外汇管制的措施或法令。

(六)有关货单、样品的准备

做好货单、样品等准备也是谈判前一项必不可少的工作,尤其是在国内外商品博览会或在海外市场推销、谈判中,货单必须具体、正确。同时,价格手册也必须准备好,如果是在交易会上谈判,口岸之间、公司之间交叉经营的商品价格更应该核对好,不要相互矛盾。谈判样品必须准备齐全,特别要注意事先准备好的谈判样品一定要与今后交货相符,甚至是包装也应保持一致,以免被动。在准备谈判样品的同时,还可以准备一些商品目录和说明书,以便顾客索取之用。

案例链接 4-3

1983 年 4 月,光大实业公司董事长王光英收到下属报来的一条信息:南美智利的一家矿产公司破产,现将公司所有的 1500 辆大型矿山用卡车拍卖。这 1500 辆卡车全部是尚未使用过的新车,由于该矿产公司急于偿还债务,估计公司方面会以较低的价格将这批卡车卖出。当时,我国矿山建设正需要大批矿山用卡车,王光英对于这个情况是熟悉的,他当机立断,马上组织采购人员赶赴南美,与智利的矿产公司进行谈判。由于 1500 辆矿山用卡车批量很大,有购买能力的竞争对手并不多。在拍卖现场,经过一番激烈的争夺之后,光大实业公司仅以新车原价的 38% 将这批卡车买了下来,为国家节约了 8500 万美元的外汇。

在这次成功的交易中,充分掌握信息起到重要的作用。王光英对南美智利矿产公司资金的需求情况和我国对矿山用卡车的需求情况,以及国际市场上矿山用卡车的价格都十分清楚,因此及时做出了正确的决策。

三、商务谈判信息资料的处理

对收集来的资料进行分析整理,其主要目的有两点:一是为了鉴别资料的真实性与可靠性;二是结合谈判项目的具体内容,分析各种因素与谈判项目的关系,并根据它们谈判的重要性和影响程度进行排队,通过分析制定出具体的谈判方案与对策。

对谈判信息资料的处理主要有两个环节:一是对资料的整理与分类;二是对信息资料的交流与传递。

(一)信息资料的整理与分类

信息资料的整理一般分为四个阶段:

1. **对资料的评价**

这是资料整理的第一步。现实中,收集的各种资料,其重要程度各不相同,有些可以马上使用,有些到后来才派上用场,而有些可能自始至终都无用武之地。如果把收集的资料不加区别地积存起来,便会使资料的使用十分困难,因此,必须首先对收集到的资料进行评价,没有用的就应毫不犹豫地舍弃。对认为有用的需要保存的资料,也要根据其重要性不同,将其分为可立即利用的资料、将来肯定可用上的资料和将来有可能派上用场的资料。只有如此,才能为资料的筛选打好基础。

2. **对资料的筛选**

对于好不容易收集到的资料,人们往往不愿意将其舍弃,这是可以理解的。但是,如果把不要的或用处微小的资料全部保留,既不便于查找有用的信息资料,又会因其占用空间而耗费大量的费用,因此,应不断地对收集起来的资料进行清理。资料的筛选大体有以下几种方法:

(1)查重法。这是筛选信息资料最简便的方法,目的是剔除重复资料,选出有用的信息资料。当然,并不完全排除重复,只要不是完全相同的重要资料仍可以保存一部分。

(2)时序法。使用这种方法逐一分析按时间顺序排列的信息资料,在同一时期内,取新舍旧,这样可能使信息资料在时效上更有价值。

(3)类比法。它是将信息资料按市场营销业务或按空间、地区、产品层次,进行分类对比,对接近实质的资料予以保留,其余的进行舍弃。

(4)评估法。这种方法需要信息资料收集人员有比较扎实的市场学专业知识,即对自己所熟悉的业务范围,仅凭市场信息资料的题目就可以决定取舍。

3. 对资料的分类

在资料整理阶段,对筛选以后的资料认真地进行分类是最耗费时间的一项工作,但也是极其重要的环节。可以说,不做好分类,就不可能充分利用资料。分类的方法大致有两种:

(1)项目分类法。这种分类法既可以和工作相联系,按不同的使用目的来分类,如可以分为商务开发资料、销售计划资料、市场预测资料等;也可按谈判的必备资料来分类,如市场信息资料、技术信息资料、金融信息资料、交易对象的情况资料、有关政策法规等;还可以根据资料的内容,按不同性质来分,如可以根据不同产业或经营项目进行分类,产业中可以分为粮油产品、五金产品、纺织产品、机械设备等。

(2)从大到小分类法。这种分类法是从设定大的分类项目开始,大项目数最好不要超过10项,经过一段时间的使用后,若觉得有必要再细分时,可以把大项目再进行细分,但不要分得太细,以免出现重复。

以上两种分类法,可以根据工作的需要结合起来使用,一般是以前者作为基本分类法,再将后者渗透进去。

4. 对资料的保存

把分好类的资料妥善地保存起来,即使是经常使用的资料也不要随便放,要与分类相适应,放置在专门的资料架或卡片箱中,以便随时查找该类资料或加放同类资料。

(二)信息资料的交流与传递

为了获得有利的谈判地位,谈判人员必须十分注意信息的传递方式,恰当地选择传递的时机,把握好传递场合。通过谈判信息的传递,实现信息交流和沟通,保持谈判人员与己方的有效联系,最大限度地实现己方的谈判目标。

1. 谈判信息的传递方式

谈判信息传递方式的选择不是任意的,它往往受到自身特点的制约,因此,传递方式的选择既要考虑谈判的目的,同时又要随时注意自身条件及环境的影响和对方的变化情况。谈判者为了减少特定的谈判传递方式对自己的不利影响,必须注意观察、收集、识别对方作出的反应,根据反馈的信息,敏锐地作出推断,及时修正、调整、变换谈判信息的传递方式。谈判信息传递的一般形态就是谈判者或信息机构之间借助于口语、手势、文字、形象等进行信息传递。有的谈判学研究者认为,谈判信息的传递方式有以下几种:

(1)明示方式。所谓明示就是指谈判者在有关的、恰当的场合,明确地提出谈判的条件和要求,阐明谈判的立场、观点,表明自己的态度、打算。明示可以通过下列任何一种渠道进行,如:双方相见的谈判场合,宴会、礼宾场合,群众性集会场合,官方或团体会议场合,单独会见场合,业务洽谈场合等。

(2)暗示方式。所谓暗示就是指谈判者在有关的、恰当的场合,用含蓄的、间接的方法向对方表示自己的意图、要求、条件和立场等。暗示可以通过语言的形式进行，也可以通过其他方式进行。

暗示在谈判中具有重要的意义。谈判各方在态度明确的情况下，暗示是一种极好的信息传递方式，它可以避免不必要的直接对抗，传递出在明示条件下无法传递的谈判信息。对谈判者来说，采用暗示方式比采用明示方式更具灵活性。在谈判过程中，谈判者必须善于运用暗示，这就要求对影响暗示效果的主客观因素有一定的了解，以便最大限度地发挥暗示在传递谈判信息中的作用。从主观上看，缺乏主见、随波逐流的人极容易接受暗示，独立性很强、善于独立思考的人往往很难接受暗示；从客观上看，暗示者本人的条件，如地位、权力、声望、知识、信心、相貌、身材、性别、年龄，以及谈判双方的相互关系，谈判信息与谈判环境条件等，都会对暗示效果产生不同的影响。

（3）意会方式。意会是既不同于明示又不同于暗示的一种特殊的谈判信息传递方式。它是谈判信息的发出者与谈判信息的接受者早已有了信息交流的准备，早已对信息交流的背景有所了解，早已就信息传递的渠道达成了某种默契，为了避免直接明示或暗示给各自带来的不利影响，同时也为了避免信息泄露而采取的一种较为谨慎的谈判信息的传递方式。

2. 选择谈判信息传递的时机与场合应考虑的因素

谈判信息的传递时机是指谈判者在充分考虑到各方的相互关系、谈判的环境条件、谈判信息的传递方式的情况下，确定并把握能积极调动各相关因素的谈判信息传递的最佳时间。

谈判信息传递时机的把握是否恰当，在很大程度上影响着传递效果。谈判信息的传递不是仅仅以特定的方式传递出去即可，它需要对谈判的有关因素进行判断，尤其是需要对谈判信息在特定条件下传递的后果和对方的反应作出预测。在对传递的后果和反应有一定准备的情况下传递信息，才能确保信息准确送达接受者。

谈判信息的传递场合，主要是指谈判信息进行传递的现场。选择恰当的场合传递谈判信息有利于增强传递效果，可避免不利因素的影响。因此，谈判者在选择谈判信息传递场合时应考虑以下问题：

第一，是自己亲自出面还是请第三方代为传递信息？由于涉及信息传递的可靠性问题，一般来说，自己亲自出面传递信息，可靠程度较高。

第二，是私下传递信息还是选择公开场合传递信息？如果对方与己方私交较深，较为灵活，可选择私下传递信息方式；如果己方对相互关系、环境条件、各种意外因素都考虑得比较周全，而与对方无私交时，可选择公开传递信息的方式。

在具体的谈判过程中，如能根据谈判活动的条件和需要，正确选择谈判信息的传递方式、传递时机和传递场合，将会使谈判信息的传递产生较好的效果，从而掌握谈判的主动权。

知识素养三　拟定谈判方案

一、商务谈判主题的确定

所谓谈判的主题就是参加谈判的目的，对谈判的期望值和期望水平。不同内容和类型的谈判,有不同的主题,但在实践中,一次谈判一般只为一个主题服务,因此在制定谈判方案时也多以此主题为中心。为保证全体谈判人员牢记谈判的主题,在表述主题时不可赘述,而应言简意赅,尽量用一句话来进行概括和表述,比如"以最优惠的条件达成某项交易"或"达成一笔交易"等。至于什么是最优惠条件和如何达成这笔交易就非谈判主题的问题了。另外,谈判方案中的主题,应是己方可以公开的观点,不必过于机密。

二、商务谈判目标的确定

在谈判的主题确定以后,接下来的工作内容就是将这一主题具体化,即制定出谈判目标。谈判目标就是谈判主题的具体化。整个谈判活动都必须紧紧围绕着这个具体目标来进行,都要为实现这个目标服务,因此谈判具体目标的确定必须认真而慎重地考虑。

达到商务谈判目标是商务谈判的最终结果之一。商务谈判目标的内容依谈判类别、谈判各方的需求不同而不同。如果谈判是为了取得资金,那么就以可能获得的资金数额作为谈判的目标;如果谈判是为了销售产品,那么就以某种和某几种产品可能的销售数量、质量和交货日期作为谈判目标;如果谈判是为了获取原材料,就以能满足本企业(地区和行业)对原材料的需求数量、质量和规格等作为谈判追求的目标;还有一些谈判以实际价格水平、经济效益水平等作为谈判的目标。总之,商务谈判的目标应根据谈判的具体内容不同而有所差异。

由于谈判的目标是一种主观的预测性和决策性目标,它的实现还需要参加谈判的各方根据自身利益的需要、他人利益的需要和各种客观因素,来制定谈判的目标系统和设计目标层次,并在谈判中经过各方不厌其烦地"讨价还价"来达到某一目标层次。

谈判的具体目标可分为三个层次:最高目标、可接受目标、最低目标。

(一)最高目标

最高目标也叫最优期望目标。它是己方在商务谈判中所要追求的最高目标,也往往是对方所能忍受的最大限度。如果超过这个目标,往往要面临谈判破裂的危险。在实践中,最优期望目标一般是可望而不可及的理想方向,很少有实现的可能性。商务谈判是双方利益重新分配的过程,没有哪个谈判者心甘情愿地把自己的利益全部让给他人。同样,任何一个谈判者也不可能指望在每次谈判中都独占鳌头。尽管如此,这并不意味着最高期望目标在商务谈判中没有作用。最高期望目标是谈判开始的话题,如果一个诚实的谈判者一开始就推出他实际想达到的目标,由于谈判心理作用和对手的实际利益,他最终可能只能达到最低需求目标。

(二)可接受目标

可接受目标是指在谈判中可努力争取或作出让步的范围。它能满足谈判一方的部分需求,实现部分经济利益。因此,谈判者在谈判前制定谈判方案时应充分估计到这种情况的出现,并制定相应的谈判措施和目标。对于可接受目标,谈判一方应采取两种态度:一是现实态度,即树立"只要能得到部分资金就是谈判的成功"的观念,绝不能硬充好汉,抱着"谈不成出口气"的态度,这样可能连可接受目标也无法达到;二是资金来源多样化,应多交谈判伙伴,就有可能实现需求目标的总体利益。

(三)最低目标

最低目标是商务谈判必须实现的目标,是谈判的最低要求,若不能实现,则宁愿谈判破裂也不可讨价还价或妥协让步。它与最高目标之间有着必然的内在联系。在商务谈判中,表面上一开始要价很高,往往提出最高目标,实际上这是一种策略,保护的是最低目标乃至可接受目标,这样做的实际效果往往是超出谈判者的最低需求目标或至少可以保住这一目标,然后通过双方的讨价还价,最终可能达到一个超过最低目标的目标。

可以确定,最低目标是低于可接受目标的。可接受目标在最高目标与最低目标之间选择,是一个随机值;而最低目标是谈判一方依据多种因素,特别是其拟达到的最低利益而明确划定的限制。

以上三个谈判目标层次是一个整体,各有各的作用,需在谈判前认真规划设计,不可凭"拍脑袋"决定,那样只会给谈判者带来麻烦。

值得注意的是,谈判中只有一种目标的情况是很少见的。一般的情况是存在着多个谈判目标,这时就需要考虑谈判目标的优先顺序。

当谈判中存在着多重目标时,应根据其重要性加以排序,确定是否要达到所有的目标、哪些目标可舍弃、哪些目标可以争取达到、哪些又是万万不能降低要求的。与此同时,还应考虑到长期目标和短期目标的问题。

例如,某商家欲采购某种商品进行销售,可以就各目标作如下考虑:只考虑价格,牺牲质量以低价进货;只考虑质量,以高价购入高质量商品,期望能以高价销售保证利润;质量与价格相结合加以考虑;能否得到免费的广告宣传;将价格、质量和免费的广告宣传三个因素结合起来加以考虑。

在上述可能的目标中,不难看出,价格和质量问题是基本目标,若这两个问题不解决,谈判就不可能取得成功。而免费广告是最高目标或最优期望目标,它只是在对价格和质量问题不作任何让步的情况下才追求的目标,价格和质量是不可能因为免费广告而放弃的目标。

在确定谈判目标时,必须以客观条件为基础,即综合企业或组织的外部环境和内部条件,一般说来,具体谈判目标要考虑这些因素:谈判的性质及其领域,谈判的对象及其环境,谈判项目所涉及的业务指标的要求,各种条件变化的可能性、变化方向及其对谈判的影响,与谈判密切相关的事项和问题。

三、商务谈判目标的优化及其方法

谈判目标的确定过程是一个不断优化的过程,计划中所确定的目标要经过对比、分析、反复推敲其可行性。对于多重目标,必须进行综合平衡,通过对比、筛选、剔除、合并等手段减少目标数量,确定各目标的主次和连带关系,使各目标之间在内容上保持协调性和一致性,避免互相抵触。

评价一个目标的优劣,主要是看目标本身的含义是否明确、单一,是否便于衡量以及在可行的前提下利益实现的程度如何等。从具体目标来说,表达要简单明了,最好用数字或简短的语言体现出来,如"在报价的有效期内,如无意外风险因素,拟以12%的预期利润率成交"。

需要指出的是,谈判的具体目标并非一成不变,它可以根据交易过程中的各种支付价值和风险因素作适当的调整和修改。

值得注意的是,这种谈判目标的优化或调整只反映了卖方的单方面愿望,而在谈判的磋商阶段,买方不会被卖方牵着鼻子走。为了达到谈判的目标,卖方有时应当作出某些让步,作出这种让步是因为对方提出了这种需求。如果对方未提出此种要求,卖方也可以在某些方面作出让步来换取其他方面的主动。但是谈判者必须牢记的一个原则是:任何让步都应建立在赢得一定利益的基础之上。

四、商务谈判对象的确定

在商务谈判中,确定了自己的主要需求和谈判目标,明确了谈判方向之后,就要结合市场信息调查选择谈判对象。要对所有可能的谈判对象,在资格、信誉、注册资金和法定地位等方面进行审核,并请对方提供公证书或取得旁证,避免盲目从事,在不了解客商情况、不知道国际市场及商情变化和在众多问题尚未搞清楚的情况下,不举行任何正式谈判。同时要注意寻找己方目标与对方条件的最佳结合点,即通过比较,择定一个或两个最有利于实现己方目标的可能谈判者作为正式的洽谈伙伴。一旦己方谈判意向公布后,直接或间接要求参加谈判的伙伴可能很多,其谈判条件可能有很大差别。例如,有的产品质量高价格也高,如果己方经济实力不强,就应放弃同这样的对手谈判;有的产品价格低廉,十分具有吸引力,但如果质量太差,也不应急于谈判。总之,可能谈判者的情况及谈判条件千差万别,应该认真进行研究,既不能谁先找上门就把谁作为正式谈判对象,也不能谁的产品质量好和条件优惠就同谁谈,而应知己知彼,从经营的总体利益出发,以己方代价较小而收益较大为标准,慎重选择正式谈判对象。

五、制定谈判方案的基本要求

谈判方案是谈判人员在谈判前预先对谈判目标等具体内容和步骤所作的安排,是谈判者行动的指针和方向。有了谈判方案,就会使参加谈判的人员做到心中有数,明确努力方向,打有准备之仗。谈判方案应对各个阶段的谈判人员、议程和进度作出较周密的设想,对谈判工作进行有效的组织和控制,使其既有方向,又能灵活地左右错综复杂的谈判局势,使谈判沿着预定的方向前进。

从形式上看,谈判方案应该是书面的。文字可长可短,可以是长达几十页的正式文件,也可以是短至一页的备忘录。一般来说,一个成功的谈判方案应该注意以下三方面的基本要求。

(一)谈判方案要简明扼要

谈判是一项十分复杂的业务工作,在谈判桌旁参加谈判的人员必须清晰地记住谈判的主题方向和方案的主要内容,在与对手交锋时才能按照既定目标,自如地对付错综复杂而多变的谈判局面,驾驭谈判局势的发展。因此,制定谈判方案时要用简单明了、高度概括的文字加以表述。所谓简明扼要,就是要尽量使谈判人员能容易地记住其主要内容与基本原则,在谈判中能随时根据方案要求与对方周旋,以便在每一个谈判人员的头脑中留下深刻印象。谈判的方案越是简单明了,谈判人员照此执行的可能性就越大。

(二)谈判方案要具体

方案的简明扼要不是唯一的目的,它还要与谈判的具体内容相结合,以谈判的具体内容为基础,如果没有具体内容,就很难对它进一步概括并简明扼要地予以表达。谈判方案的内容虽有具体要求,但不等于要把有关谈判的细节都包括在内,如果事无巨细、样样俱全,执行起来必然十分困难。

(三)谈判方案要灵活

由于谈判过程千变万化,方案只是谈判前某一方的主观设想或各方简单磋商的产物,不可能把影响谈判过程的各种随机因素都估计在内,所以,谈判方案还必须具有灵活性,要考虑到一些意外事件的影响,使谈判人员能在谈判过程中根据具体情况灵活运用。例如,对可控因素和常规事宜应安排得细些,对无规律可循的事项可安排得粗些。

六、谈判方案的主要内容

(一)确定谈判目标

谈判目标是通过谈判要解决的问题。如前所述,商务谈判目标可以划分为最高目标、可接受目标和最低目标三个层次,对此,谈判者事先要有所准备,做到心中有数。对于谈判目标底数要严格保密,绝不能透露给其他人。谈判目标如有重大修改,要经过商定,没有决定权的谈判者要向有关领导请示,即使是有决定权的谈判者,也应当与参加谈判的有关人员协商,取得一致意见后再加以改动。

(二)规定谈判期限

在谈判开始以前,应当对谈判期限有所计划和安排。由于谈判的效率问题是评价现代谈判成功与否的一个重要标准,而谈判期限直接涉及谈判的效率,因此,谈判方案的制定应将谈判期限的规定包括进去。

谈判期限是指从谈判准备阶段到谈判终局阶段的时间。在国际贸易中谈判期限通常指从谈判者着手准备谈判到报价的有效期结束之时为止。谈判的买卖双方都应规定一定的期限,超过这个期限后即使谈判成功,也可能带来一定的损失,如圣诞礼品在圣诞节后市价将会大跌,因此必须赶在圣诞节前销售。除去时间限制的影响,谈判的时间拖得越久,谈判双方耗费的人力、物力和财力也越多。因而,应在谈判之前对谈判的时间作出精确计算和适当安排,最后规定一个谈判期限。

谈判期限的规定,可长可短,但要具体、明确,同时又要有伸缩性,能够适应谈判过程中的情况变化。如某公司对谈判期限作了如下安排:此报价的有效期为一个月。延长有效期的费用,第一个月增加1%,以后每个月增加1.5%,如果超过三个月,就应重新报价,因为交货等许多交易条件都有可能发生变化,此谈判的最长宽限期应在两个月内达成交易。这是一个较为简明、灵活又能保证卖方总体目标不受影响的时间方案。

(三)拟定谈判议程

在确定谈判方案的目标、谈判对象和谈判期限之后,即可拟定谈判议程。谈判议程即议事日程,它的确定和安排对谈判双方来讲非常重要,议事日程本身就是一种谈判战术,谈判高手都很重视这项工作。

谈判议程一般都要说明谈判时间的安排和谈判议题的确定,谈判议程可由一方准备,也可由双方准备、协商确定。议程包括通则议程和细则议程,前者由谈判双方共用,后者则为己方使用。

1. 己方安排谈判议程的优势分析

己方安排谈判议程有许多优势,首先,己方可根据自己的需要适当安排。例如,可根据自己的习惯来安排谈判时间,按自己制定好的谈判方式安排讨论问题的先后。如果己方认为应先就一般原则进行讨论,细节放在后面,就可以把主要领导人物的会谈放在前面先行讨论;如果己方认为,小问题容易达成协议,而大的原则问题上会存在争议,就可把细节问题放在前面先行讨论。

但是,谈判议程由己方安排也有不足之处。例如,己方安排的议事日程往往透露了己方的某些意图,对方可能会从中揣摩出一些很有价值的信息,这就对己方不利。另外,对方可以在谈判前有意不对己方的议事日程提出异议,在实际谈判中才突然提出要求修改某些议程,很容易使己方陷入被动,甚至使谈判破裂。

2. 谈判议程的内容

在拟定谈判议程时,要注意两点:一是互助性,即不仅要符合我们自己的需要,也要兼顾对方的实际利益和习惯做法;二是简洁性,在一次谈判过程中,过多的谈判事项往往会形成人们的思想负担。典型的谈判议程至少要包括下列四项内容:

(1)时间安排。它是确定谈判在何时举行,为时多久,倘若是分阶段的谈判还需确定分为几个阶段,每个阶段所花的时间大约是多少等。具体的时间安排需注意以下几点:①对于双方意见分歧不会太大的议题应尽量在较短的时间内解决,以避免无谓的争辩;②对于主要的议题或争执较大的焦点问题,可将其安排在整个谈判进行到总时间 3/5 时加以讨论,若把焦点性问题放在谈判进行到总时间 3/5 的前两个小时之内提出来,更有利于问题的解决;③文娱活动的安排要恰到好处,在枯燥的谈判过程中适当安排一些文娱活动,既可活跃双方气氛、增进友谊,又可放松神经、消除疲劳,是非常必要的,但是文娱活动的安排也不能过多,如果谈判进行一周的话,安排一两次文娱活动就可以了,且最好安排在谈判的第二天以及商谈焦点问题的当天,此外,安排的活动内容不要重复,应尽量丰富一些,要注意不能使文娱活动成为谈判对方借此疲劳己方,实现其谈判目标或达到其他目的的手段;④在进行时间安排时要考虑到意外情况的发生,适当安排机动时间,当然机动时间的安排也不可太多,否则会使谈判的进程过于松散,节奏过于缓慢。

在确定谈判的时间时,要考虑以下几个因素:谈判准备的充分程度、谈判人员的身体和情绪状况、谈判的紧张程度、谈判议题的需要及谈判对手的情况。

(2)确定谈判议题。谈判议题是双方讨论的对象,凡是与谈判有关的需要双方展开讨论的问题,均是谈判的议题。

确定谈判议题时,首先要将与本次谈判有关的问题罗列出来;其次,将罗列出的各种问题进行分类,确定问题重要与否及与己方的利弊关系如何;最后,将对己方有利的问题列为重点问题加以讨论,对己方不利的问题尽量回避,这将有助于己方在谈判中处于主动地位,但回避并不等于问题不存在,因此还要考虑到当对方提出这类问题时,己方采取的应对策略。

(3)谈判议题的顺序安排。谈判议题的顺序有先易后难、先难后易和混合进行等几种安排方式,可根据具体情况加以选择。

所谓先易后难,即先讨论容易解决的问题,以创造良好的洽谈气氛,为讨论困难的问题打好基础;所谓先难后易,是指先集中精力和时间讨论重要的问题,待重要的问题得以解决之后,再以主带次,推动其他问题的解决;所谓混合进行,即不分主次先后,把所有要解决的问题都提出来进行讨论,经过一段时间以后,再把所有要讨论的问题归纳起来,以统一的意见予以明确,对尚未解决的问题进行讨论以求取得一致的意见。

有经验的谈判者在谈判前便能估计到,哪些问题双方不会产生分歧意见较容易达成协议,哪些问题可能有争议。有争议的问题最好不要放在开头,这样可能要占用较多的时间,也可能会影响双方的情绪。如果谈判一开始就"卡了壳",则对整个谈判不利争议的问题也不要放到最后,放在最后可能时间不充分,而且在谈判结束前可能会给双方都留下一个不好的印象。有争议的问题最好放在谈成几个问题之后、谈最后一两个问题之前,也就是说,在谈判的中间阶段谈较难的问题。谈判结束之前最好谈一两个双方都满意的问题,以便在谈判结束时创造良好的气氛,给双方留下一个好印象。

(4)通则议程与细则议程的内容。通则议程是谈判双方共同遵照使用的日程安排,在通则议程中,通常应解决以下问题:双方谈判讨论的中心问题,尤其是第一阶段谈判的安排;列入谈判范围的有哪些事项,哪些问题不讨论,问题讨论的顺序是什么;讨论中心问题及细节问题的人员安排;总体及各阶段谈判的时间安排。通则议程可由一方提出,或双方同时提出,经双方审议同意后方能正式生效。

细则议程具有保密性,它是对己方审议同意后具体策略的具体安排,供己方使用。其内容一般有:对外口径的统一,包括文件、资料、证据和观点等;谈判过程中各种可能性的估计及其对策安排;谈判的顺序,何时提出问题,提什么问题,向何人提出这些问题,由谁提出,谁来补充,何时转换话题,由谁来转换话题,在什么时候要求暂停讨论等;谈判人员更换的预先安排。

(四)安排谈判人员

谈判是谈判主体间一系列的行为互动过程,谈判人员的素质和能力直接影响到谈判的成败得失,因此,欲使谈判取得成功,获得预期的经济效益和社会效益,除了靠产品的质量、企业的信誉外,在谈判方案中对谈判班子的组成和谈判人员的分工作出恰当的安排也是一项十分重要的内容。

(五)选择谈判地点

谈判场所对谈判效果也具有一定的影响作用,谈判者应当很好地理解并加以利用。通常,对于日常谈判活动,最好能争取在自己的办公室和会议室等自己熟悉的地方举行。在己方所在单位与对方谈判,具有许多好处和优势,如向上级请示、查找资料和数据等比较方便,在生活方面能保持正常等。当然,在对方地点谈判也有一定好处,如便于观察和研究某些情况,有利于与对方上司和其他人士接触,较容易寻找借口等。

一般来说,对于重要的问题和难以解决的问题最好争取在本单位进行谈判;一般性问题和容易解决的问题,或是需要到对方处了解情况时,也可以在对方地点举行谈判,但必须做好充分准备。如果对方不同意到本方单位谈判,或另有原因,也可以找一个中间地带的场所,这样双方所处的条件就等同了。

谈判房间的布置也很重要,最好选择一个安静、没有外人和电话干扰的地方。房间的大小要适中,桌椅的摆设要紧凑但不拥挤,房间温度适宜,卫生条件要好,灯光要明亮。

另外,还要注意选择谈判桌的形状,安排谈判人员的座位。通常有以下几种谈判桌的选择情况:

第一,方形谈判桌。在方桌的两边,双方谈判人员面对面而坐,这种形式看起来正规些,但过于严肃,缺少轻松活泼的气氛,有时甚至会有对立的感觉,交谈起来较不方便。

第二,圆形谈判桌。采用圆桌,双方谈判人员坐成一个圆圈。这种形式通常会使双方谈判人员感到有一种和谐一致的气氛,而且交谈起来比较方便和容易。

第三,不设置谈判桌。在双方谈判人员不多的情况下,也可以不设谈判桌,大家随便坐在一起,轻轻松松地洽谈生意。有时,没有谈判桌的效果也很好,能增加友好的谈判气氛。但在比较正式的谈判中,还是设置谈判桌比较好。

谈判人员的位置安排也需认真考虑。在座位安排上,可以是双方人员各自坐在一起,也可以使双方人员交叉而坐。通常,双方各自坐在一起比较合适,特别是当谈判出现争议时,这样便于查阅一些不便于让对方知道的资料,并能从心理上产生一种安全感。而双方人员交叉而坐,在"谋求一致"思想的指导下,能增添合作、轻松、友好的气氛。

不仅谈判桌的形状和谈判人员座位的安排很重要,甚至双方谈判人员座位之间的距离远近也要注意:离得太近,会感到拘束不舒服;离得太远,交谈时不方便,还有一种疏远的感觉;适当坐近些,会产生一种亲密的交谈气氛。

谈判人员的食宿安排,也是谈判准备工作中不可缺少的一个方面。在食宿方面为对方提供满意的服务,能表示己方的诚意、热情和文明礼貌。要注意对方人员的生活习惯、文化传统等。当然,在通信、交通等方面,也要为对方创造尽可能方便的条件。

实训项目

实训练习一　谈判前的调查

1. 实训目的

谈判相关环境的调查模拟。

2. 实训背景

宁波牛奶集团公司是一家生产乳制品的地方知名企业。你的公司是一家生产包装材料的厂家。公司准备派你开发宁波市场,希望能成为宁波牛奶集团公司的供货商。你的公司并没有与该公司发生过业务关系,对该公司并不了解。宁波是你的公司准备新开拓的市场,拿下这家集团公司的订单对你们意义重大。

假设你的生产成本是5000元/吨,市场平均价格是5700元/吨。

3. 实训过程

(1)通过中国乳制品协会了解近几年乳制品行业的发展状况,行业的行规、惯例等,顺便查询该企业是否为该协会会员。如果是,尽可能查询更多的信息资料,如年产量、年产值等。

(2)通过近几年的《宁波市政府工作报告》及《浙江省统计年鉴》了解浙江省近几年的经济发展状况,特别是与乳制品生产相关的制造业数据。在《浙江省统计年鉴》查询浙江省乳制品年产量、产值等。

(3)通过"中国质量技术监督局"网站了解乳制品质量技术标准,重点了解与相关的包装标准部分。

(4)学生分组,每组5~6人并设组长一名,安排两组做好充分的谈判准备工作,以确保谈判的成功。安排一组学生进行点评,时间30分钟。

4. 实训提示

了解对方情报并加以分析,这对谈判非常重要。

实训练习二 谈判前的信息搜集及模拟方案的制定

1. 实训目的

信息的准备与整理,撰写模拟谈判方案。

2. 实训背景

若你是某公司的谈判人员,国外 A 公司是第一次与你的公司做交易,准备购买你的公司的产品,领导要求你搜集有关的谈判信息。

3. 实训过程

提前一周安排学生分组,每组 5~6 人,设组长一名,安排两组做好充分的信息搜集准备、分析与整理工作,设计一个谈判方案。

4. 实训提示

你需要搜集哪些信息? 通过哪些渠道搜集? 对这些信息怎样进行分析、整理呢? 请你写出一个计划来。

项目小结

本项目主要介绍了以下内容:商务谈判准备对谈判进程和谈判结果的重要影响;谈判信息的概念、作用和谈判信息收集的内容;谈判信息收集的途径和方法;商务谈判的组织准备、时间和地点的选择,商务谈判方案的制定及模拟谈判的必要性和内容。目的是使读者具有收集谈判信息、选择谈判时间和地点、制定商务谈判计划和方案的能力。

思考与案例分析

一、思考题

1.一个国家或地区与商务谈判有关的法律制度因素主要有哪些?

2.一个国家或地区与商务谈判有关的财政金融状况因素主要有哪些?

3.影响谈判实力的主要因素是什么?

4.在确定商务谈判目标系统和目标层次时,应坚持哪些原则?

5.在国际商务谈判中,影响价格的因素有哪些?

二、案例分析

案例 1

中国香港的丝绸市场长期以来是中国内地、日本、韩国几大制造商的天下,然而中国内地生产的丝绸产品由于花色品种和质量等问题在香港的市场份额大幅度下降,丝绸企业的生存面临着极大的挑战。为改变这一不利状态,苏州丝绸厂决定开发新产品,拓展新市场,向欧美市场进军。在经过一番周密的市场调研后,苏州丝绸厂根据消费者的喜好、习惯和品位,以及新的目标市场的特点和文化背景,开始小批量地生产各种不同花色、不同风格、不同图案的丝绸产品,力求满足不同层次、不同背景的人群需要。

苏州丝绸厂的产品平均成本价的构成为:原料坯绸的价格是每码(1 码=0.9144 米)5 美元,印染加工费是每码 2.48 美元。同类产品在欧洲市场上的最高价格可以卖到每码 30 美元,在香港的平均零售价是每码 15 美元左右。现有一位法国商人欲购进一批丝绸产品,前来苏州丝绸厂洽谈购买事宜。

请回答以下的问题：

1. 结合案例，分析你设定的最低目标、可以接受的目标、最高期望目标各是多少？

2. 说明理由并进行结果评议。

案例 2

20 世纪 60 年代我国与日本进行石油设备的贸易谈判。60 年代中期，我国发现了大庆油田，但当时对外严格封锁消息。1966 年 7 月，《中国画报》封面上刊登了大庆石油工人艰苦创业的照片。画面上，工人们身穿棉袄，冒着鹅毛大雪奋战在钻井平台上。据此，日本人得出结论，大庆油田可能在东北三省北部某地，因为中国其他地区很难下这么大的雪。接着，日本人又注意到《人民日报》报道，王进喜到了马家窑，豪迈地说："好大的油海啊，我们要把中国石油落后的帽子仍到太平洋里去。"于是，日本人找来解放前的旧地图，发现马家窑是位于黑龙江省海伦县东南的一个村子。以后日本人又根据日文版的《人民中国》介绍，中国工人阶级发扬"一不怕苦，二不怕死"的精神，肩扛人抬将设备运到现场，推断石油钻井离马家窑很近，又根据当年王进喜出席第三届人民代表大会，推断大庆油田已经出油。最后，日本人又根据大庆油田钻塔的照片，推算出油井的直径，由当时的中国全国石油总产量减去原有产量，算出大庆油田的石油总产量。在此基础上，日本人设计了适合大庆油田操作的石油设备，后来当我国向外界宣布在国际上征求石油设备设计方案时，日本人由于准备充分而一举中标。

请回答以下的问题：

1. 从案例讨论中你得到怎样的启示？

2. 与本次谈判有关的政治、经济、文化及行业信息主要有哪些？

3. 对方的相关情报是如何收集的？

4. 从案例中可以推出了解公司更多内部情况的途径有哪些？

项目五
商务谈判开局阶段的策略与技巧

学习目标

一、知识目标

1. 了解商务谈判开局阶段的基本任务
2. 掌握开局阶段的谈判策略与技巧

二、技能目标

1. 学会营造开局气氛
2. 学会开局阶段的各种策略与技巧

情境链接

我国某出口公司的一位经理在同马来西亚商人洽谈大米出口交易时,开局是这样表达的:"诸位先生,我们已约定首先让我向几位介绍一下我方对这笔大米交易的看法。我们对这笔出口买卖很感兴趣,我们希望贵方能够现汇支付。不瞒贵方说,我方已收到贵国其他几位买方的递盘。因此,现在的问题只是时间,我们希望贵方能认真考虑我方的要求,尽快决定这笔买卖的取舍。当然,我们双方是老朋友了,彼此有着很愉快的合作经历,希望这次洽谈会进一步加深双方的友谊。这就是我方的基本想法。我把话讲清楚了吗?"

开局阶段是谈判双方进入具体交易内容的洽谈之前,彼此见面、互相介绍、互相熟悉以及就谈判内容和事项进行初步接触的过程。

知识素养一　谈判开始气氛的营造

开局阶段主要是指谈判双方见面后,在讨论具体、实质性的交易内容之前,相互介绍、寒暄以及就谈判内容以外的话题进行交谈的那段时间。

一、谈判气氛

谈判气氛的营造应该服务于谈判的方针和策略,服务于谈判各阶段的任务,服务于政治形势、经济形势、市场变化、文化氛围、实力差距,以及谈判时的场所、天气、时间、突发事件等。对于客观环境对气氛的影响,需要在谈判准备阶段做应该有利于谈判目标实现的行为。谈判气氛在不同特点的谈判中是不一样的,即使在一个谈判的过程中,影响谈判气氛的因素发生变化,也会使谈判气氛发生微妙的变化。谈判气氛有多种多样,有热烈的、积极的、友好的,也有冷淡的、对立的、紧张的;有平静的、严肃的,也有松懈的、懒散的;还有介于以上几种谈判气氛之间的自然气氛。而谈判开局阶段气氛的营造更为关键。因为这一阶段的气氛会直接影响到双方是否有一个良好的开端。一般来说,开局气氛如果是冷淡的、对立的、紧张的,或者是松懈的,都不利于谈判的成功。当然,谈判开局气氛也不大可能立即就变成热烈的、积极的、友好的。什么样的开局气氛是比较合理的呢? 根据开局阶段的性质、地位,根据进一步磋商的需要,开局气氛应该有以下几个特点:

1. 礼貌、尊重的气氛

谈判双方在开局阶段要营造出一种尊重对方、彬彬有礼的气氛。出席开局阶段谈判可以有高层领导参加,以示对对方的尊重。谈判人员服饰仪表要整洁大方,无论是表情、动作,还是说话语气都应该表现出尊重、礼貌,不能流露出轻视对方、以势压人的态度,不能以武断、蔑视、指责的语气讲话,这样可以使双方能够在文明礼貌、相互尊重的气氛中开始谈判。

2. 自然、轻松的气氛

开局初期常被称为"破冰期"。谈判双方抱着各自的立场和目标坐到一起谈判,极易出现冲突和僵持。如果一开局气氛就非常紧张、僵硬,可能会过早地造成情绪激动和对立,使谈判陷入泥坑。过分的紧张和僵硬还会使谈判者的思维偏激、固执和僵化,不利于细心分析对方的观点,不利于灵活地运用谈判策略。所以,谈判人员在开局阶段首先要营造一种平和、自然、轻松的气氛。例如,随意谈一些题外的轻松话题,松弛一下紧绷着的神经,不要过早与对方发生争论,语气要自然平和,表情要轻松亲切,尽量谈论中性话题,不要过早刺激对方。

3. 友好、合作的气氛

开局阶段要使双方有一种"有缘相知"的感觉,双方都愿意友好合作,都愿意在合作中共同受益。因此谈判双方实质上不是"对手",而是"伙伴"。基于这一点,营造友好合作的气氛并不仅仅是出于谈判策略的需要,更重要的是双方长期合作的需要。尽管随着谈判的进行会出现激烈的争辩或者矛盾冲突,但是双方是在友好合作的气氛中去争辩,不是越辩越远,而是越辩越近。因此,要求谈判者真诚地表达对对方的友好愿望和对合作成功的期望,此外热情的握手、热烈的掌声、信任的目光、自然的微笑都是营造友好合作气氛的手段。

4. 积极进取的气氛

谈判毕竟不是社交沙龙,谈判者都肩负着重要的使命,要付出巨大的努力去完成各项重要任务,双方都应该在积极进取的气氛中认真工作。谈判者要准时到达谈判场所,仪表端庄整洁,精力要充沛,充满自信,坐姿要端正,发言要响亮有力,要表现出追求进取、追求效率、追求成功的决心,不论有多大分歧,有多少困难,相信一定会获得双方都满意的结果。

二、谈判开局阶段的任务

谈判开局对整个谈判过程起着至关重要的作用,它往往关系到双方谈判的诚意和积极性,关系到谈判的格调和发展趋势,一个良好的开局将为谈判成功奠定良好基础。这一阶段的目标主要有以下方面:对谈判程序和相关问题达成共识;双方人员互相交流,创造友好合作的谈判气氛;分别表明己方的意愿和交易条件,摸清对方情况和态度,为实质性磋商阶段打下基础。为了达到以上目的,开局阶段主要有三项基本任务:

1. 说明具体问题

所谓具体问题的说明主要包括了"4P"，即目的(purpose)、计划(plan)、进度(pace)及成员(personalities)四个方面内容。

谈判双方初次见，要互相介绍参加谈判的人员，包括姓名、职务、谈判角色等情况。然后双方进一步明确谈判要达到的目标，这个目标应该是双方共同追求的合作目标。同时双方还要磋商确定谈判的大体议程和进度，以及需要共同遵守的纪律和共同履行的义务等问题。具体问题的说明目的就是使谈判双方友好接触，统一共识，明确规则，安排议程，掌握进度，把握成功。

2. 建立适当的谈判气氛

谈判气氛会影响谈判者的情绪和行为方式，进而影响到谈判的发展。谈判气氛受多种因素的影响，谈判的客观环境对谈判的气氛有重要影响，因此谈判双方都应做好充分准备，尽可能营造有利于谈判的环境气氛。谈判人员主观因素对谈判气氛的影响是直接的，在谈判开局阶段一项重要任务就是发挥谈判人员的主观能动性以营造良好的谈判气氛。谈判气氛的形成一般是通过双方相互介绍、寒暄，以及双方接触时的表情、姿态、动作、说话的语气等方面。谈判气氛的营造既表达双方谈判者对谈判的期望，也表达出谈判的策略特点，因此也是双方互相摸底的重要信息。

3. 开场陈述和报价

(1)双方各自陈述己方的观点和愿望，并提出倡议陈述己方对问题的理解，即己方认为谈判应涉及的问题和问题的性质、地位，以及己方希望取得的利益和谈判的立场。陈述的目的是使对方理解己方的意愿，既要体现一定的原则性，又要体现合作性和灵活性。然后，双方各自提出各种设想和解决问题的方案，并观察双方合作的可靠程度，设想在符合商业准则的基础上寻求实现双方共同利益的最佳途径。

(2)在陈述的基础上进行报价。报价就是双方各自提出自己的交易条件，是各自立场和利益需求的具体体现。报价分为狭义报价和广义报价：狭义报价是指一方向另一方提出己方希望成交的具体价格；广义报价是指一方向另一方提出的包括具体价格的一揽子要求。报价既要考虑对己方最为有利，又要考虑成功的可能性，报价要准确清楚，双方不受对方报价的影响，可以按自己的意图进行报价。报价的目的是双方了解对方的具体立场和条件，了解双方存在的分歧和差距，为进行磋商准备条件。

知识链接 5 - 1

导入是从步入会场到寒暄结束这段时间。导入的时间虽短，但其作用却很大。为便于双方接触，一般以站立交谈为好。虽然每个人的行为方式、个性特征各不相同，但从总体要求上应注意以下几个方面：

(1)入场：径直走向会场，表情自然，以诚开布公、友好的态度出现。

(2)握手：应掌握握手的力度、时间与方式，做到亲切郑重。

(3)介绍：可以自我介绍，也可由双方的主谈人向对方介绍己方的谈判人员。

(4)问候、寒暄：语言亲切、和蔼、轻松自如，为塑造良好的气氛，可适当谈一些大家感兴趣的中性话题。

知识素养二　开局阶段的开场陈述

在报价和磋商之前,为了摸清对方的原则和态度,可作开场陈述和倡议。所谓开场陈述,即双方分别阐明自己对有关问题的看法和基本原则。开场陈述的重点,是对方的利益,但它不是具体的,而是原则性地简明扼要地把几个议题的主见提出来。开场陈述一般包括陈述的内容、表达的方式和对对方建议的反应三个方面。

(1)陈述的内容,即洽谈双方各自的观点和立场。每一方都要独立地把自己的观点做一个全面的陈述,并且要给对方以充分搞清我方意图的机会,然后听取对方的全面陈述,并弄清对方的意图。在陈述自己的观点时,要采取横向铺开的方法,而不是深谈某一个问题。开场陈述内容一般包括:

①己方对问题的理解,即己方认为这次会谈应涉及的问题;②己方的利益,即己方希望通过洽谈取得的利益;③己方的首要利益,即哪些方面对己方来讲是至关重要的;④己方要向对方做出的让步和商谈事项,即己方可以采取何种方式为双方共同获得利益做出贡献;⑤己方的立场包括双方以前合作的结果、己方在对方所享有的信誉、今后双方合作中又能出现的好机会或障碍。

(2)陈述的方式,即如何表达能够加强已经建立起来的协调的洽谈气氛。正式的商业味十足的陈述,最好以诚挚和轻松的方式表达出来,结束语需要特别斟酌。陈述的要求是表明己方只是为了使对方明白己方的意图,而不是向对方挑战,或强加要求给对方。

(3)对于对方的开场陈述,己方要做到以下几点:一是倾听,听的时候不要把精力花在寻找对策上;二是搞懂对方陈述的内容,如果有什么不清楚的地方,可以向对方提出;三是要善于归纳,要善于思考理解对方陈述中的关键问题。

(4)洽谈双方分别陈述之后,需要做出一种能把双方引向寻求共同利益的陈述,即倡议。倡议是双方提出各种设想和解决问题的方案后,再在设想和符合他们商业标准的现实之间,搭起一座通向最终成交道路的桥梁。双方需要判断哪些设想方案更具有现实性和可行性。这样,一方从另一方的倡议中得到启发,以促近双方共同合作,使成交前景渐趋明朗。

知识素养三　开局阶段的谈判策略与技巧

一、开局阶段的谈判策略

谈判开局策略是谈判者谋求谈判开局有利形势和实现对谈判开局的控制而采取的行动方式或手段。营造适当的谈判气氛实质上就是为实施谈判开局策略打下基础。商务谈判开局策略一般包括以下几个方面:

1. 一致式开局策略

一致式开局策略是指以协商、肯定的语言进行陈述,使对方对己方产生好感,创造双方对谈判的理解充满"一致性"的感觉,从而使谈判双方在友好、愉快的气氛中展开谈判工作的策略。

一致式开局策略比较适用于谈判双方实力比较接近,双方过去没有商务往来的经历,第一次接触,都希望有一个好的开端。双方都希望多用外交礼节性语言、中性话题,使双方在平等、合作的气氛中开局。比如,谈判一方以协商的口吻来征求谈判对手的意见,然后对对方意见表示赞同或认可,双方达成共识;要表示充分尊重对方意见的态度,语言要友好礼貌,但又不刻意奉承对方;姿态上应该是不卑不亢,沉稳中不失热情,自信但不自傲,把握住适当的分寸,顺利打开局面。

🐟 案例链接 5-1

1972年2月,美国总统尼克松访华,中美双方将要展开一场具有重大历史意义的国际谈判。为了创造一种融洽和谐的谈判环境和气氛,中国方面在周恩来总理的亲自领导下,对谈判过程中的各种环境都做了精心而又周密的准备和安排,甚至对宴会上要演奏的中美两国民间乐曲都进行了精心的挑选。在欢迎尼克松一行的国宴上,当军乐队熟练地演奏起由周总理亲自选定的《美丽的亚美利加》时,尼克松总统简直听呆了,他绝没有想到能在中国的北京听到他如此熟悉的乐曲,因为,这是他平生最喜爱的并且指定在他的就职典礼上演奏的家乡乐曲。敬酒时,他特地到乐队前表示感谢,此时,国宴达到了高潮,而一种融洽而热烈的气氛也同时感染了美国客人。一个小小的精心安排,赢得了和谐融洽的谈判气氛,这不能不说是一种高超的谈判艺术。美国总统杰弗逊曾经针对谈判环境说过这样一句意味深长的话:"在不舒适的环境下,人们可能会违背本意,言不由衷。"英国政界领袖欧内斯特·贝文则说,根据他平生参加的各种会谈的经验,他发现,在舒适明朗、色彩悦目的房间内举行的会谈,大多比较成功。

日本首相田中角荣20世纪70年代为恢复中日邦交正常化到达北京,他怀着等待中日间最高首脑会谈的紧张心情,在迎宾馆休息。迎宾馆内气温舒适,田中角荣的心情也十分舒畅,与随从的陪同人员谈笑风生。他的秘书仔细看了一下房间的温度计,是"17.8度"。这一田中角荣习惯的"17.8度"使得他心情舒畅,也为谈判的顺利进行创造了条件。

"美丽的亚美利加"乐曲、"17.8度"的房间温度,都是人们针对特定的谈判对手,为了更好地实现谈判的目标而进行的一致式谈判策略的运用。

一致式开局策略的目的在于创造取得谈判成功的条件。运用一致式开局策略的方式还有很多。运用这种方式应该注意的是,拿来征求对手意见的问题应该是无关紧要的问题,对手对该问题的意见不会影响我方的利益。另外在赞成对方意见时,态度不要过于献媚,要让对方感觉到自己是出于尊重,而不是奉承。

一致式开局策略还有一种重要途径,就是在谈判开始时以问询方式或者补充方式诱使对手走入你的既定安排,从而使双方达成一种一致和共识。所谓问询式,是指将答案设计成问题来询问对方,例如,"你看我们把价格和付款方式问题放到后面讨论怎么样?"所谓补充方式,是指借以对对方意见的补充,使自己的意见变成对方的意见。

2. 坦诚式开局策略

坦诚式开局策略是指以开诚布公的方式向谈判对手陈述自己的观点或意愿,尽快打开谈判局面的策略。

坦诚式开局策略比较适合双方过去有过商务往来,而且关系很好,互相了解较深,将这种友好关系作为谈判的基础。在陈述中可以真诚、热情地畅谈双方过去的友好合作关系,适当地称赞对方在商务往来中的良好信誉。由于双方关系比较密切,可以省去一些礼节性的外交辞令,坦率地陈述己方的观点以及对对方的期望,使对方产生信任感。

坦诚式开局策略有时也可用于实力不如对方的谈判者。本方实力弱于对方,这是双方都了解的事实,因此没有必要掩盖。坦率地表明己方存在的弱点,使对方理智地考虑谈判目标。这种坦诚也表达出实力较弱一方不惧怕对手的压力,充满自信和实事求是的精神,这比"打肿脸充胖子"大唱高调掩饰自己的弱点要好得多。

案例链接 5-2

北京某区一位党委书记在同外商谈判时,发现对方对自己的身份持有强烈的戒备心理。这种状态妨碍了谈判的进行。于是,这位党委书记当机立断,站起来对对方说道:"我是党委书记,但也懂经济、搞经济,并且拥有决策权。我们摊子小,并且实力不大,但人实在,愿意真诚与贵方合作。咱们谈得成也好,谈不成也好,至少你这个外来的'洋'先生可以交一个我这样的'土'朋友。"

寥寥几句肺腑之言,一下子就打消了对方的疑惑,使谈判顺利地向纵深发展。

3. 保留式开局策略

保留式开局策略是指在谈判开始时,对谈判对手提出的关键性问题不做彻底的、确切的回答,而是有所保留,从而给对手造成神秘感,以吸引对手步入谈判的策略。

在采用保留式开局策略时不要违反商务谈判的道德原则,即以诚信为本,向对方传递的信息可以是模糊信息,但不能是虚假信息。否则,会将自己陷于非常难堪的局面之中。

案例链接 5-3

江西省某工艺雕刻厂原是一家濒临倒闭的小厂,经过几年的努力,发展为产值200多万元,产品打入日本市场,战胜了其他国家在日本经营多年的厂家,被誉为"天下第一雕刻"。有一年,日本三家株式会社的老板同一天接踵而至,到该厂定货。其中一家资本雄厚的大商社,要求原价包销该厂的佛坛产品,本应该说是好消息。但该厂想到,这几家原来都是经销韩国产品的商社,为什么争先恐后、不约而同到本厂来订货?他们查阅了日本市场的资料,得出的结论是本厂的木材质量上乘,技艺高超是吸引外商定货的主要原因。于是该厂采用了"待价而沽"、"欲擒故纵"的谈判策略。先不理那家大商社,而是积极抓住两家小商社求货心切的心理,把佛坛的梁、榴、柱,分别与其他国家的产品作比较。在此基础上,该厂将产品当金条一样争价钱、论成色,使其价格达到理想的高度。首先与小商社拍板成交,造成那家大客商产生失落货源的危机感。那家大客商不但更急于定货,而且想垄断货源,于是大批定货,以致定货数量超过该厂现有生产能力的好几倍。

本案例中该厂谋略成功的关键在于其策略不是盲目的、消极的。首先,该厂产品确实好,而几家客商求货心切,在货比货后让客商折服。其次,是巧于审势布阵。先与小客商谈,并非疏远大客商,而是牵制大客商,促其产生失去货源的危机感。这样定货数量和价格才有大幅增加。

4. 进攻式开局策略

进攻式开局策略是指通过语言或行为来表达己方强硬的姿态,从而获得谈判对手必要的尊重,并借以制造心理优势,使谈判顺利进行下去的策略。这种进攻式开局策略只有在特殊情况下使用。例如,发现谈判对手居高临下,以某种气势压人,有某种不尊重己方的倾向,如果任其发展下去,对己方极为不利,因此要变被动为主动,不能被对方气势压倒。采取以攻为守的策略,可以捍卫己方的尊严和正当权益,使双方站在平等的地位上进行谈判。进攻式策略要运用得当,必须注意有理、有利、有节,不能使谈判一开始就陷入僵局;要切中问题要害,对事不对人,既表现出己方的自尊、自信和认真的态度,又不能过于咄咄逼人,使谈判气氛过于紧张,一旦问题表达清楚,对方也有所改观,就应及时调节一下气氛,使双方重新建立起一种友好、轻松的谈判气氛。

案例链接 5 - 4

日本一家著名的汽车公司在美国刚刚"登陆"时,急需找一家美国代理商来为其销售产品,以弥补他们不了解美国市场的缺陷。当日本汽车公司准备与美国的一家公司就此问题进行谈判时,日本公司的谈判代表路上塞车迟到了。美国公司的代表抓住这件事紧紧不放,想要以此为手段获取更多的优惠条件。日本公司的代表发现无路可退,于是站起来说:"我们十分抱歉耽误了你的时间,但是这绝非我们的本意,我们对美国的交通状况了解不足,所以导致了这个不愉快的结果,我希望我们不要再为这个无所谓的问题耽误宝贵的时间了,如果因为这件事怀疑到我们合作的诚意,那么,我们只好结束这次谈判。我认为,我们所提出的优惠代理条件是不会在美国找不到合作伙伴的。"

日本代表的一席话说得美国代理商哑口无言,美国人也不想失去这次赚钱的机会,于是谈判顺利地进行下去。

本案例中,日本谈判代表采取进攻式的开局策略,阻止了美方谋求营造低调气氛的企图。

进攻式开局策略可以扭转不利于己方的低调气氛,使之走向自然气氛或高调气氛。但是,进攻式开局策略也可能使谈判一开始就陷入僵局。

5. 挑剔式开局策略

挑剔式开局策略是指对对手的某项错误或礼仪失误严加指责,使其感到内疚,从而达到营造低调气氛,迫使对方让步的目的的策略。

案例链接 5 - 5

巴西一家公司到美国去采购成套设备。巴西谈判小组成员因为上街购物耽误了时间。当他们到达谈判地点时,比预定时间晚了45分钟。美方代表对此极为不满,花了很长时间来指责巴西代表不遵守时间,没有信用,并声明如果继续这样下去的话,以后的很多工作很难合作,浪费时间就是浪费资源、浪费金钱。对此巴西代表感到理亏,只好不停地向美方代表道歉。谈判开始以后美国代表似乎还对巴西代表来迟一事耿耿于怀,一时间使得巴西代表手足无措,说话处处被动,无心与美方代表讨价还价,对美方提出的许多要求也没有静下心来认真考虑,匆匆忙忙就签订了合同。等到合同签订以后,巴西代表平静下来,头脑不再发热时才发现自己吃了大亏,上了美方的当,但为时已晚。

本案例中美国谈判代表成功地使用挑剔式开局策略,迫使巴西谈判代表自觉理亏,在来不及认真思考的情况下匆忙签订了对美方有利的合同。

二、开局阶段的谈判技巧

1. 开局的条件一定要（远）高于你的期望值

美国前国务卿、谈判大师亨利·基辛格（Henry Kissinger）博士曾经说过："谈判桌前的结果完全取决于你能在多大程度上抬高自己的要求。"

看看以下几个场景：

（1）在面试时，你为什么经常会提出高出自己心理预期的工资待遇？

（2）老板分配给你一项工作，你预计 5 天可以完成，但会和老板说争取 7 天完成。

（3）去专卖店买一条裤子，你的期望值可能是 150 元，但你往往会第一次就还价到 130 元。

仔细对照以上几个场景，再认真思考一下，为什么会这么做，相信你就会明白为什么需要在谈判开始时抬高自己的要求。

①它可以让你有更大的谈判空间。之所以这么做，一个主要的原因就是：它可以让你有更大的谈判空间。道理非常简单，如果你是买家，你随时都可以提高价格，但却很难降低价格；如果你是卖家，你也随时可以降低价格，但却很难增加报价。

②对方可能直接答应你的条件。当你开出一个自认为非常离谱的条件后，对方很有可能直接答应了你的条件，不费吹灰之力，就多赚了一笔，何乐而不为呢？

③会抬高你的产品或服务在对方心目中的价值和地位。"物美价廉"只是一种理想状况，大家更相信"一分价钱一分货"。如果你适当抬高你的报价或条件，会在一定程度在抬高你的产品或服务在对方心目中的价值和地位。

④可以让对方在谈判结束时感觉到他赢得了谈判。之所以要在谈判开始阶段就尽量抬高条件，还有一个重要原因：这可能是唯一可以让对手在结束谈判时感到他赢得谈判的方式。

当然，抬高开局条件也要有一定的技巧，即一定要让对方感觉你的条件是可以商量的。否则，如果让对方感觉你的条件非常苛刻，而且你的态度也非常坚决，那么只会让对方认为你毫无谈判的诚意，最终的结果可能只有两种：根本无法开始谈判，或是一开始就使谈判陷于僵局。

例如，你和客户谈销售一批设备的事情，你的期望单价是 1 万元/台，于是，你可以这样告诉对方："或许在更准确地了解您的需求之后，我们还能作一些调整，但就目前的情况而言，根据您的订货数量、付款条件、运输要求等，我们能给予您的最优惠的报价是 1.2 万元/台。"听了这个价格，买家或许会认为："简直是个疯子，居然敢报出这个价格，不过感觉还有谈的余地，我不妨和这个家伙谈一谈，看看能把价格压低到多少。"

2. 如何开出（远）高于预期的开局条件

在下定决心开出高于自己预期的条件之后，到底如何确定自己的条件呢？

（1）界定自己的目标范围。经过统计，绝大多数最终成交的条件，都是双方开出条件的折中值，也就是说，己方所开出的条件与对方开出的条件和双方最终成交的条件是等距的。

例如，汽车经销商报价 15 万元，你的期望值是 14 万元，那么，第一次的出价就应该是 13 万元（或者更低）。

但值得注意的是，并不是所有的谈判最终成交条件都是大家各让步一半。

（2）对谈判对手的情况了解得越少，所开出的条件就应该越高。正如前面所讲，只要让对方觉得条件是可以谈的，就完全可以大胆地提出自认为非常离谱的条件。

如果双方是初次接触,对方在听到你的条件后可能会非常惊讶,但在接下来的谈判过程中你可以作出比较大的让步,从而可以让对方感觉你初次合作很有诚意。

3. 永远不要立即答应对手的第一次报价

先看一个场景:你打算买辆二手车,对手开价5万元,你觉得价格也比较合适了,但还是有点不甘心,于是决定报价4.5万元。你本以为卖家会非常生气,谁知道,卖家只是稍微迟疑了一下,说:"好吧,4.5万卖给你了,现在我们就去办过户手续吧!"

你会怎么想呢?相信绝大多数的人都会认为:"天哪,我真傻,这一定是哪里出了问题,我如果开价4.3万,或许卖家也会答应的,就这样,我多花了2000元。"

所以说,如果你立即答应对手的第一次报价,对手通常会有两种反应:

(1)我本来可以做得更好(卖出更高的价格/花更低的价格买到这个东西);

(2)太不可思议了,一定是哪里出了问题。

但是,如果对手的条件实在是太具诱惑性,如果不立即答应,机会可能就错过了,我们又该如何应对呢?

(1)保持镇静。无论对手的条件多么诱人,你都必须保持镇静,不能流露出非常兴奋、迫不及待的表情。

(2)运用"更高权威法"。谈判过程中最令人沮丧的是,在谈判正在进行时,突然发现对方没有决定权,即对方需要向其上司申请决定的权力,而实际上,对方可能使用的是"最高权威法",即用自己没有权力决定的借口来敷衍。

4. 知道对方的条件后立即大胆地表示意外

先看一个场景:你到一个家具店去购买一张沙发,同样品牌的产品,你已经看过好几个地方了,价格也了解清楚了。店老板开价1000元。天啦,我不会听错了吧,其他店铺的开价至少都是1100元。如果你没有表示意外,店老板就会接着说:"如果需要我送货上门的话,加收送货费50元。"(原本很可能是免费送货的)

最后谈判的结果会怎样?成交价格多半是1000元,免送货上门费。而如果你在听到1000元的价格的时候,立即就表示出很意外,"不会吧,同样的东西,其他店家标价也是1000,但我还价到950元,店家都同意了,而且是免费送货上门。"结果会怎样?请自行想象。

所以说,在知道对方的条件后,一定要立即表示意外。切记:没有人会指望你立即接受他们的第一次报价;但如果你没有表示出意外,对方就会认为你是有可能接受他提出的远超过他预期的条件的。

如果你表示出很意外,对方通常会作出一些让步。但如果没有任何表示,只会让对方变得更加强硬和自信。

即使不是与对方在当面谈判,仍然需要让他感觉到你的震惊(用电话、E-mail、QQ或MSN等)。

5. 诱使对方先出价

在谈判开局阶段,一定要诱使对方先出价,当然,也就是要避免被对手诱惑而先出价。理由有三:

(1)对方的出价或许会远超自己的预期。

(2)对方先亮出条件,可以帮你界定你的谈判目标范围,而界定目标范围之后,你就能很清楚地知道自己在谈判中的让步空间有多大。

(3)让对方先出价,是使自己占据主动地位的唯一方式。

掌握了这些技巧和知识,就能营造非常有利的谈判氛围,有助于争取到最大的利益。

在谈判中,"良好的开端是成功的一半",开局阶段的氛围营造是关键。任何谈判个体的情绪、态度和行为都能影响和改变谈判的开局气氛,换言之,谈判的哪一方控制了谈判开局的气氛,也就从某一程度上控制了另一方。

实训项目

实训练习一　制造良好的开局氛围

1. 实训目的

了解开局的方式,制造良好的开局气氛。

2. 实训要求

制造谈判开局气氛演练方法

课堂准备 及演练 (时间 30 分钟)	教学目标	制造谈判开局气氛演练练习课
	堂演练	编写任务书,分配角色
	基本规则	制造谈判开局气氛从第一步到第二步
		把握摸底从第三步到第五步
		小组成员分配角色(全体参加)
教学进程	真实性	尽量实际、真实
总结反馈 (时间 15 分)	反馈 1	小组成员反馈
	反馈 2	其他小组反馈
	总结	看到了什么?为什么这样?感悟到什么?
	反馈	这次做得不好下次如何做得更好

3. 实训背景

A 公司是一家实力雄厚的房地产开发公司,在投资的过程中相中了 B 公司所拥有的一块极具升值潜力的地皮,而 B 公司正想通过出卖这块地皮获得资金以将其经营范围扩展到国外。于是,双方精选了久经沙场的谈判干将,对土地转让问题展开磋商。

4. 实训过程

演练评分表:

标准/组评分		1	2	3	4	小计
标准 1	步骤完整 20 分					
标准 2	内容全面 10 分					
标准 3	实战性强 20 分					
标准 4	演练临场表现 20 分					
标准 5	团体配合整体意识 10 分					
标准 5	创新性 10 分					
小计						

讨论：

(1)如果你是 B 公司的代表,你将如何进行开场陈述。

(2)本实训项目带给我们的启示。

5.实训评议

实训练习二　如何分橙子

1.实训目的

了解并重视开局陈述的重要性,能恰当地进行开局陈述。

2.实训要求

阅读资料,按要求回答问题。

3.实训背景

有一个妈妈把一个橙子给了邻居的两个孩子。这两个孩子便讨论起来如何分这个橙子。两个人吵来吵去,最终达成了一致意见,由一个孩子负责切橙子,而另一个孩子选橙子。结果,这两个孩子按照商定的办法各自取得了一半橙子,高高兴兴地拿回家去了。

第一个孩子把半个橙子拿到家,把皮剥掉扔进了垃圾桶,把果肉放到果汁机上打果汁喝。另一个孩子回到家把果肉挖掉扔进了垃圾桶,把橙子皮留下来磨碎了,混在面粉里烤蛋糕吃。

4.实训过程

问题1:尽可能多地写出你能想到分橙子的方法

方法一:＿＿＿＿＿＿＿＿＿＿＿＿＿＿＿＿＿＿＿＿＿＿＿＿＿＿＿＿＿＿＿＿＿＿＿＿

方法二:＿＿＿＿＿＿＿＿＿＿＿＿＿＿＿＿＿＿＿＿＿＿＿＿＿＿＿＿＿＿＿＿＿＿＿＿

方法三:＿＿＿＿＿＿＿＿＿＿＿＿＿＿＿＿＿＿＿＿＿＿＿＿＿＿＿＿＿＿＿＿＿＿＿＿

问题2:实际上兄弟(姐妹)两人吵来吵去,最后达成一致,由一个切,另一个先选,这样的分配方法公平吗? 你还能找到更好的办法吗?

问题3:两个人按照商定的办法各自得到了一半橙子,高高兴兴地准备吃了。而实际的结果是,一个把半个橙子皮剥掉扔进了垃圾桶,另一个把果肉挖掉扔进了垃圾桶。两人是否实现了利益最大化? 为什么?

问题4:请分组(两人)分别代表兄弟(姐妹)设计一段开场陈述。

5.实训评议

项目小结

开局阶段主要是指谈判双方见面后,在讨论具体、实质性的交易内容之前,相互介绍、寒暄以及就谈判内容以外的话题进行交谈的那段时间。谈判开局对整个谈判过程起着至关重要的作用,开局阶段主要有三项基本任务:具体问题的说明、建立适当的谈判气氛、开场陈述和报价。

谈判气氛的营造应该服务于谈判的方针和策略,服务于谈判各阶段的任务。开局气氛应该有以下特点:礼貌、尊重的气氛;自然、轻松的气氛;友好、合作的气氛;积极进取的气氛。

开场陈述一般包括陈述的内容、表达的方式和对对方建议的反应三个方面。

谈判开局策略是谈判者谋求谈判开局有利形势和实现对谈判开局的控制而采取的行动方式或手段。商务谈判开局策略一般包括以下几个方面:一致式开局策略、坦诚式开局策略、保留式开局策略、进攻式开局策略、挑剔式开局策略。

开局阶段的谈判技巧主要包括:开局的条件一定要(远)高于你的期望值,如何开出(远)高于预期的开局条件,永远不要立即答应对手的第一次报价,知道对方的条件后立即大胆地表示意外,诱使对方先出价。

思考与案例分析

一、简答题

1. 商务谈判开局阶段如何营造友好气氛?

2. 商务谈判开场陈述包括哪些内容?

3. 进攻式开局策略与挑剔式开局策略有何不同? 分别在何种场景使用?

4. 开局阶段的谈判技巧主要包括哪些?

二、案例分析

案例1:关于原材料买卖的开场陈述的案例

甲方阐述:

我们对贵方所能提供的原材料很感兴趣。我们准备大宗购进,生产一种新产品。我们曾与其他厂家打过交道,但关键的问题是时间,我们想以最快的速度在这个问题上达成协议。为此,我们希望开门见山,并简化谈判的程序。虽然我们以前从未打过交道,不过据各方面反映,贵方信誉好,值得合作。预祝我们的交易成功。

乙方阐述:

我们非常高兴贵方对我们的产品感兴趣,我们很愿意出售我们的产品。但是,我们的产品数量有限,市场又比较紧俏。当然,这一点是灵活的,我们关心的是价格问题。正因为如此,我们不急于出售数量有限的产品。

请回答以下的问题:

1. 本案例带给我们的启示。

2. 如果你是甲乙某一方,你将如何进行开场陈述?

案例2:

甲方:"我们彼此介绍一下各自的生产、经营、财务和商品的情况,您看如何?"

乙方:"完全可以,如果时间、情况合适的话,我们可以达成一笔交易,您会同意吧?"

甲方:"完全同意。我们谈半天如何?"

乙方:"估计介绍情况一个小时足够了,其他时间谈交易条件,如果进展顺利,时间差不多足够。"

甲方:"那么,是贵方先谈,还是我先谈?"

乙方:"随便,就请您先谈吧。"

请回答以下的问题:

1. 以上材料中,甲乙双方运用了什么开局策略?

2. 这种开局策略的运用对商务谈判起什么作用?

项目六
商务谈判报价阶段的策略与技巧

学习目标

一、知识目标

1. 熟悉成交价格的影响因素
2. 熟悉报价的原则和注意事项
3. 掌握价格解释和评价内容
4. 掌握报价顺序和策略

二、技能目标

1. 会正确分析和评价对方的报价
2. 会运用合适的报价策略进行报价

情境链接

山东某市塑料编织袋厂与日本客商的谈判

1984年,山东某市塑料编织袋厂厂长获悉日本某株式会社准备向我国出售先进的塑料编织袋生产线,立即出马与日商谈判。谈判桌上,日方代表开始开价240万美元,我方厂长立即答复:"据我们掌握情报,贵国某株式会社所提供产品与你们完全一样,开价只是贵方一半,我建议你们重新报价。"一夜之间,日本人列出详细价目清单,第二天报出总价180万美元。随后在持续9天的谈判中,日方在130万美元价格上再不妥协。我方厂长有意同另一家西方公司作洽谈联系,日方得悉,总价立即降至120万美元。我方厂长仍不签字,日方大为震怒,我方厂长拍案而起:"先生,中国不再是几十年前任人摆布的中国了,你们的价格、你们的态度都是我们不能接受的!"说罢把提包甩在桌上,里面那些西方某公司设备的照片散了满地。日方代表大吃一惊,忙要求说:"先生,我的权限到此为止,请允许我再同厂方联系请示后再商量。"第二天,日方宣布降价为110万美元。我方厂长在拍板成交的同时,提出安装所需费用一概由日方承担,又迫使日方让步。

知识素养一 谈判价格

报价是商务谈判的第一个重要回合,它不仅对对方的还价及接踵而至的讨价还价关系重大,而且对整个谈判结果都会产生重大影响。

一、价格与报价

价格是商品价值的表现形式。谈判中的价格往往是谈判双方对商品、劳务等可以认可和接受的价格。谈判中的价格受到很多因素的影响。

报价又叫发盘或发价。从广义上讲是指谈判双方各自向对方提出全部交易条件的过程,其内容不仅包括价格问题,还包括交货条件、品质规格、数量质量、支付方式、运输费用等条款。从狭义上讲,报价是指双方对所交易的标的物的价格提出的观点。在谈判中,由于价格问题是双方磋商的关键,因此本项目所讨论的报价主要是以狭义的报价为主。

在价格谈判中,无论是卖方的发盘价还是买方的递盘价,都在一定程度上影响着对方的还价,一方的报价与另一方的还价之间虽然没有固定的差距比例,但是,经验表明,一方的还价是同另一方的报价成比例变化的。报价较高,还价也相对较高;报价较低,还价也较低。而讨价还价也只能在报价与还价所规定的范围内进行。在讨价还价过程中,通过双方的互相让步,报价与还价之间的距离逐渐缩短,最后在某一点上确定下来,就形成了成交价格。这时,假设成交价格是报价额与还价额的简单平均数,即起始报价与还价之间的折中数额,则它的高低显然在很大程度上受起始报价水平的影响。当然,也不能无限制地过高或过低报价,因为成交价格是以双方的接受为前提的,报价太高会被对方认为是无诚意的,而无诚意的报价会对谈判过程造成不良的影响。

商品成交价格的高低受到很多因素的影响,但最终还是商品本身的价值以及市场供求状况决定商品价格的高低,谈判对手的谈判能力也会对谈判产生较大的影响。

1. 商品价值

价值是报价的基本依据,在国内谈判或国际谈判中都是如此。考虑商品的价值首先就是计算商品的成本。对卖方来说,不仅要考虑自己的生产成本(成本是成交价格的底限),还要考虑同行业中其他生产者的生产成本。买方不清楚卖方的生产成本,但在报价之前,也根据有关资料对之作出大致的估计。

2. 市场行情

这是报价决策的主要依据。不断变化的国际市场的行情,使商品价格上下波动。同时,价格的波动反过来又会影响市场的全面波动。报价决策应当由谈判人员根据以往和现在所搜集掌握的、来自各种渠道的商业情报和市场信息,并在比较分析、判断和预测的基础上加以制定,其中主要内容包括:商品当前的供求状况及报价水平;今后供求关系将发生什么变化,变化的速度如何;价格如何变动以及可能变动的幅度有多大;商品或其代用品的生产技术上如有重大突破等。

3. 谈判对手的状况

这是报价决策的必要依据,谈判人员除了了解价格形成的基础,以及所交易商品的市场行情外,还必须考虑谈判对手情况,如他们的资讯状况、经营能力、同我方交往的历史、其所在国商业习惯、政策法令及其国际贸易惯例的区别等。此外,在谈判过程进入报价阶段之前,还要进一步探测对方的意图、谈判态度和策略,以便调整我方的策略,掌握报价的幅度。

除了这些因素外,产品的技术含量和复杂程度、交货期的早晚、产品和企业的声誉、交易量的大小、时间因素、支付方式等都对价格有重要影响。谈判中,如能提出易于被对方接受的条件,将会使己方在价格上占据优势。

二、进行报价时应该遵循的原则

(一)报价的原则

1."最低可接纳水平"原则

使用此原则为最差的选择但却可以勉强接受谈判的最终结果。例如,作为卖方可以把其要出售的某种商品的最低可接纳水平定为5万美元,如果售价高于5万美元,他肯定愿意成交,但若售价低于5万美元,他则宁可保留这种商品而不愿意出售。又如,买方将其购进的某种商品最低可接纳水平定为3万美元,假如售价不高于3万美元则其愿意成交,若高于3万美元则其宁可不要。报价前设立一个最低可接纳水平,谈判者可据此避免拒绝有利条件或接受不利条件,也可以避免一时的鲁莽行为;在有多个谈判人员参加谈判的场合,可以据此避免谈判者各行其是。

2.利益最大化原则

使用此原则即在谈判中,不能仅从自身的角度去考虑问题,而是要兼顾双方的利益,从而达到双赢的结果。报价做得好坏与否,直接影响到谈判者的利益。既要使对方有兴趣,又要最大限度地获得自身的利益,本身存在着矛盾。但是,很多谈判当事者双方常能举杯共庆交易的成功,说明这个矛盾是可以合理解决的。关键是该怎样掌握这个"合理"的尺度。对于卖方来说,当然希望卖出的商品价格越高越好;而对于买方来说,则希望买进的商品在保证质量的条件下,其价格越低越好。但无论买方或是卖方,一方的报价只有在被对方接受的情况下,才能产生预期的结果,并使买卖成交。这就是说,报价水平的高低并不是由任何一方随心所欲地决定,它要受到供求、竞争以及谈判对手状况等各方面因素的制约。因此,谈判一方向另一方报价时不仅要考虑按此报价所能获得的利益,还要考虑能否被对方或其竞争者接受的可能性,即报价能否成功的几率。所以,报价决策的基本原则是:通过反复比较和权衡,设法找到报价者所得利益与该报价被接受的成功率之间的最佳结合点。

(二)报价解释时应注意的问题

在谈判中,当我方向对方发盘时,应掌握其中的报价表达方式,做到既准确表示出我方的态度,又不致暴露我方的真正意图。

1.报价要严肃

发盘是报价方意愿的表示,报价方必须严肃对待。报价方在谈判进入报价阶段之前,要审慎、周密地考虑一番,想好什么样的报价水平最合适。一旦发盘报出以后,就不可有任何动摇的表示。假如我方是卖方,即使对方宣称已从其他供货商得到低于我方所报价格的发盘,我方仍应毫不含糊地坚持已开出的价格。唯有如此,才能使人相信我方对谈判抱着认真和坚定的态度。否则,就会让对方察觉到我方对发盘缺乏信心,进而对我方施加压力,使我方处于被动地位。假如我方是买方,也要使对方相信,我们的递价是有根据的,并非随意杀价。

2.报价必须准确明白

报价要非常明确,以便对方准确地了解我方的期望,有现成的报价单当然好,但若是口述报价,除了口头表达上要准确外,还可以借助于直观的方法进行报价。比如,在宣读报价表的时候,拿出一张纸把数字写下来,并让对方看见,这样就能使报价更加明确无误,避免在数字上出差错而减少损失。

总之,表达报价要遵循严肃认真、明白清楚两个原则。做到这两点,就可避免由于报价方式不当可能产生的不利局面。

三、谈判中对价格的理解

(一)实际价格和预期价格的理解

单纯的产品标价即为实际价格。而把反映商品使用价值的价格,称为预期价格。预期价格完全与对方即将得到的利益联系在一起。

在价格谈判中,作为卖方,为了把买方的注意力吸引到预期价格上来,应该强调买方所购买的是会满足其实际愿望的某种价值。而作为买方,在尽量争取降低实际价格的同时,也要善于运用预期价格的原理,通过谈判设法增加一系列附带条件,来增加自己一方的实际利益。运用预期价格进行谈判,对于卖方和买方都有重要意义。价格谈判成功的关键往往在于正确运用实际价格与预期价格的谈判技巧。

为了引导对方正确地看待价格问题,必须要强调产品将给他带来的益处和经济上的利益,这是价格谈判的最基本原则。有以下几个预期价格的因素可以运用。

(1)支付方式。在使用预期价格因素时,可以考虑使用不同的支付方式,如优惠的付款条件、赊账、分期付款、非现金付款(支票、信用卡或用其他产品抵偿)、详细注明各种收费缘由的发票、在对方资金不紧张的时候支付等方式。

(2)优惠的条件及友好的服务。在交易中给对方各种优惠,如提供一些不收费的小零件或样品、免费向对方提供一些廉价的备用件等,来增进友谊。在谈判中给对方以周到的服务和相当的礼遇,并在交易活动的始终提供有益的帮助和建议,这样可以影响对方对价格的看法,对方会把任何一种额外的服务项目看成是某种形式的减价。

(3)实际价值与价格对比。如果某产品经过使用其价值仍然不变,或者对方认为所谈项目是一项好的投资,他就会减弱对价格的敏感性。一般来说,避免蒙受损失和获得某种形式的节省,这两者的效果是一样的。一种产品经过一段时间使用仍能转卖出去,那么购买这种产品的风险和所能带来的损失就极小了,对方对价格的承受能力也就相对要大。比如,一部机器设备的价格是 10000 元,使用两年后还可以卖 6000 元,对方对价格就不会那样敏感。

(4)心理价格。例如,在人们心目中,99 元和 100 元是不一样的,仅 1 元之差,就会给人一种"便宜"的感觉。

(5)产品的功能和优点。针对对方的实质需要,详细列出各种可以使价格显得比较便宜的因素,并在与对方洽谈中不断地加以运用,这样在价格的洽谈过程中就会变得顺利一些。

(6)企业的信誉。

(二)谈判中对贵的理解

在谈判中,经常会遇到买方提出"价格贵,无法接受"的问题。因此,谈判人员应该对价格贵有正确的理解,不能糊里糊涂地接受"太贵"这一概念,这样会失去成交的机会。对方表示价格贵的原因很多,应该发现其根源,找出解决的办法。对方认为价格贵的主要原因有以下几个方面。

1. 经济状况不佳或预算不够

对方提出总的经济状况不佳,难以接受报价。这种说法十有八九不是真正的原因,或者对方正打定主意要同其他供货者谈一谈。如果经过仔细观察,发现对方的确是经济状况不好的情况下,最好暂时放弃合作;如果对方称目前没有足够的现款,可以主动建议使用分期付款等其他的支付方式,以解决对方的眼前困难。在这种情况下,对方仍不接受己方的价格,便能证明这一说法是一种托词,否则对方会愉快地接受分期付款的建议。

对方提出预算的款项有限,出现这种情况,经常是对方杀价的手段,不可轻易上当。如果对方不准备花太多钱来购买双方所谈的项目,说明己方还没有激发起对方获得这一产品的强烈愿望。

2. 片面地了解市场行情

如果对方用同类品及替代品的低廉价格与你的价格相比较,你就要设法让他们知道你的产品的优点和能够带给他们更多的利益,从而刺激他们的购买欲望。如果对方以竞争者的价格作参照,提出你的价格不合理,你应该解释清楚价格不同的原因,并指出对方在进行价格比较时忽略了哪些方面,指出你的价格所包含的内容。如果对方用从前的价格作对比,要求恢复原来的价格,谈判者既应解释清楚原材料价格全面上涨的情况,还要向对方介绍分析市场行情的发展趋势,或者针对有长期合作关系的客户,在其他方面提供一些优惠条件。

3. 经验性压价或试探性压价

对很多职业谈判者来说无论价格多少都是贵的,再便宜的价格也都应该往下降。他们一坐到谈判桌前,就试图对对方的价格下手。在这种情况下,最好是不予理会,或将其视为玩笑,把话题转移到其他问题上。

当对方不清楚你的价格是否有讨价还价的余地时,即会试探性地压低价格。如果你此时以礼相待而不为之所动,对方自然就不会再继续坚持。

从以上这几点可以看出,当对方指出价格太贵时,要发现其真实目的,找出针对性的解决办法,而不要掉进对方的圈套里。

(三)卖方对价格的解释

在商务谈判中,卖方要对自己的价格作出合理解释,即把价格构成说清楚,让对方信服。具体要做好以下几个方面:

1. 对货物价格的解释

卖方首先要解释自己的货价是浮动价格还是固定价格,这个价格又是根据什么得出的。如果是固定价格,在合同期间无论发生什么情况都不能再调整价格,说明在目前的报价中就已经包含了调价的因素;如果是浮动价格,在合同期间可以根据情况变化而调价,说明在目前的报价中就没有包含调价因素。但无论是固定价格还是浮动价格,其调价依据一般是以物价和工资的变化、通货膨胀率的变化、货币汇率的变化等为基础,而且要规定调价的最大值和最小值,还要规定限制调价前提,即规定物价、工资、通货膨胀率和货币汇率等在一定的变化限度内不调价,只有超过该限度才准许调价。

2. 对技术费用的解释

对技术费用的解释主要包括产品单价的技术生产费用的提成和对科研投资的回收提成。

3. 对技术服务费的解释

技术服务费主要包括员工和实习生的培训费及专家的技术指导费。

4. 对技术资料费的解释

技术资料费包括技术资料的印刷费用，以及制作资料的人工费用。

（四）买方对价格的评论

技术资料买方对价格的评论，就是由买方对卖方的价格解释及通过这一解释了解到的卖方要价的高低性质所作出的批评性反应。买方对价格评论的目的是在讨价还价前挤出卖方价格中的水分。

1. 买方对价格的评论内容

（1）对货物价格的评论。这里的货物包括设备、备件、材料等。对货物价格的评论必须联系货物的技术性能来进行。买方应对货物的材料、功能、寿命、功效等进行价值分析，发现价格不合理的因素。只要卖方有意成交，在这种基于分析和比较的评论面前是会表示出降价姿态的。另外在货物价格的评论中，还要注意多种不同价格之间的横向比较。要做好这种价格的横向比较，就必须坚持"货比三家"，做到胸有成竹。

（2）对技术费用的评论。对技术费用的评论应针对卖方价格解释方法的类型来进行，以找出其各种技术费用提成不合理之处。如分析产品的单价、降低提成年限、强调技术的更新换代，从而找出提成率不合理之处。

（3）对技术服务费的评论。技术服务费包括技术指导费和培训费，因此对技术服务费的评论也是针对这两种费用进行。一是对卖方的技术指导费加以评论。首先，要评论卖方估计的指导量是否过大，指导专家人数是否太多，如果确实过大、太多，就要去掉多余的部分。其次，要评论服务单价。卖方往往通过各种理由把服务单价报得高出市场价很多，买方对此应以劳务市场的标准价格或习惯价格来限制卖方。二是对培训费加以评论。买方可以强调按"惯例"，许多专有技术服务费的报价中都已含培训费，二次付培训费是不合理的。买方特别应当注意区分卖方实施培训的具体方式是利用已有的"培训中心"，还是另建"隔离式的场点"，或是在自己的"研究室"、"生产车间"里培训实习生。显然，这三种不同的培训方式所需的费用开支差别很大。

2. 买方对价格评论的要点

（1）抓住对方短处，不达目的不松口。评论着力攻击其问题所在，使卖方不降价就无法收场。不能四面出击，战线过长，否则会顾此失彼。

（2）自由发言，高度集中。自由发言即买方谈判人员轮番发言，各个评论，以加大卖方的心理压力。高度集中则是为了保证买方的机密，以免让卖方从各发言人杂乱无章的评论中窥测到买方的意图、成交决心及成交价格底线等。

（3）以理压价。无论评论多么猛烈，无论有多少人发言，都要以理为基础。要注意评论的态度和气氛，要坦率诚恳，不要轻易以言词伤人，也不要起哄抬杠。

（4）在评论中要允许卖方辩解。这不仅是对卖方谈判人员人格的起码尊重，而且买方可以了解更多的情况，对于组织后续的"进攻"更有好处。如果不耐心听取卖方解释，可能会错过抓住对方短处的机会，继续谈判就会缺少针对性，从而变得被动。

知识素养二 报价策略

一、报价顺序

谈判过程进入报价阶段以后,谈判人员面临的第一个问题就是由哪方首先提出报价。孰先孰后的问题,不仅是形式上的次序问题,而且是会对谈判过程的发展产生巨大的影响,因而关系到双方的切身利益。安排得当,则可使己方处于主动地位,推动谈判结果向着利于己方的方向发展;如果处理不当,则可能使己方陷于被动,对己方利益造成不可弥补的损失。为此,谈判人员必须事先对这个问题进行周密的考虑和妥善安排。报价先后顺序分为两种,即先报价和后报价。先报价和后报价对于谈判双方各有利弊。

(一)先后报价的利弊

在这种价格型商务谈判中,究竟是先报价有利? 还是后报价有利? 平心而论,两者各有利弊。

1. 先报价的利弊

无论是卖方还是买方先报价其有利之处在于:对商务谈判影响较大,而且为商务谈判划定了一个框架,即便是报出来的价格很高或很低,只要对方能坐下来商务谈判,结果往往对先报价者有利。

案例链接 6-1

北京服装检测中心的工作人员曾经公开说过,北京市场上的服装,往往高出进价的 3~6 倍。如果一套衣服进价是 300 元,标价则为 900 元。请问,购买者还价会还到多少呢? 一般还价是 800 元、700 元,就不得了了;还到 600 元,算是很有勇气了。买主很少敢还到 500 元、400 元的,他们怕被卖主骂,怕被人瞧不起,所以,宁可不还价转身走人了事,免得招惹是非。而卖主往往在 500 元、400 元的价位上就愿意成交了,更何况买主愿意出 600 元、700 元,甚至 800 元呢? 所以说,卖主一天中只要有一人愿意在 900 元的价格上与他讨价还价,他就大大地成功了。

然而,先报价也有不利之处,因为你一旦先报价,首先就显示了你的报价与对方先掌握的价格之间的距离。如果你的报价比对方掌握的价格低,那么就使你失去了本来可以获得的更大利益。如果你的报价比对方掌握的价格高,对方会集中力量对你的价格发起攻击,逼你降价,而你并不知道对方掌握的价格,变成你在明处,对方在暗处,你往往在对方的攻击之下,不知把价格降在何处合理,以至于遭受了不必要的损失。

案例链接 6-2

1987 年,我国南平铝厂为进口意大利 B 公司的先进技术设备,派代表前往意大利进行商务谈判。对方极为重视这次商务谈判,派出公司总裁、副总裁和两名高级工程师组成的商务谈判团与中方进行商务谈判。商务谈判一开始,对方企图采用先报价、报高价的商务谈判手法,为商务谈判划定一个框架,在中方身上大砍一刀,获得大笔利润。所以,抛出了一个高于世界市场上最高价格的筹码,企图先声夺人地镇住中方商务谈判代表。中方主谈是南平铝厂精通技术,也精通商务谈判之道的厂长,他并没有被对方的策略所吓住,一边耐心地倾听B公司代表吹嘘他们公司的技术设备是世界第一,一边暗自想好了对付他们的策略。等到对方的报价、吹嘘完毕后,他很有礼貌地向对方说:"我们中国人是最讲究实际的,请把你们的图纸拿出来看看吧!"等到对方把图纸摊开,中方主谈不慌不忙地在图纸上比比划划、指指点点,中方肯定又内行地分析出来哪些地方不够合理、哪些地方又不如某某国家先进……眼看对方代表面面相觑,无法下台,中方主谈又很有心机地给他们一个台阶:"贵公司先进的液压系统是对世界铝业的重大贡献……"接着又不无讽刺地说,"……我们在 20 年前就研究过了。"B公司的商务谈判代表深深地被折服了,对方主谈由衷地说:"了不起,了不起! ……你们需要什么,我们就提供什么,一切从优考虑!"这一仗打得如此漂亮,以至于南平铝厂以极为优惠的价格引进了一套世界先进水平的铝加工设备,不仅为国家节约了一大笔外汇,而且使该厂处于全国同行中的先进行列。

分析上例,不难看出,意大利B公司的失败原因主要是由于先报价,给中方提供了可攻击之处。

2. 后报价的利弊

后报价的利弊似乎正好和先报价相反。其有利之处在于,对方在明处,自己在暗处,可以根据对方的报价及时地修改自己的策略,以争取最大利益。

案例链接 6-3

爱迪生还在某公司做电气技师时,他的某项发明就获得了专利权。一天,某公司经理派人把爱迪生找来,表示愿意购买他的发明专利,并问爱迪生希望要得到多少钱。爱迪生巧妙地回答:"我的发明对公司有怎样的价值,我并不清楚。请你说说吧!"这样,无形中把球踢给了对方,让经理先报价。经理果然先报价了:"40 万美元,怎么样?"爱迪生内心笑了……谈判很快就结束了。事后,爱迪生对别人说:"我原来只想把专利卖 5000 美元。因为其他实验还等着要用钱,所以再便宜我也肯卖的。"可见,爱迪生就是靠了这位经理的先报价,所以才及时地修改了自己的报价,得到了他意想不到的收获,也为他继续从事他的研究发明事业打下了经济基础。

然而,后报价的弊病也是很明显的,即被对方占了主动,而且必须在对方划定的框架内商务谈判,正如本节开头所举的服装例子一样,如果你不得不在标价 900 元的框架里进行商务谈判时(进价才 300 元),你要有多大的本事讨价还价才不吃亏呢?

3. 注意事项

关于先后报价孰优孰劣,要视具体情况而言。

一般地说,应注意以下几点:

(1)在高度竞争或是高度冲突的场合,先报价有利。

(2)在友好合作的商务谈判背景下,先后报价无实质性的区别。

(3)如果对方不是"行家"以先报价为好。

(4)如果对方是"行家",自己不是"行家",以后报价为好。

(5)双方都是"行家",则先后报价无实质性的区别。

另外,商务谈判的惯例是:①发起商务谈判者,一般应由发起者先报价;②投标者与招标者之间,一般应由投标者先报价;③卖方与买方之间,一般应由卖方先报价。

二、报价的策略

商务谈判的报价要讲究一定的策略,因为己方的利益和立场首先是通过最初的报价来实现的,实际的报价将对整个谈判的进程产生深刻的影响。采用策略的目的是为了使谈判能够顺利地进行下去,使对方更相信报价的合理性,以便在谈判中分割到更多的利益。在价格谈判中,报价策略主要有下面几个:

1. 高报价策略

价格谈判的报价起点一定要高,商务谈判中这种“开价要高,出价要低”的报价策略要足以震惊对方。谈判双方高报价的这种策略,是合乎常理的。从对策论的角度来看,谈判双方在提出各自的利益要求时,一般都有策略性虚报的成分。这种做法,其实已成为商务谈判中的惯例。同时,从心理学的角度来看,谈判者都有一种要求得到比他们预期得到的还要多的心理倾向。

2. 报价坚定从容策略

无论采取什么样的报价方式,表达都要十分坚定、干脆、从容,不能使用“大概”、“大约”、“估计”一类含糊其辞的语言。如果买方以第三方的出价低为由胁迫时,卖方应该明确声明:“一分钱,一分货”,并对第三方的低价毫不介意。

3. 优惠报价策略

谈判中由于各种条件不一样,要根据具体的情况,给予不同的报价,目的是使对方感觉得到了优惠。如因客户性质、购买数量、需求急缓、交易时间、交货地点、支付方式等方面的不同,就要给予不同的报价。对老客户或是需求量大的客户,为维持良好的客户关系或是建立起稳定的交易联系,可适当地实行价格折扣;对新客户,有时候为开拓新市场,亦可适当地让价;对某些需求弹性较小的商品,可适当实行高价策略;对对方急需的产品,价格则不宜下降。在支付方式上,使用一次付款的较分期付款或是延期付款时,价格需给予优惠。

4. 小单位报价策略

在价格谈判中,主要是为了迎合买方的求廉心理,使之感到便宜,将商品的计量单位细分,然后按照最小的计量单位报价,或是对产品的各个组成部分进行报价。

5. 对比报价策略

在价格谈判中,使用对比报价策略,往往可以增加报价的可信度和说服力。可以从以下方面进行对比:如将新产品的价格与老产品的价格进行对比,以突出新产品的价格优势;将本产品及其附加各种服务的价格与其他产品不附加各种服务的价格进行对比,以突出不同使用价值的不同价格;将本产品的价格与竞争者同一产品的价格进行对比,以突出相同产品的不同价格等。总之,报价的策略都应让对方感到物有所值,证明己方价格的合理性。

实训项目

实训练习一 价格解释和评论

1. 实训目的

了解商务谈判中价格解释应该包括的内容;掌握价格解释的策略和方法;对对方的价格解释要能够找出存在问题并进行评论。

2. 实训要求

(1)分析报价中包含的内容因素。

(2)找出对方报价中的问题。

(3)对对方报价进行评论。

3. 实训背景

1983 年日本某电机公司向我国出口其高压硅堆的全套生产线,其中技术转让费报价 2.4 亿日元,设备费 12.5 亿日元,包括了备件、技术服务(培训与技术指导)费 0.09 亿日元。

谈判开始后,营业部长松本先生解释:技术费是按中方工厂获得技术后,依据生产的获利提成计算出的。例如:生产 3000 万支产品,10 年的生产获利提成是 10%,平均每支产品销价 8 元。设备费按工序报价:清洗工序 1.9 亿日元;烧结工序 3.5 亿日元;切割分选工序 3.7 亿日元;封装工序 2.1 亿日元;打印包装工序 0.8 亿日元;技术服务费包括培训费,12 人每月培训为 250 万日元;技术指导人员费用 100 人每月 650 万日元。

背景介绍:(1)该日本公司技术有其独特优点,作为积极推销者,该公司首次进入中国市场,产品适合中方需要。

(2)清洗工序主要为塑料槽、抽风机一类器物;烧结工序主要为烧结炉及辅助设备;切割分选工序主要用切割机测试分选设备;封装工序主要为管芯和包装壳的封结设备和控制仪器;打印包装工序主要为打印机及包装成品的设备。此外,还有一些辅助工装夹具。

(3)该公司技术有一定先进性、稳定性,日方成品率可达 85%,而中方仅为 40%左右。

4. 实训过程

(1)分析卖方解释得如何?

(2)买方如何评论?

5. 实训评议

[实训提示]结合报价解释和报价评论内容对日方的报价进行分析评论。

实训练习二　我国在秋季广交会的大豆报价失败

1. 实训目的

了解商务谈判中价格的影响因素和价格中包含的因素,掌握报价策略。

2. 实训要求

(1)分析价格影响因素。

(2)掌握合理的报价策略。

3. 实训背景

某届秋季广交会,我国大豆成交价定为每吨 800 元人民币,比当时国际市场行情高了 200 元人民币,结果大多数客户都惊呆了,他们不明白中国方面的意图,连还价的意图都消失了,只好远离而去,以致这场交易遭受了失败。

4. 实训过程

(1)这场交易失败的原因是什么?

(2)如果你是卖方,应如何报价?

5. 实训评议

[实训提示]结合价格影响因素进行合理报价。

项目小结

价格是商品价值的表现形式。商品本身的价值以及市场供求状况决定了商品价格的高低,谈判对手的谈判能力也对价格具有较大的影响。

报价的原则:"最低可接纳水平"原则、利益最大化原则。报价解释时应注意的问题:报价要严肃、报价必须准确明白。

单纯的产品标价即为实际价格;反映商品使用价值的价格称为预期价格。预期价格完全与对方即将得到的好处联系在一起。对方认为价格贵的主要原因有以下几个方面:经济状况不佳或预算不够;片面地了解市场行情;经验性压价或试探性压价。在商务谈判中,卖方要对自己的价格作出合理解释,要把价格构成说清楚,让对方信服。具体要作好对货物价格、技术费用、技术服务费、技术资料费的解释。

买方对价格评论的目的是在讨价还价前挤出卖方价格中的水分。买方对价格评论时,要抓住对方短处,不达目的不松口;评论着力攻击其问题所在;自由发言,高度集中;以理压价;在评论中要允许卖方辩解。

报价先后顺序分为先报价和后报价两种。先报价和后报价对于谈判双方各有利弊。在价格谈判中,报价策略主要有以下几个:高报价策略、报价坚定从容策略、优惠报价策略、小单位报价策略、对比报价策略。

思考与案例分析

一、思考题

1. 影响双方成交价格的因素有哪些?
2. 报价的含义与报价的原则分别是什么?
3. 在谈判过程中如何采用灵活的报价方式?

二、案例分析

在一场涉及机械设备买卖的国际谈判中,谈判双方在价格问题上出现分歧,买方代表提出卖方所提供的设备价格比其他国家的同类产品价格要高出近10%。面对买方代表对价格的反对意见,卖方代表应如何应对?

项目七
商务谈判磋商阶段的策略与技巧

学习目标

一、知识目标

1. 熟悉讨价还价前的准备
2. 熟悉让步的原则和要求
3. 掌握讨价还价策略和让步策略

二、技能目标

1. 会灵活运用讨价还价策略和让步策略
2. 会正确分析和运用让步策略以达到自己的谈判目标

情境链接

周先生的"喊价有错"

前几年,周先生在 A 公司做营业部经理。在一次销售业务洽谈中,他先对买方喊价 40 万,买方和成本分析人员都深信 A 公司的产品只要 35 万就可以买到。一个月后,周先生和对方开始谈判,使出了自己最厉害的一招。他一开始就先说明原来的喊价有错,现在合理的开价应是 50 万元。听他说完,对方不禁对自己的估价开始怀疑起来,对方也不清楚 50 万的喊价到底是真还是假,最后无奈以 40 万的价格成交。

知识素养一　讨价还价

商务谈判过程中,当交易一方发盘之后,一般情况下,另一方不会无条件地接受对方的发盘,而会提出"重新报价"或"改善报价"的要求。发盘方在接到或听到对方的要求后经过修改报价或未修改报价,又向对方询盘。如果对方发盘即视为"还盘",俗称"还价"。如果受盘方接受或讨价方降低要求,即"让步"。显而易见,"讨价还价"有三层含义:一是讨价,二是还价,三是经历多次的反复磋商,一方或双方做出让步,才能促成交易双方达成一致意见。在讨价还价之前,必须进行市场调查研究,其调查研究的主要内容有:商品价格,市场变化情况,商品供求状况,交易商品的性能、规格以及商品近期动态,同种商品经营的竞争情况,同类商品的代用品,谈判对手的经营、财务等各种状况,以及交易双方有无其他购买或出售对象等各方面的情况。作为买方在讨价还价中应遵循"货比三家"的原则;作为卖方在讨价还价中要极力突出自己经营的商品的优良性、合理性、公平性的特点。只有这样,在讨价还价过程中方能促成谈判目标朝着对己方有利的方向发展。

一、讨价

讨价程序分为三个阶段，即"讨价—改善后的新价—新的讨价"。第一阶段为全面讨价，在这一阶段受盘方首次讨价可从全面入手，要求发盘方从整体上改善价格，重新发盘，这种讨价不限一次，根据情况有两次、三次或更多次才转入第二阶段的针对性讨价。而针对性讨价也不是一项，可能是两项或若干项。讨价时可同时要求几项，也可逐项讨价，依谈判者总体谈判策略而定。第三阶段是新的讨价，因为讨价一次并不一定能够得到对方的改善价格，所以最后仍然要从全面出发进行讨价。这就决定了正确的讨价步骤应是"讨价—改善后的新价—新的讨价"反复循环过程。讨价几次后才能还价，应根据价格分析情况与对方价格改善的状况而定。讨一次价，如果能得到对方一次再报来的改善价，表明对己有利，但是，正常情况下，所有商务谈判者都会固守自己的价格立场。只要对方报价没有大幅度的明显改进，说明对方仍留有较大的余地，此时受盘方应继续讨价直到对方价格有实质性改善，方能还价。在商务谈判过程中，要力促报价和还价由对方进行，以便己方掌握主动。

二、还价前的准备

对方的报价连同主要的合同条款一旦向我方提出之后，我方应立即仔细过目，对其全部内容包括细节部分，都要了如指掌。这些步骤实际上在报价阶段已经做到，紧接着应从以下两个方面开展工作。

1. 弄清对方为何如此报价

弄清对方为何如此报价，即弄清对方的真正期望。为此，在这一阶段要做到以下几点：

（1）检查对方报价的全部内容，询问如此报价的原因和根据，以及在各项主要交易条件上有多大的灵活性。

（2）注意倾听对方的解释和答复，千万不要主观臆测对方的动机和意图，不要代别人讲话。

（3）记下对方的答复，但不要加以评论，避免过早过深地陷入到具体的某一个问题中去，其目的是把谈判面铺得广一些。相反，当对方了解己方的意图时，应尽力使答复减少到最低限度，只告诉对方最基本的东西，掌握好分寸，切忌深入。

2. 判断谈判形势

判断谈判形势是为了对讨价还价的实力进行分析。这时首先需要弄清双方的真正分歧，估计出什么是对方的谈判重点，此时要区别以下几点：

（1）哪些是对方可以接受的，哪些是对方不能接受的。

（2）哪些是对方急于要讨论的。

（3）在价格和其他主要条件上对方讨价还价的实力。

（4）可能成交的范围。假如双方分歧很大，己方可以拒绝对方的报价，如果己方决定继续进行下去，就要准备进入下一回合的谈判。

此时，应采取下列具体做法来保证己方在还价过程中总的设想和意图得到贯彻。

①列出两张表：一张表包含己方原则上不能作出让步的问题和交易条件，可写成合同条款的形式；一张是则包含己方可以考虑让步或给予优惠的那些具体项目，最好附上数字，表明让

步幅度和范围。例如,己方可把对某商品的递价 20 元作为起始的价格,由此逐渐往上,30 元、35 元、40 元、45 元直到 50 元,并把 50 元定为让步上限,这就形成了一个阶梯式的让步数量范围。

②列一张问题表,以便会谈中掌握提问的顺序。例如,在进口谈判中,己方往往在其他各项主要合同条款已逐项地同对方拟定之后,最后才抛出价格条款,向对方还价。

③一场谈判往往旷日持久,需要许多回合的会谈。在还价阶段每一回合谈判开始时,要努力造成一种新的气氛,根据需要随时调整并提出新的会议日程。在每一回合谈判结尾时,对那些棘手的、双方相持不下的问题,重申己方的立场或再提一个新的解决方案,供对方仔细考虑。

三、讨价还价策略

讨价还价是商务谈判的一项重要内容。掌握谈判的基本原则、方法,并学会熟练地运用商务谈判的讨价还价技巧和策略,是取得谈判成功的保证。常见的讨价还价策略有:

1. 吹毛求疵

在价格磋商中,还价者为了给自己制造理由,也为了向对方表明自己是不会轻易被人蒙骗的精明内行,常常采用"吹毛求疵"的技巧。其做法通常是:

①百般挑剔。买方针对卖方的商品,想方设法寻找缺点,"横挑鼻子竖挑眼"、"鸡蛋里挑骨头",并夸大其词、虚张声势,以此为自己还价提供依据。

②言不由衷。还价者对本来满意之处,却表示不满意,并故意提出令对方无法满足的要求,表明自己"委曲求全",以此为自己的还价制造借口。

商务交易中的大量事实证明,"吹毛求疵"不仅可行,而且富有成效。它可以动摇卖方的自信心,迫使卖方接受买方的还价,从而使买方获得较大的利益。需要注意的是,"吹毛求疵"不能过于苛刻,应合乎情理和取得卖方的理解。否则,卖方会觉得买方缺乏诚意,买方的伎俩甚至会被卖方识破。

2. 目标分解

讨价还价是最为复杂的谈判战术之一。是否善于讨价还价,反映了一个谈判者的综合能力与素质。讨价还价的范围不只局限在要求对方降价或己方降价的问题上。例如,一些技术交易项目,或大型谈判项目涉及许多方面,技术构成也比较复杂,包括专利权、专有技术、人员培训、技术资料、图纸交换等方面。因此,在对方报价时,价格水分较大。如果己方笼统地在价格上要求对方作机械性的让步,其效果会因为己方盲目的举动而不甚理想。而比较好的做法是,把对方报价的目标分解,从中寻找出哪些技术是为己方所需,其价格应是多少,哪些技术是不为己方所需,哪一部分价格水分较大。这样,对各个部分了如指掌,讨价还价自然得心应手。

案例链接 7-1

我国一家公司与德国仪表行业的一家公司进行一项技术引进谈判。对方向我方转让继电器的生产技术,价格是 40 万美元。德方依靠技术实力与产品名牌,在转让价格上坚持不让步,双方僵持不下,谈判难以进展。最后我方采取目标分解策略,要求德商就转让技术进行分项报价。结果,通过对德商分项报价的研究,我方发现德商提供的技术转让明细表上的一种时间继电器元件——石英振子技术,我国国内厂家已经引进并消化吸收,完全可以不再引进。以此为突破口,我方与德方洽商,逐项讨论技术价格,将转让费由40万美元降至25万美元,取得了较为理想的谈判结果。

运用这一策略的另一种方式,就是将目标分解后,进行对比分析,以此增强说服力。例如,一家药品公司向兽医们出售一种昂贵的兽药,价格比竞争产品高出很多,所以,销售人员在向兽医们推销时,重点强调每头牛只需花3美分,这样价格就显得微不足道了;但如果他们介绍每一包要花30美元,显然就是一笔大款项。

3. 最大预算

运用"最大预算"的技巧,通常是在还价中一方面对卖方的商品及报价表示出兴趣,另一方面又以自己的"最大预算"为由来迫使卖方最后让步和接受自己的出价。例如,经过讨价,卖方已将某货物的报价由15万元降至13万元,买方便说:"贵方这批货物我们很想购买。但是,目前我公司总共只有11万元的购货款,如果能按这个价格成交,我们愿今后与贵方保持合作关系。"这样,买方采用"最大预算"的技巧做出了11万元的还价,实现了交易。

运用这种技巧应注意:

①掌握还价时机。经过多次价格交锋,卖方报价中的水分已经不多,此时以"最大预算"的策略还价,可最后一次迫使卖方作出让步。

②判断卖方意愿。一般卖方成交心切,易于接受己方"最大预算"的还价,否则,卖方会待价而沽,实行"少一分钱也不卖"的战术。

③准备变通办法。一旦卖方不顾及买方"最大预算"是否属实,仍坚持原有立场,买方须有变通办法:一是固守"最大预算",对方不让步,己方也不能让步,只好以无奈为由中断交易;二是维护"最大预算",对方不让步,己方作适当让步,可以酌减某项交易内容或者后补价款,便于以此为台阶实现交易。

4. 最后通牒

最后通牒原指一国对另一国提出的必须接受其要求,否则将使用武力或采取其他强制措施的外交文书,是一种一方向另一方施加强大压力的手段。还价中采用"最后通牒",即指买方最后给卖方一个出价或期限,卖方如不接受,买方就毅然退出谈判。这种技法,经常为还价者所施行,但要取得成功须注意以下各点:

①"最后通牒"的出价应使卖方有接受的可能性,一般不能低于卖方的保留价格。

②给卖方"最后通牒"的时机要恰当,一般是在买主处于有利地位,或买方已将价格提高到接近理想价格时,才发出"最后通牒"。

③发出"最后通牒"前,应设法让卖方已有所投入,例如,先就与主要问题有联系的次要问题达成协议,让卖方在时间、精力、选择余地各方面先作出耗费等。这样,待卖方的投入已达到一定程度时,再抛出"最后通牒",可使其欲罢不忍。

④"最后通牒"的依据要过硬,要有较强的客观性和不可违抗性,例如,可以援引有关的法律规定、政策条文、商务惯例、通行的价目表或本公司的财务制度等来支持己方的立场,使卖方不好反驳。

⑤"最后通牒"的言辞不要过硬,言辞太锋利容易伤害卖方的自尊心,而言辞比较委婉易于为卖方考虑和接受。

⑥"最后通牒"也要留有弹性。还价中的"最后通牒"并不是非要把卖方逼上梁山,即要么接受条件,要么使谈判破裂,而是迫使卖方再作让步的一种手段。此时,如果卖方迫于压力作

出较大让步并接近己方条件,应考虑适可而止。若经最后较量,卖方仍坚守立场,为了实现交易,买方也可自找台阶。例如可以说:"这个价格贵方还不能接受,最多再加 2% 的手续费,否则,就很难再谈下去了。"当年中方代表在中国入世的谈判中曾经甩手而去:"你们要是一点也不让步,这个谈判我不谈了!"为了中国在国际贸易中的利益,后来中方又找到美国等谈判方,要求重新谈判。当时正好原先的关税贸易总协定改为世界贸易组织,中方面对美方谈判代表的说辞,回答到:"我们是复关不谈了,但是入世我们还要继续谈!"就这样,中方又回到了谈判桌上,并取得了最后的胜利。

5. 感情投资

在讨价还价中,双方的磋商和辩论似乎只是实力和意志的较量,谈不上感情因素的作用,其实不然。许多谈判的顺利推进,甚至一些棘手问题的最终解决,往往就是凭借当事双方业已存在的感情基础和良好的关系。事实上,谈判中的人际关系因素至关重要。想要影响对方,那么首先就应该为对方所认可;想使己方在谈判中提出的各种理由、各项意见能被对方认真倾听和充分接受,最有效的办法就是必须首先和对方建立起信任和友情。从还价的角度来说,感情投资能够为还价被对方所接受铺平道路。还价中,感情投资的运用一般有以下要求:

①要正确对待谈判,正确对待对手。整个谈判过程,要遵循平等、互利原则,从大局出发,互谅互让。要把谈判中的各种分歧视为合作的机缘,善于寻求共同利益,求同存异。同时,对于谈判对手,必须充分尊重,而绝不应敌视。要做到台上是对手,台下是朋友,要注重展示自己的修养和人格魅力。

②价格谈判中,对于一些较为次要的问题,可不过分计较并主动迎合对方,使对方觉得能够站在其角度考虑问题,从而赢得对方好感。

③注意利用谈隙中的间隙机会,谈论业务范围以外对方感兴趣的话题,如体育比赛、文艺节目、时事新闻、当地的土特产、人文掌故、名胜古迹等,借以增加交流,增进友情。

④对于彼此之间有过交往的谈判对手,要常叙旧,回顾以往合作的经历和取得的成功,增强此次合作的信心。

6. 投石问路

投石问路策略的具体运用,是卖方发盘之后,买方不马上还盘,而是提出种种假设条件下的商品售价问题,这样既能保持"平等信赖"的气氛,又有利于还价前对卖方情况的进一步掌握。买方可在卖方的回答中搜集可能出现的对己有利的信息,以便及时抓住机会。买方提出的假设条件诸如:假如我们的订货数量加倍或减半呢?假如我们与你们签订一年或更长时期的合同呢?假如我们以现金支付或分期付款呢?假如我们供给你工具或其他机器设备呢?假如我们在淡季接你的订单呢?假如我们买下你们的全部商品或同时购买好几种商品呢?这种种假设条件,每一条就像一块石头能使买方进一步了解卖方的商业习惯和动机。卖方面对着许多买方提出的这些相关的问题,想要拒绝回答并不容易。所以许多卖方宁愿降低其价格,也不愿意接受这种"疲劳轰炸"的询问。卖方在买方提出"石头"之后,要仔细考虑后再答复。通常有下述办法成为"投石问路"的对策。

(1)找出买方真正想要购买的东西,因为任何买方不可能对所有商品感兴趣。

(2)切记不要对"假如"的要求马上估价。

(3)如果买方提出一个"石头",最好立刻要求买方以订货作为条件。

(4)并不是买方的每个问题都值得回答,卖方可以要求买方作出"保证",这可以反过来摸清买方的诚意。

（5）有的问题应该花一段很长的时间来回答，也许比限制买方的截止期还要长些。

（6）反问买方是否准备马上订货。当买方听到提问以后，也许会接受报价。

卖方要将买方所提出的"石头"变成一个很好的机会，以提出种种附加条件的方式反请买方考虑，以在谈判中占据主动。

案例链接 7-2

某食品加工厂为了购买某种山野菜与某县土产公司进行谈判。在谈判过程中，食品加工厂的报价是每千克山野菜15元。为了试探对方的价格"底牌"，土产公司的代表采用了投石问路的技巧，开口报价每千克山野菜22元，并摆出一副非此价不谈的架势。急需山野菜的食品加工厂的代表急了："市场的情况你们都清楚，怎么能指望将山野菜卖到每千克18元呢？"食品加工厂的代表在情急之中暴露了价格"底牌"，于是土产公司的代表紧追不放。"那么，你是希望以每千克18元的价格与我们成交？"这时，食品加工厂的代表才恍然大悟，只得无奈地应道："可以考虑。"最后，双方真的以每千克18元的价格成交，这个结果比食品加工厂原定的成交价格要高出3元钱。如果土产公司的代表不是巧妙地运用投石问路的技巧揭出对方的"底牌"，是很难找到一个如此合适的价位与对方成交的。

知识素养二　适当让步

在商务谈判的磋商阶段，对己方条件作一定的让步是双方必然的行为。如果谈判双方都坚持自己的立场而丝毫不让步的话，谈判永远也达不成协议，谈判追求的目标也就无法实现。谈判者都要明确他们要求的最终目标，明确为达到这个目标可以或愿意作出哪些让步，以及作出多大的让步。让步本身就是一种策略，它体现了谈判者用主动满足对方需要的方式，来换取己方需要的精神实质。如何运用让步策略，是磋商阶段最为重要的事情。

一、让步的原则和要求

1. 维护整体利益

让步的一个基本原则是整体利益不会因为局部利益的损失而造成损害。相反，局部利益的损失是为了更好地维护整体利益。谈判者必须清楚局部利益、整体利益。让步只能是局部利益的退让和牺牲，而整体利益必须得到维护。因此，让步前一定要清楚什么问题可以让步，什么问题不能让步，让步的最大限度是什么，让步对全局的影响是什么等。以最小让步换取谈判的成功，以局部利益换取整体利益是让步的出发点。

2. 明确让步条件

让步必须是有条件的，绝对没有无缘无故的让步。谈判者心中要清楚，让步必须建立在对方创造条件的基础上，而且对方创造的条件必须有利于己方的整体利益。当然，有时让步是根据己方策略或是根据各种因素的变化而作出的。无论如何，让步的代价一定要小于让步所得到的利益。要避免无谓的让步，要用我方的让步换取对方在某些方面的相应让步或优惠。

3. 选择好让步时机

让步的时机要恰到好处,不到需要让步的时候绝对不要作出让步的许诺。让步之前必须经过充分的磋商,时机要成熟,使让步成为画龙点睛之笔,而不要变成画蛇添足。一般来说,当对方没有表示出任何退让的可能,让步不会给己方带来相应的利益,也不会增强己方讨价还价的力量,更不会使己方占据主动的时候,不能作出让步。

4. 确定适当的让步幅度

让步可能是分几次进行的,每次让步都要让出自己一部分利益。让步的幅度要适当;让步的节奏也不宜过快。

5. 不要承诺作出与对方同等幅度的让步

即使双方让步的幅度相当,但是双方由此得到的利益却不一定相同,不能单纯从数字上追求相同的幅度。我们可以让对方感到己方也作出了相应的努力,以同样的诚意作出让步,但是并不等于幅度是对等的。

6. 在让步中讲究技巧

在关键性问题上力争使对方先作出让步,而在一些不重要的问题上己方可以考虑主动作出让步姿态,促使对方态度发生变化,争取对方的让步。

7. 不要轻易向对方让步

商务谈判中双方作出让步是为了达成协议而必须承担的义务。但是必须让对方懂得,己方每次作出的让步都是重大的让步,使对方感到必须付出重大努力之后才能得到一次让步。这样才会提高让步的价值,也才能为获得对方的更大让步打下心理基础。

8. 每次让步后要检验效果

己方作出让步之后要观察对方的反应,对方相应表现出的态度和行动是否与己方的让步有直接关系,己方的让步对对方产生了多大的影响和说服力,对方是否也作出相应的让步。如果己方先作出让步,那么在对方作出相应的让步之前,就不能再作出任何让步。

二、让步实施策略

在谈判的磋商过程中,每一次让步不但是为了追求自己利益的满足,同时还要充分考虑到对方利益的最大满足。谈判双方在不同利益问题上相互给予对方让步,以达成谈判和局为最终目标,以己方的让步换取对方在另一问题上的让步的策略,称为互利互惠的让步策略;在时空上,以未来利益上的让步换取对方近期利益上的让步,称为予远利谋近惠的让步策略;若谈判一方以不作任何让步为条件而获得对方的让步也是有可能的,称为己方丝毫无损的让步策略。

1. 互利互惠的让步策略

谈判不会仅仅有利于某一方,一方作出了让步,必然期望对方对此有所补偿,以获得更大的让步。争取互惠式让步,需要谈判者具有开阔的思路和视野,除了某些己方必须得到的利益必须坚持以外,不要太固执于某一个问题,而应统揽全局,分清利害关系,避重就轻,灵活地使本方的利益在某方面得到补偿。

为了能顺利地争取对方互惠互利的让步,商务谈判人员可采取的技巧是:

(1)当己方谈判人员作出让步时,应向对方表明,作出这个让步是与公司政策或公司主管的指示相悖的。因此,己方作出这样一种让步,即贵方必须在某个问题上有所回报,这样回去也好向上级交代。

（2）把己方的让步与对方的让步直接联系起来，表明己方可以作出这次让步，只要在己方要求对方让步的问题上能达成一致，就能达到互利互惠。

比较而言，前一种技巧言之有理，理中有情，易获得成功；后一种技巧则直来直去，比较生硬。

2. 予远利谋近惠的让步策略

在商务谈判中，参加谈判的各方均持有不同的愿望和需要。有的对未来很乐观，有的则很悲观；有的希望马上达成交易，有的却希望能够等上一段时间。因此，谈判者自然也就表现为对谈判的两种满足形式，即对现实谈判交易的满足和对未来交易的满足，而对未来的满足程度完全凭借谈判人员自己的感觉。

对于有些谈判人员来说，可以通过给予其期待的满足或未来的满足而避免给予其现实的满足，即为了避免现实的让步而给予对方以远利。我们可以通过强调保持与我方的业务关系将能给对方带来长期的利益，而本次交易对是否能够成功对建立双方之间的这种长期业务关系是至关重要的，向对方说明远利和近利之间的利害关系。如果对方是一个精明的商人，是会取远利而弃近惠的。而对本方来讲，只是给对方一个期待的满足，并未付出什么现实的东西，却获得了近惠。

3. 丝毫无损的让步策略

丝毫无损的让步是指己方所作出的让步不会给己方造成任何损失，同时还能满足对方一些要求或形成一种心理影响，产生诱导作用。在谈判过程中，当谈判对手就其一个交易条件要求我方作出让步时，在己方看来其要求确实有一定的道理，但是己方又不愿意在这个问题上作出实质性的让步，可以采用一些无损让步方式，即首先认真地倾听对方的诉说，并向对方表示："我方充分地理解您的要求，也认为您的要求是有一定的合理性的。但就我方目前的条件而言，因受种种因素的限制，实在难以接受您的要求。我们保证在这个问题上给予其他客户的条件绝对不比给您的好，希望您能够谅解。"如果不是关键问题，对方听了上述一番话以后，往往会自己放弃要求。

谈判是一门艺术。人们对自己争取某个事物的行为的评价并不完全取决于最终的行为结果，还取决于人们在争取过程中的感受。有时感受比结果还重要。己方要认真倾听对方的意见，肯定其要求的合理性，满足对方受人尊敬的要求，保证其条件待遇不低于其他客户。进一步强化这种受人尊敬需求的效果，可以迎合人们普遍存在互相攀比、横向比较的心理。

知识链接 **7-1**

莎士比亚曾经说过："人们满意时，就会付出高价。"以下的每个让步都会提高对方的满意程度，而己方又丝毫无损：

- 注意倾听对方所说的话。
- 尽量给对方最圆满的解释，使其满意。
- 如果承诺了某些话，就要证明给对方看。
- 即使是相同的理由，也要一再地说给对方听。
- 对待对方要温和而有礼貌。
- 向对方保证其他顾客的待遇都没有如此之好。

- 尽量重复指出这次交易将会提供给对方完美的售后服务。
- 向对方说明其他有能力及受尊敬的人也作了相同的选择。
- 让对方亲自去调查某些事情。
- 如果可能,向对方保证未来交易的优待措施。
- 让公司中高级主管亲自出马,使对方更满意而有信心。
- 让对方了解商品的优点及市场的情况。

假如你是卖方,又不愿意在价格上作出让步,你可以在以下几方面作出无损让步:

- 向对方表示本公司将提供质量可靠的一级产品。
- 将向对方提供比给予别家公司更加周到的售后服务。
- 向对方保证给其待遇将是所有客户中最优惠的。
- 交货时间上充分满足对方要求。

这种无损让步目的是在保证己方实际利益不受损害的前提下,使对方得到一种心理平衡和情感愉悦,避免对方纠缠某个问题,迫使我方作出有损实际利益的让步。

三、让步方式

从价格谈判来看,谈判各方不仅要明确各自追求的目标,同时应当明确为了达到这一目标必须作出的让步。可见,让步本身就是一种策略,它体现了谈判者以满足对方需要的方式来换取自身需要的满足这一实质。然而,价格谈判中的具体让步方式是多种多样的。下面,我们通过一个卖方让步的实例来加以说明。

某卖方,初始报价300元,理想价格为200元,该卖方为达到预期目标需作出的让步即为100元(300-200),假定双方共经历四轮让步,常见的让步方式可归结为八种。如表7-1所示。

表7-1 八种不同的让步方式

让步的方式	第一次	第二次	第三次	第四次
冒险型	0	0	0	100
刺激型	25	25	25	25
诱发型	10	20	30	40
希望型	40	30	20	10
妥协型	45	30	20	5
危险型	99	0	0	1
虚伪型	90	10	-1	1
低劣型	100	0	0	0

第一种让步方式:这是一种较坚定的让步方式。它的特点是在价格谈判的前期和中期,无论买方作何表示,卖方始终坚持初始报价,不愿作出丝毫的退让,而到了谈判后期才迫不得已作出大的退让。这种让步方式容易使谈判形成僵局,甚至可能导致谈判的中断。我们把这种让步方式称为"冒险型"。

第二种让步方式:这是一种以相等或者近似相等的幅度逐轮让步的方式。这种方式的特点是使买方每次的要求和努力都能得到满意的结果,但也会因此刺激买方坚持不懈的努力,以取得卖方的继续让步,而一旦停止让步,就很难说服买方,并有可能造成谈判的中止或破裂。我们把这种让步方式称为"刺激型"。

第三种让步方式:这是一种让步幅度逐轮增大的方式。在实际价格谈判中,应尽量避免采取这种让步方式。因为这样会使买方还价的期望值越来越大,并会认为卖方软弱可欺,从而助长买方的谈判气势,很可能使卖方遭受重大损失。这种让步方式可以称为"诱发型"。

第四种让步方式:这是一种让步幅度逐轮递减的方式。这种让步方式的特点在于:一方面表现出卖方的立场越来越强硬;另一方面又会使买方感到卖方仍留有余地,从而始终抱有继续讨价还价的希望。因此,我们把这种让步方式称为"希望型"。

第五种让步方式:这是一种开始先作出一次大的退让,然后让步幅度逐轮急剧减少的方式。这种让步方式的特点是:它既向买方显示出卖方的谈判诚意和妥协意愿,同时又巧妙地暗示出卖方已作出了巨大的牺牲和尽了最大的努力,进一步的退让已近乎不可能。这种让步方式可以称之为"妥协型"。

第六种让步方式:这是一种开始让步幅度极大,接下来则坚守立场、毫不退让,最后一轮又作了小小的让步的方式。这种让步方式,充分表明了卖方的成交愿望,也表明进一步的讨价还价是徒劳的;但开始的巨大让步也会大幅度地提高买方的期望,虽然之后卖方态度转为强硬会很快消除这一期望,可是买方很高的期望一旦立即化为泡影往往又会难以承受,从而将影响谈判的顺利进行。另外,开始就作出巨大让步,可能会使卖方丧失在较高价位成交的机会。我们把这种让步方式称为"危险型"。

第七种让步方式:这是一种开始作出大的让步,接下来又作出让步,之后安排小小的回升,最后又被迫作一点让步的方式。这是一种较为奇特和巧妙的让步技法,往往能操纵买方心理。它既可表明卖方的交易诚意和让步已达到极限,又可通过"一升一降"使买方得到一种心理上的满足。我们把这种让步方式称之为"虚伪型"。

第八种让步方式:这是一种开始便把自己所能作出的全部让步和盘托出的方式。这种让步方式,不仅会在谈判初期大大提高买方的期望值,而且也没有给卖方留出丝毫的余地,而后几轮完全拒绝让步,既缺乏灵活性,又容易使谈判陷入僵局;开始即作出全部让步,也会使卖方可能损失不该损失的利益。这种让步方式可以称为"低劣型"。

从八种让步方式中可以看出,不同的让步方式传递着不同的信息,对对方形成不同的心理作用,也对谈判进程和结果有着不同的影响。在实际的价格谈判中,较为普遍采用的让步方式,是上面第四种"希望型"和第五种"妥协型"的让步方式。它们的特点是:让步的幅度是逐轮递减的,以此向对方暗示正在逼近让步的极限值,同时,为顺利达到或接近双方的成交价格铺平了道路。

知识链接 7-2

让步策略的运用,要注意遵循一些基本的原则,这些原则大体是:

(1)注意选择让步的时机。

(2)在重要的关键性问题上要力争使对方先作出让步。

(3)不要让对方轻易从己方手中获得让步的许诺。

(4)不要承诺作出与对方同等幅度的让步。

(5)让步要有明确的导向性和暗示性。

(6)要注意使己方的让步同步于对方的让步。

(7)一次让步的幅度不宜过大,让步的节奏也不宜过快。

(8)让步之后如觉得不妥,可以寻找合理的借口推倒重来。

案例链接 7-3

减价方式的实例

我国某口岸机械进出口公司欲订购一台设备,在收到了报价单并经过估价之后,决定邀请拥有生产该设备先进技术的某西方国家客商前来我国进一步洽谈。在谈判中,双方暗中讨论了价格问题。一开始我方表示愿意出价 10 万美元,而对方的报价则是 20 万美元——同其报价单上所开列的价格完全一样。在比较了第一回合各自的报价之后,双方都预计可能成交的价格范围为 14 万~15 万美元之间,但他们还估计要经过好几个回合的讨价还价,双方才可能就价格条款取得一致意见。

如何掌握以后的减价幅度和节奏呢?有关人员进行了讨论,认为可以有以下几种方式:

第一种减价方式。向对方提出:"原先我方出价 10 万美元,而你方要价 20 万美元。为了取得一致,消除差距,咱们双方最好都互谅互让。公正地说,14 万美元这个价格兼顾了双方的利益,因而比较现实,你能否考虑接受呢?"这看上去是十分合情合理的要求,实际上是一个典型的过大过快的减价模式,表现我方急于成交。这时如果对方抓住我方急于成交的弱点,猛压我方,我方就再也没有回旋余地了。

第二种减价方式。向对方表示我方愿意考虑的减价不超过 5000 美元,即由原报价 10 万美元增加到 10.5 万美元。可是这样的提价显得微不足道,会使对方觉得我方缺乏达成协议的诚意。

第三种减价方式。这是一种比较稳妥的方式。由 10 万美元增到 11.4 万美元,然后依次增加,不过增加的幅度越来越小。我方以此方案与对方进行了讨价还价,前四个回合双方的出价及减价幅度如表 7-2 所示。

表 7-2 买卖双方出价及减价幅度表

轮回次数	卖方出价(万)	买方出价(万)	卖方递减额(万)	买方递减额(万)
第一回合	20	10		
第二回合	17.5	11.4	2.5	1.4
第三回合	16.0	12.7	1.5	1.3
第四回合	14.7	13.5	1.3	0.8

到第四个回合结束时,双方出价离各自的期望值已经不远,最后很有可能以 14 万美元的价格拍板成交。这个例子中双方的减价方式是谈判中最普遍的减价模式。当买卖双方有做成交易的愿望,并希望彼此不伤和气时大都采用这种减价模式。在一般情况下,买方处在比卖方较为有利地位。上例中可以看出买方的提价幅度,较之卖方的减价幅度要小一些。当然,减价的具体形式很多,而且在具体运用上要视双方的反应而灵活地掌握,切忌一成不变地固守一种模式。减价的基本要点可以归纳为:假如己方是买方,从一开始就只作小的减价,并在此之后

始终坚持缓慢的减价;而己方若是卖方,则开始所做的减价可以稍大一些,以后再缓慢地减价。

另外有关的减价事项应注意的是:第一,在决定减价之前,先不要向对方透露减价的具体内容及己方已打算减价,其具体内容要等一等再亮给对方,以期换取对方作相应减价的承诺时,己方可以说:"我们暂时把这个问题先放一放,我想,这个问题以后若要解决是不太困难的。"第二,以我方减价的许诺来谋求对方也同样作出减价。假如我方想以价格上的折扣为条件来换取对方在交货期限上的减价,则不妨可以说:"要让我方在价格上再作变动,那实在使我方感到为难了。不过,如果贵方在交货期这个问题上还有进一步协商的余地,我想这大概会有助于我方对价格问题重新作一番考虑。但是在目前的情况下,这种考虑恐怕是不现实的。那么关于交货期限,贵方的意见如何,我们能不能现在就谈一谈。"

最后需要说明,由于交易的内容和性质不同,双方的利益需求和谈判实力不同,以及其他各方面因素的差异,价格谈判中的让步方式不存在固定的模式,而通常表现为几种让步方式的组合,并且,这种组合还要在谈判中根据具体的实际情况不断地调整。

实训项目

商务谈判讨价还价策略

实训练习一

1. 实训目的

掌握谈判中讨价、还价等价格磋商的策略和技巧。

2. 实训要求

根据背景资料拟写谈判方案,制订出你认为合适的谈判目标,并尽可能提出支持你的谈判目标的合理理由。

3. 实训背景

在电脑市场里,你拿到了近期电脑的报价单,准备买一台电脑,并确定了你的电脑配置:CPU1000元、内存400元、主板800元、硬盘600元、显示器1200元、机箱300元、音箱300元、鼠标键盘100元,同样配置的品牌电脑的价格为5660元。经过对几家电脑店铺的询价,感觉还是有很大的还价空间,原因是:市场竞争激烈;商家明确表示还可以优惠;学生应该是电脑市场的购买主力。

4. 实训过程

(1)学生自己组建谈判小组,每个小组不超过4人。

(2)每两个小组组成一对买卖双方。

(3)卖方谈判组拟写出一份己方的产品报价单,买方根据自己的谈判目标与卖方进行讨价还价的磋商。

(4)由每组成员中的记录员记录下模拟谈判的整个过程,并总结出各方在谈判中使用的讨价还价策略。

(5)谈判双方分别对对方的讨价还价策略和技巧进行评议,并形成书面报告。

实训练习二

1. 实训目的

掌握谈判中进行价格磋商讨价还价的技巧。

2. 实训要求

能够分析实训背景中所采用的讨价还价策略，并应用于实践中。

3. 实训背景

有一次，某百货商场的采购员到一家服装厂采购一批冬季服装。采购员看中一种皮夹克，问服装厂经理："多少钱一件？""500元一件。""400元行不行？""不行，我们这是最低售价了，再也不能少。""咱们商量商量，总不能要什么价就什么价，一点也不能降吧？"服装厂经理感到，冬季马上到来，正是皮夹克的销售旺季，不能轻易让步，所以很干脆地说："不能让价，没什么好商量的。"采购员见话已说到这个地步，没什么希望降价，扭头就走了。

过了两天，另一家百货商场的采购员又来了。他问服装厂经理："多少钱一件？"回答依然是500元。采购员又说："我们会多要你的，采购一批。最低可多少钱一件？""我们只批发，不零卖，今年全市批发价都是500元一件。"这时，采购员不再还价，而是不慌不忙地检查产品。过了一会儿，采购员讲："你们的厂子是个大厂，质量信得过，所以我到你们厂来采购。不过，你的这批皮夹克式样有些过时了；去年这个式样还可以，今年已经不行了，而且颜色也单调，你们只有黑色的，而今年皮夹克的流行色是棕色和天蓝色。"他边说边看其他的产品，突然看到有一件缝制得马虎，口袋有裂缝，马上对经理说："你看，你们的做工也不如其他厂子精细。"他又边说边检查，又发现有件衣服后背的皮子不好，便说："你看，你们这衣服的皮子质量也不好，现在顾客对皮子的质量要求特别讲究，这样的皮子和质量怎么能卖这么高的价钱呢？"这时，经理沉不住气了，并且自己也对产品的质量产生了怀疑。于是，经理用商量的口气说："你要真想买，而且要得多的话，价钱可以商量，你给个价吧！""这样吧，我们也不能让你们吃亏，我们购50件，400元一件，怎么样？""价钱太低，而且你们买得也不多。""那好吧，我们再多买点儿，买100件，每件再加30元，行了吧？""好，我看你也是个痛快人，就依你的意见办！"于是，双方在微笑中达成了协议。

4. 实训过程

思考前一个采购员为什么没有成功，后一个采购员为什么成功了，他采用了什么讨价还价策略，在实际中应该注意什么问题。

5. 实训评议

结合讨价还价策略，分析成功的原因和注意的问题。

◤ 项目小结

讨价程序分为三个阶段，即"讨价—改善后的新价—新的讨价"。

还价前应该弄清对方为何如此报价，并判断谈判形势。

常见的讨价还价策略有：吹毛求疵，目标分解，最大预算，最后通牒，感情投资，投石问路。

让步本身就是一种策略，它体现了谈判者用主动满足对方需要的方式，来换取己方需要的精神实质。让步的原则和要求包括：维护整体利益；明确让步条件；选择好让步时机；确定适当的让步幅度；不要承诺作出与对方同等幅度的让步；在让步中讲究技巧；不要轻易向对方让步；每次让步后要检验效果。

让步实施策略包括：互利互惠的让步策略、予远利谋近惠的让步策略、丝毫无损的让步策略。让步方式包括：冒险型、刺激型、诱发型、希望型、妥协型、危险型、虚伪型、低劣型。

思考与案例分析

一、简答题

1. 还价前应该做哪些准备？

2. 常用的讨价还价策略有哪些？应该如何应用？

3. 让步的原则和要求主要包括哪些内容？

4. 如何很好地把握让步实施策略？

5. 让步各种方式有哪些利弊？

二、案例分析

以诚取信进取有度

甲方：中方代表　　　　　乙方：某国代表

乙方：一路辛苦了，休息得还好吧？

甲方：谢谢，这里风景真好，夜里极安静。

乙方：一年一度，今年又该商量了，您看怎么进行呢？

甲方：我是第一次到贵国，没有经验，请多关照。至于怎样进行，我看还是客随主便吧。

乙方：以往都是先就行市交换意见，然后商量价格。

甲方：好的。

乙方：按25000吨计算，一季度6000吨，二季度7000吨，三、四季度各6000吨。

甲方：好，就这么定了。品种呢？有变化吗？

乙方：还是红色的、紫红色的和奶佗色的吧。

甲方：我想除红色的、奶花色的外，将紫红色的改为花杂豆。这样，我们交货的时间就可以宽一点。

乙方：嗯，可以接受。

甲方：我还带来一些样品，这是黄的，这是黑的，这是圆粒褐斑的。如有兴趣，可以少订一些试试。

乙方：（反复看样后）这几个品种都可以考虑，有多少数量？

甲方：黄的有5000吨，不过，我建议你少要一些，外表不好看，煮熟后颜色不鲜艳。

乙方：好，就先订1500吨。黑色的，我们已经试用过了，很好，这次就多订些，2000吨。

甲方：其他的品种，请你们大体分一下吧。（乙提出了分品种数量，甲发现有些品种数量过多，无法保证交货，但不好明确拒绝。）另外，为了将来交货方便，我想在列明分品种数量的同时，加上一句话，即："在卖方实际交货时，各品种之间可以互相代替。"

乙方：这是不是意味着，各类品种的数量不固定了？

甲方：不是不固定，是基本固定，可能有变化。主要是担心在装船前凑不齐按品种分配的数量。因为是几个分公司同时装一条船，就不好保证在规定的时间内同时运到。如果各品种之间可以互相代替，我们在装船时就有了较大的机动性；保证按时开装，尽快离港，对你们也有好处。

乙方：看来你想得很周到，我接受你的意见，可以在合同中列明"各品种之间互相代替"这句话。

甲方：谢谢，这样我们双方就都可以避免被动。交货期和品种数量都订下来了，还有其他问题吗?

乙方:暂时没有其他问题了,只剩下价格了,您有什么想法吗?

甲方:我很悲观。我作为一个业务人员,不能不面对市场这个客观现实。根据杂豆市场的总趋势,我们是应该降价的;可是,又有另外一种因素,要求我们不但不应该降价,反而应该提价。

乙方:(吃惊)你说什么? 要提价? 这同你原来的态度很不协调!

甲方:是的,我是自相矛盾的。前面,我完全同意了你们对市场的看法,那是客观事实;但是,你我双方在以往的谈判中,都忽视了另外一种因素,而这个因素又是对市场趋势起着很大作用的。

乙方:什么因素? 难道还有另一个市场?

甲方:是的,这个市场就是中国。中国是世界上最大的杂豆生产国家,也是世界上最大的杂豆出口国家;中国的出口价格也是世界行市,中国本身就是最大的杂豆市场。你说这是不是事实?

乙方:(无可否认的)我忽略了,中国也是有代表性的杂豆市场,我们掌握有关的资料。

甲方:谢谢,您了解中国对××国家的杂豆出口价格吗?

乙方:还不知道。

甲方:我们在交易会上对××国家成交的价格是……该国既是世界上最大的杂豆进口市场之一,同时又是中国最大的杂豆出口市场。世界上最大的出口市场和世界上最大的进口市场之间所产生的价格,应该说是市场价格。您的意见呢?

乙方:我不能否认,中国也是市场。可正如您前面同意的,供求失衡,呈降价趋势是肯定的。

甲方:就世界性总的趋势讲是这样的,但中国的产量不但没有增加,反而减少了,因而我们在交易会上的成交数量比以往减少了许多。欧洲对杂豆的进口是减少的,但××国的需求量由于国内减产,进口量要增加,因此,我们对××国芸豆的成交价格上调了30%。但我们之间,不同于××国,我想只象征性地提一些,表示表示就算了。

乙方:(沉思)加多少?

甲方:请放心,15美元。按原价比例讲,只加了5%。

乙方:今天是否就谈到这里,明天再谈?

甲方:好的。

请回答以下的问题:

1. 根据商务谈判知识,对双方取得谈判成功的原因进行分析说明。

2. 本案例中,谈判双方采取了什么样的谈判方法? 说明其特点。

项目八
商务谈判僵局及其处理策略与技巧

学习目标

一、知识目标

1. 理解商务谈判僵局产生的原因
2. 掌握避免商务谈判僵局出现的策略及打破僵局策略
3. 掌握制造僵局或利用僵局达到自己谈判目的的策略

二、技能目标

1. 会合理地避免商务谈判僵局出现
2. 会在僵局出现时打破僵局
3. 会制造僵局或利用僵局达到自己的谈判目的

情境链接

美方公司利用僵局获得谈判优势

有一次,中、美两家公司进行贸易谈判。美方代表依仗自己的技术优势,气焰嚣张地提出非常苛刻的条件以致让中方无法接受,谈判陷入僵持状态,无法继续进行。这时,美国代表团中的一位青年代表约翰·史密斯先生站起来说:"我看,中方代表的意见有一定的道理,我们可以考虑。"美方首席代表对这突如其来的内部意见感到十分恼火,对约翰说:"你马上给我出去!"约翰只得退出会场。这时谈判会场更是乌云密布,会谈随时都会破裂。但此时美方的另一位代表向首席代表进言说:"是不是考虑一下,约翰说得也有些道理。"美方首席代表皱着眉头很勉强地点了点头。中方代表看见对方有些松动,就作了一些小让步,使会谈继续下去,并最终达成了协议。人们在为史密斯先生抱屈的时候是否想到,这一切都是美方预先设计好的策略。美方故意制造僵局,再利用内部的矛盾,使谈判在破裂的边缘上及时止步并使中方自愿作出进一步的让步。

知识素养一　商务谈判僵局

一、商务谈判僵局的概念

商务谈判僵局是指在商务谈判过程中,双方对所谈问题的利益要求差距较大,又都不肯作出让步,导致双方因暂时不可调和的矛盾而形成对峙,从而使谈判呈现出一种不进不退的僵持局面。

二、国际商务谈判僵局的形成

谈判中的僵局是因双方暂时不可调和的矛盾而形成的。虽然出现僵局不等于谈判破裂，但它严重影响谈判的进程，如不能很好地解决，就会导致谈判破裂。因此我们只有了解了僵局出现的原因，才能有针对性地利用和处理僵局。商务谈判僵局形成的原因可以概括为以下几点：

（一）商务谈判人员人为因素导致僵局

1. 素质低下，导致僵局

谈判人员素质不仅是谈判能否成功的重要因素，而且当双方合作的客观条件良好，共同利益较一致时，谈判人员素质高低往往是起决定性作用的因素。如果在谈判中某些谈判人员的素质欠佳，在谈判桌上争强好胜，一切从"能压住对方"出发，说话锋利刻薄，频频向对方发动攻势，甚至在一些细枝末节上也不甘示弱，甚至以揭人隐私为快事，伤害到对方的尊严，这样谈判自然就会陷入僵局。

2. 主观偏见，引起不满

在商务谈判中，偏见是导致僵局出现的常见因素。如果在谈判中由于一方人员从自身情感出发，甚至是带有严重的感情色彩，对对方或谈判议题提出一些不正确的意见或看法，就会导致双方共同讨论的议题无法达到一致的认可，很容易从主观上引起对方强烈的不满，造成僵局。

3. 言行不慎，伤人自尊

一些有经验的谈判专家认为，许多谈判人员维护个人的面子甚于维护公司的利益。如果在谈判中，一方感到丢了面子，即会奋起反击挽回面子，甚至不惜退出谈判。这时，这种人的心态处于一种激动不安的状况，态度也特别固执，语言富于攻击性，明明是一个微不足道的小问题，也毫不妥协退让，自然双方就很难继续交谈，使谈判陷入僵局。

（二）立场观点争执导致僵局

在实质性谈判过程中，如果双方总是在某一问题上各持一种立场，争执不下，并且谁也不愿意作出让步，这时双方真正的利益就会被这种表面的立场所掩盖，而且为了维护自己的面子，非但不愿作出让步，反而会用顽强的意志来迫使对方改变立场。于是，谈判变成了一种意志力的较量，最终导致僵局。

纠缠于立场的争执是低效率的谈判方式，它容易忽视双方各自的潜在利益，不容易达成明智的协议，而且由于久争不下，还会直接损害双方的感情，谈判者要为此付出巨大代价。一项商务谈判的立场背后会有许多的利益因素。商务谈判者必须彻底分析交易双方的利益所在，认清哪些利益对于己方是非常重要的，是绝不能让步的，哪些利益是可以让步的，是可以用来与对方交换的条件。在不分清利益因素的情况下，盲目地追求、坚持立场和原则，往往使谈判陷入僵局，或者使谈判彻底失败。立场观点的争执所导致的谈判僵局是比较常见的，因为人们最容易在谈判中犯立场观点性争执的错误，这也是形成僵局的主要原因。

（三）谈判双方实力不均，定位偏差导致僵局

参与各种商务谈判的企业往往存在着洽谈双方一方强、一方弱，一方大、一方小等差别。这种情况容易使双方在进入谈判时的角色定位产生偏差。在谈判中如果一方无视对方的存

在,滔滔不绝地论述自己的观点而忽略了对方的反应和陈述的机会,或者谈判的一方在谈判中沉默寡言,看似认真地倾听,但反应非常迟钝或不置可否,或者一方依赖某些心理战术的研究成果向对方施展阴谋诡计,设置圈套,迷惑对方,都会必然会使对方感到不满和反感,从而形成潜在僵局,有时情况还会更严重一些。

案例链接 8-1

入世谈判初美方所持态度

在中国入世谈判过程中,美国依仗财大气粗,谈判态度非常强硬。美国在关贸总协定历年谈判中的方式和态度都是:"我要求一、二、三、四,你必须做到一、二、三、四",而且,"在这些问题上没有谈判的余地"。美方与我方谈判的时候,一开始口气亦是如此。美国这一套强硬政策在关贸总协定谈判上屡屡得手,所以他们认为,谈判就是这么一场游戏。

但是恰恰中国人不吃这一套,所以双方谈判一开始并不是所谓实质性的谈判,而是对谈判态度的谈判。美国人花了五六年的时间,才适应了中国需要平等谈判地位这样一种要求。

在一次谈判中,美方一个代表就向中方代表提出,凡是美国出口的肉制品在经美方检验后,中方就无需进行检验。这种说法无论从哪个方面来讲都是毫无道理的。因为出口方的检验只是作为结汇的一个凭证,而进口方的检验则是作为索赔的凭证,而且中方完全应该并且有权利对进口商品进行检验。在谈判中,美方代表还攻击了我国国内市场肉制品的质量,完全不尊重中方,所以当时中方代表就中止了谈判。

在一段时间后,谈判继续进行,美方可能也察觉到自己行为不适,而且也看清楚了中方坚持原则,于是他们就改变了谈判方式和态度,从而使得谈判顺利进行。

(四)信息沟通不畅导致僵局

信息沟通不畅是指谈判双方在交流彼此情况、观点,洽商合作意向、交易条件等过程中可能遇到的由于主观或客观的原因所造成的理解障碍。

商务谈判始终离不开谈判双方的"说"和"听",很多僵局都是由于双方的信息沟通不畅造成的。在实际商务谈判中,有时谈判进行了很长时间却毫无进展,甚至双方争论了半天,搞得很不愉快,这可能是由于陈述方表达不到位,或受到翻译人员的语言水平、专业知识、理解能力以及表达能力等因素的影响,也可能会受不同的文化背景和语言环境的影响,还和接受信息者职业习惯、受教育的程度以及对某些领域内的专业知识有关。

案例链接 8-2

沟通过程中的误解

某跨国公司总裁访问一家中国著名的制造企业,商讨合作发展事宜。中方总经理很自豪地向客人介绍说:"我公司是中国二级企业……"此时,翻译很自然地用"second class enterprise"来表述。不料,该跨国公司总裁闻此,原本很高的兴致突然冷淡下来,敷衍了几句立即起身告辞。后来通过第三者才知道跨国公司总裁原来是抱怨道:"我怎么能同一个中国的二流企业合作呢?"可见,一个小小的沟通障碍可能会直接影响到双方的合作。

案例链接 *8-3*

充分理解获得的信息

一次关于成套设备引进的涉外谈判中,我方的谈判班子对外方所提供的资料作了研究,认为对方提供的报价是附带维修配件的,于是按此思路与外方进行了一系列的洽谈。然而在草拟合同时,发现对方所说的附带维修配件其实是指一些附属设备的配件,而主机配件并不包括在内,需要另行订购。这样,我方指责对方出尔反尔,而对方认为我方是故意作梗。事后中方仔细核对原文,发现所提及的"附带维修配件"只是在谈到附属设备时出现过。而中方误以为对所有设备提供配件。其实,这种僵局是完全由于沟通障碍所造成的,是我方未能正确理解对方的意见,作了错误的判断所造成的。

(五)其他原因

1. 外部环境的变化

谈判中因环境变化,谈判者对已作出的承诺不好食言,但又无意签约,进而采取不了了之的拖延,使对方忍无可忍,造成僵局。例如,市场价格突然变化,如按双方原洽谈的价格签约,必给一方造成损失,但若违背承诺又恐对方不接受,双方都不挑明议题,形成僵局。这是由于谈判者缺乏应有的坦诚态度,又都企图从对方那里获得需求,造成久拖不决的僵局。

2. 软磨硬抗式的拖延

在谈判中,如果谈判一方就议题迟迟不拿出自己的方案,或是采用死缠烂打的架势,让对方接受自己的不合理要求,都会使对方厌倦,对方可能会采用强硬的方法予以对抗。

3. 主动地创造和利用僵局

有时为了特殊的目的,商务谈判人员会将僵局作为一种谈判策略,从而实现既定的目标。本项目开始的"情景链接"中就是制造和利用僵局达到谈判目的的典型案例。

知识素养二 僵局处理

僵局是交易磋商过程中不可避免的事情。当遇到僵局时,谈判人员要采取合理的措施打破僵局。另一方面,谈判者还可以制造僵局或利用僵局达到自己的谈判目的。

一、打破谈判僵局的策略

(一)避免商务谈判僵局出现的策略

著名的交际学家卡耐基说过:"解决争辩的最好方法,就是避免争辩。"在商务谈判中解决僵局最根本、最有效的方式就是尽量地避免僵局,将形成僵局的因素消灭在萌芽状态。避免谈判僵局的方式主要有以下三种:

1. 坚持互惠式的谈判方式

所谓互惠式谈判,是指谈判双方都要认定自身需要和对方的需要,然后双方共同探讨满足彼此需要的一切有效的途径与办法。在具体的谈判中,要坚持以下几条原则:

（1）从客观的角度来关注潜在利益。在某些谈判中,尽管双方在主要方面有共同利益,但在一些具体问题上双方存在利益冲突,又都不肯让步,这种争执对于谈判全局而言可能是无足轻重的,但是如果处理不当,由此而引发的矛盾激化到一定程度即形成了僵局。因此谈判双方要在客观的基础上,充分考虑到双方潜在的利益,从各自的目前利益和长远利益两个方面来看问题,对双方的目前利益、长远利益作出调整,寻找双方都能接受的平衡点,从而理智地克服一味地希望通过坚持自己的立场来"赢"得谈判的想法和做法。这样,才能最大限度地避免谈判僵局的出现。

案例链接 8 - 4

注重长远利益赢得合作

北欧深海渔产公司的冻鱼产品质量优良,味道鲜美,深受各国消费者的喜爱,但从未进入到我国市场。深海公司希望能在中国开展冻鱼销售业务并在我国找到合作伙伴。经由我国某市经委介绍,该公司派代表来我国与北方某罐头制品厂进行冻鱼产品的经销谈判。该罐头制品厂在国内有广泛的销售网络,非常愿意与北欧深海渔产公司合作。因此,在开始阶段,会谈气氛十分融洽,但谈到价格问题时双方出现了较大的分歧。罐头制品厂的谈判代表表示,深海公司所提出的报价过高,按此价格进入我国市场销售,很难为中国消费者接受。深海公司一方则表示,他们的报价已经比他们在国际市场上的报价降低了4%,无法继续降低价格,致使谈判面临僵局。谈判休会期间,罐头厂公关部组织北欧深海渔产公司代表参观了谈判所在城市的几个大型超市,使北欧深海渔产公司的代表对我国人民的消费习惯和消费水平有了初步的了解。罐头厂代表特别向北欧深海渔产公司代表指出,中国人口众多,人民消费水平稳步提高,市场潜力很大,超市中拥挤的人流是世界其他国家所少见的。这一点给北欧深海渔产公司的代表留下了很深的印象,他们看到了一个未来极有发展前途的新市场。北欧深海渔产公司的代表在和总部的领导反复协商之后,为了在开始阶段打开中国市场,决定将冻鱼制品的报价降低30%,并向我国的经销商提供部分广告和促销费用。双方能够避免僵局的出现,主要原因就是双方能够站在客观的角度思考问题,关注彼此的利益。

（2）欢迎不同意见。俗话说"褒贬是买主",谈判出现意见分歧是平常的事,提出不同意见,一方面是谈判顺利进行的障碍,同时也是对议题感兴趣或想达成协议的表示。如果谈判双方就不同意见互相沟通,最终达成一致意见,谈判就会成功在望。因此,作为一名谈判人员,不应对不同意见持拒绝和反对的态度,而应持欢迎和尊重的态度。这种态度会使谈判人员能更加平心静气地倾听对方的意见,从而掌握更多的信息和资料,也体现了一名谈判者的宽广胸怀。

（3）角色移位。角色移位就是要设身处地地从对方角度观察问题。谈判实践告诉我们,谈判双方如能多从对方的角度来思考问题,彼此之间就能有更多的相互理解,这对于消除误解和分歧,找到更多的共同点,构筑双方都能接受的方案,会有积极的推动作用。在国际商务谈判中,这种换位思考有时是很有效的:一方面可使自己心平气和,通情达理;另一方面可从对方的角度提出解决问题的方案,所以一旦提出,就很容易被对方所认可,从而避免僵局的出现。

（4）语言适度,避免争吵。语言适度指谈判者要向对方传播一些必要的信息,但又不透露己方的一些重要信息,同时积极倾听对方的陈述。这样不但和谈判对方进行了必要的沟通,而且可探出对方的动机和目的,形成对等的谈判气氛。在谈判形形色色的反对意见中,有相当一部分是不合理的。谈判者在解释回答这些反对意见时,更要注意自己的语言,决不能用针锋相对的愤懑的口吻来反驳,因为争吵无助于矛盾的解决,只能使矛盾激化。如果谈判双方出现争吵,就会使双方对立情绪加重,从而使谈判陷入僵局。即使一方在争吵中获胜,另一方因无论从感情上还是心理上都很难持相同的意见,谈判仍会障碍重重。所以一名谈判高手是通过据理力争,而不是和别人大吵大嚷来解决问题的。

(5)帮助对方保护面子。每个人都关心自己的形象,谈判者如何看待自己和如何看待同自己有关的其他人,经常会在一项协议中扮演着重要的位置。"面子"就是人们所认为的自身的价值和希望别人看到的自身素质。谈判者都会花费很大精力来保存面子。那些在困境中仍不肯让步的人,只不过是不愿在对手面前丢面子罢了。给对方留面子要比排除阻力更为敏感,这会给信任打下基础。它传达的信息是,谈判一方尊重对方提出的建议,不会做任何令其尴尬或有损对方的事情。这种尊重没有作出任何退让,但却是一种非常有效避免僵局的方法。

2. 采用横向谈判或其他灵活的谈判方式

(1)横向谈判。横向谈判议程灵活,方法多样。不过分拘泥于议程所确定的谈判内容,只要有利于双方的沟通与交流,可以采取任何形式。多项议题同时讨论,有利于寻找变通的解决办法,有利于更好地发挥谈判人员的创造力、想象力,更好地运用谈判策略和谈判技巧。

(2)其他灵活的谈判方式。商务谈判过程中,往往存在多种可以满足双方利益的方案,谈判人员经常简单地采用这些方案的一种,而当这种方案不能为双方同时接受时,僵局就会形成。事实上,不论是国际商务谈判,还是国内业务磋商,都不可能总是一帆风顺的,双方之间磕磕碰碰在所难免。这时,谁能够创造性地提出可供选择的方案,谁就能掌握谈判中的主动。当然,这种替代方案一定要既能有效地维护自身的利益,又能兼顾对方的利益要求。谈判双方不要试图在谈判开始就确定所谓的唯一的最佳方案,因为这往往阻止了许多其他可作选择的方案的产生。相反,在谈判准备期间,能够构思出对彼此有利的更多方案,往往会使谈判如顺水行舟,一旦遇到障碍,只要及时调拨船头,即能顺畅无误地到达目的地。

3. 适当馈赠

谈判者在相互交往的过程中,适当地互赠礼品,会对增进双方的友谊、沟通双方的感情起到一定的作用,西方学者幽默地称之为"润滑策略"。每一个精明的谈判者都知道:给予对方热情的接待、良好的照顾和服务,对于谈判往往产生重大的影响。它对于防止谈判出现僵局是一个行之有效的策略,这就等于直接明确地向对手表示"友情第一"。

所谓适当馈赠,就是说馈赠要讲究艺术,一是注意对方的习俗,二是防止贿赂之嫌。有些企业为了达到自身的利益乃至企业领导人、业务人员自己的利益,在谈判中使送礼这一社交礼仪改变了性质,使之等同于贿赂,不惜触犯法律,这显然是错误的。所以,馈赠的礼物要是在社交范围之内的普通礼物,突出"礼轻情义重"。谈判时,招待对方吃一顿地方风味的晚餐,陪对方度过一个美好的夜晚,赠送一些小小的礼物,并不是贿赂,提供这些平常的招待也不算是道德败坏。如果对方馈赠的礼品比较贵重,通常意味着对方要在谈判中"索取"较大的利益。对此,要婉转地暗示对方礼物"过重",予以推辞,并要传达出自己不会因礼物的价值而改变谈判的态度的信息。

(二)突破僵局的策略

当双方利益冲突无法避免地出现的时候,可以采用以下几个方面入手突破僵局。

1. 从情感入手突破僵局

如果僵局的出现是由于彼此的误解、立场观点的争执等问题导致,可以从修复感情方面入手,间接地突破僵局。

(1)重叙旧情、语言鼓励。当谈判出现僵局时,可以用话语鼓励对方。对于牵涉多项讨论议题的谈判,更要注意打破存在的僵局。比如,在一场包含六项议题的谈判中,有四项是重要议题,其余两项是次要议题。现在假设四项重要议题中已有三项获得协议,只剩下一项重要议题和两项小问题,那么针对僵局,可以这样告诉对方:"四个难题已解决了三个了,剩下一个如果也能一并解决的话,其他的小问题就好办了,让我们再继续努力,好好讨论讨论唯一的难题吧!如果就这样放弃了,前面的工作就都白做了,大家都会觉得遗憾!"对方听到这样的话后多半会同意继续谈判,这样僵局就自然化解了。叙述旧情,强调双方的共同点,就是通过回顾双方以往的合作历史,强调和突出共同点和合作的成果,以此来削弱彼此的对立情绪,以达到打破僵局的目的。

(2)场外沟通。谈判会场外沟通亦称"场外交易"、"会下交易"等。它是一种非正式谈判,双方可以无拘无束地交换意见,达到沟通、消除障碍、避免出现僵局之目的。对于正式谈判出现的僵局,同样可以用场外沟通的途径直接进行解释,修复感情,消除隔阂。

①采用场外沟通策略的时机。

a.谈判双方在正式会谈中,相持不下,即将陷入僵局,彼此虽有求和之心,但在谈判桌上碍于面子,难以启齿。

b.当谈判陷入僵局,谈判双方或一方的幕后主持人希望借助非正式的场合进行私下商谈,从而缓解僵局。

c.谈判双方的代表因为身份问题,不宜在谈判桌上让步以打破僵局,但是可以借助私下交谈打破僵局,这样可不牵扯到身份问题。例如,谈判的领导者不是专家,但实际作出决定的却是专家。这样,在非正式场合,专家就可不因为身份问题而出面从容商谈,打破僵局。

d.谈判对手在正式场合严肃、固执、傲慢、自负、喜好奉承。这样,在非正式场合给予其恰当的恭维(因为恭维别人不宜在谈判桌上进行),就有可能使其做较大的让步,以打破僵局。

e.谈判对手喜好郊游、娱乐。这样,在谈判桌上无法解决的议题,在郊游和娱乐的场合就有可能谈成,从而打破僵局,达成有利于己方的协议。

②运用场外沟通应注意的问题。

a.谈判者必须明确,在一场谈判中用于正式谈判的时间是不多的,大部分时间都是在场外度过,必须把场外活动看做是谈判的一部分,场外谈判往往能得到正式谈判所得不到的效果。

b.不要把所有的事情都放在谈判桌上讨论,而是要通过一连串的社交活动讨论和研究问题的细节。

c.当谈判陷入僵局,就应该离开谈判桌,举办多种娱乐活动,使双方无拘无束地交谈,促进相互了解,沟通感情,建立友谊。

d.借助社交场合,主动和非谈判代表的有关人员(如工程师、会计师、工作人员等)交谈,借以了解对方更多的情况,往往会得到意想不到的收获。

e.在非正式场合,可由非正式代表提出建议、发表意见,以促使对方思考,因为即使这些建议和意见很不利于对方,对方也不会追究,毕竟讲话者并非谈判代表。

2.以强硬的立场突破僵局

如果僵局的出现是由于对方人为设置圈套、无理取闹造成的,我们就应该以强硬的立场掌握谈判主动权。

（1）从对方的无理要求中据理力争。有时，谈判僵局的出现并不是己方的责任，而是由于对方理屈所致，这时运用客客气气的商议、平平和和的谅解往往解决不了问题，反而会使己方陷入被动。这时就要勇敢地据理力争，从而主动打破僵局。如果僵局的出现是由于对方提出的不合理要求造成的，特别是由于对方在一些原则问题上所表现的蛮横无理时，要作出明确而又坚决的反应。因为这时任何其他替代性方案都将意味着无原则的妥协，且这样做只会助纣为虐，增加对方日后的欲望和要求，而对于己方自身来讲，却要承受难以弥补的损害。因此，要同对方展开必要的争执，让对方自知观点难立，不可无理强争，这样就可能使对方清醒地权衡得与失，作出相应的让步，从而打破僵局。需要指出的是，当面对对手的无理要求和无理指责时，采用一些机智的办法对付，往往比直接正面交锋更为有效，同样可以起到针锋相对的作用，而自己可以留有余地，并将对手置于尴尬的境地。这也是谈判的艺术所在。

（2）以硬碰硬掌握主动。当对方通过制造僵局，给己方施加太大压力时，妥协退让已无法满足对方的欲望，应采用以硬碰硬的办法向对方反击，让对方自动放弃过高要求。比如，揭露对方制造僵局的用心，让对方自己放弃所要求的条件，此时有些谈判对手便会自动降低自己的要求，使谈判得以进行下去。也可以离开谈判桌，以显示自己的强硬立场。如果对方想继续谈判，他们会再登门拜访；这时，对方的要求就会改变，谈判的主动权就掌握在了己方的手里。如果对方再也杳无音信也不足惜，因为如果继续同对方谈判，只能使己方的利益降到最低点，这样有害无益。

案例链接 8-5

以硬碰硬打破僵局

中国 K 公司与法国 G 公司就计算机制造技术的交易在北京进行谈判。K 公司接触一些厂家后，认为 G 公司的技术很适合，有意与其合作。G 公司也认为自己的技术不错，有竞争性，同意与 K 公司谈判。经过技术交流后，中方专家表现的赞许态度使法方感到极为自信、自得。

当进入商务条件谈判时，G 公司主谈杜诺先生的态度变得非常强硬，而且不大尊重 K 公司主谈邢先生，对邢先生的说理和友善的态度全然不当回事。其大意是：我就这条件，同意，就签合同；不同意，就散伙。对此合同，K 公司邢先生不能说同意，更不能说散伙。怎么办呢？邢先生设计了一个方案：让助手继续与杜诺先生谈判，并把参与人员减少了一半，原则是能往前谈就往前谈，谈不拢也陪着杜诺先生谈。一天过去了，杜诺先生没见到邢先生，问其助手："邢先生去哪儿了？"助手答："无可奉告。"第二天上午谈判仍无大的进展。杜诺先生要求见邢先生，助手答应下午安排。下午邢先生见了杜诺先生问："谈判进展如何？"杜诺说："不大。"并问邢先生："为什么不参加谈判？"邢先生一笑说："我有我的事。"杜诺先生问："我们的交易怎么办？"邢先生说："我的助手有能力与您谈判所有问题。""可到目前为止进展不大呀！"杜诺先生说。邢先生回答："原因一定不在我助手这方面。"杜诺一笑，说："我希望您能参加我们的谈判。"邢先生说："我也乐意，等我安排好时间再说。"并说，"我还有事，希望您与我的助手合作愉快！"随即告辞。

随后的谈判，中方再次调整谈判时间，一天改为半天，半天时间还安排得很靠后。这样断断续续又过了两天，杜诺先生要求与邢先生面谈。邢先生与杜诺先生见面了。杜诺先生抱怨："K 公司不重视与 G 公司的谈判。"邢先生认为："不对。K 公司一直很重视本次谈判，尽管工作很忙，也未中断过与 G 公司的谈判。"杜诺先生反驳说："如果重视，为什么您本人不参加谈判了？贵公司参加谈判的人都没有决定权,而且时间安排也不紧凑。"邢先生说:"有可能您的问题太复杂,他们一时难以答复。时间不紧凑是误会,我们可是非常忙,一直没闲。"杜诺先生追问:"您忙什么？有什么比与我们公司谈判更重要的吗？"邢先生诡秘地笑了:"杜诺先生,这可是我公司内部的安排,我得服从啊!"杜诺先生沉默了一会儿,很严肃地对邢先生讲:"我公司来京谈判是有诚意的,不论贵方有多忙,我希望应先与我公司谈。"邢先生答道:"是呀! 我最早是与您谈的,不正反映了我方的重视么？""可贵方现在没有这么做。""可当我与贵方谈时,贵方并未注意我方的意见,我公司也不能浪费时间呀!""我希望邢先生给我讲实话,是不是贵公司正在与别人谈。"说着在黑板上画了一幅图:一个大楼写着 K 公司的名字。楼内有一个乌龟,背上写着 E 公司。后门等着一个乌龟,背上写着 W 公司。然后笑着问邢先生:"是不是这样？"邢先生乐了,说:"您的消息真灵通。"杜诺先生马上严肃起来,庄重地说:"邢先生,不管事态是否如此,我公司强烈要求给我们机会,我本人也希望与您本人直接谈判。"邢先生收住笑容,也认真地回答:"我理解贵方的立场,我将向上级汇报,调整我的工作,争取能与您配合谈判该项目。"双方恢复了谈判,一改过去的僵持,很通情达理地进行了相互妥协,最后达成了协议。

(3)从对方的漏洞中借题发挥。谈判实践告诉我们,在一些特定的形势下,抓住对方的漏洞,小题大做,会给对方一个措手不及,对于突破谈判僵局会起到意想不到的效果,这就是所谓的从对方的漏洞中借题发挥。从对方的漏洞中借题发挥有时被看做是一种无事生非、有伤感情的做法,然而,对于谈判对方某些人的不合作态度或试图恃强欺弱的行为,运用该方法进行反击,往往可以有效地使对方有所收敛;相反,不这样做反而会招致对方变本加厉地进攻,从而使己方在谈判中进一步陷入被动局面。事实上,当对方不是故意地在为难己方,而己方又不便直截了当地提出来时,采用这种旁敲侧击的做法,往往可以使对方知错就改,主动合作。

3. 借助第三人突破僵局

(1)利用调节人进行调停。当出现比较严重的僵持局面时,谈判双方彼此间的感情可能都受到伤害。因此,即使一方提出缓和建议,另一方在感情上也难以接受。在这种情况下,最好寻找一个双方都能够接受的中间人作为调节人或仲裁人。调节人可以是公司内的人,也可以是公司外的人,调节人的威望越高,越能获得双方的信任,越能缓和双方的矛盾,达成谅解。但调节只是一种说服双方接受的方法,其结果没有必须认同的法律效力。当调节无效时可请求仲裁,仲裁的结果具有法律效力,谈判者必须执行。在这里,仲裁人或调节人应该可以不带偏见地倾听和采纳双方的意见,出面邀请对立的双方继续会谈,提出符合实际的解决办法,刺激启发双方提出有创造性的建议,综合双方观点,提出妥协的方案,促进交易达成。

(2)采用"升格"谈判策略。所谓"升格"谈判策略是指在谈判活动中,谈判者,特别是作为东道主的一方,在谈判出现分歧且无法解决时,或谈判陷入僵局要面临破裂的情况下,为使谈判能够进行下去并取得预期的目的,由上级领导或单位主管部门出面协调干预,以促使谈判成功。比如在一次谈判中,协议的大部分条款都已商定,却因一两个关键问题尚未解决而无法签订合同。这时,己方也可由地位较高的负责人出来参与谈判,表示对僵持问题的关心和重视。同时,这也是向对方施加一定的心理压力,迫使对方放弃原先较高的要求,作出一些妥协,以利协议的达成。实践证明,"升格"谈判策略是行之有效的,在谈判中经常运用,在一些重大的谈判活动中尤为常见。当然,在运用这些策略时要特别注意,不论是在谈判的中期还是后期,领导一定要在需要拍板的时候才露面,切忌泛泛用之。

(3)调整谈判人员。如果僵局是由谈判人员失职或素质欠缺造成的,如随便许诺、随意践约、好表现自己、对专业问题缺乏认识等,这时不调换这些谈判人员就不能维护自身利益,不调换他们就不能打破僵局,甚至有可能损害与对方的友好合作。当双方谈判人员(特别是主要谈判人员)互相产生成见,或者已产生对立情绪,并不可调和时,会谈就会很难继续进行下去。即使是改变谈判场所,或采取其他缓和措施,也难以从根本上解决问题。形成这种局面的主要原因,是由于在谈判中不能很好地区别对待人与问题,由对问题的分歧发展为双方个人之间的矛盾。当然,也不能忽视不同文化背景下,不同的价值观念的影响。

然而有时在谈判陷入僵局时调换谈判人员倒并非出于他们的失职,而可以是一种自我否定的策略,用调换人员来表示:以前我方提出的某些条件不能作数,原来谈判人员的主张欠妥,因而在这种情况下调换人员也常蕴涵了向谈判对方致歉的意思。谈判双方通过谈判暂停期间的冷静思考,若发现双方合作的潜在利益要远大于既有的立场差距,那么调换人员就成了不失体面、重新谈判的有效策略,而且在新的谈判氛围中,在经历了一场暴风雨后的平静后,双方都会更积极、更迅速地找到一致点,消除分歧,甚至作出必要的、灵活的妥协,僵局由此而可能得到突破。

但是,必须注意两点:第一,换人要向对方作婉转的说明,使对方能够予以理解;第二,不要随便换人,即使出于迫不得已而换人,事后也要向被撤换的谈判人员做思想工作,不要挫伤他们的积极性。

4. 运用策略和技巧突破僵局

(1)运用休会策略。休会策略是谈判人员为控制、调节谈判进程,缓和谈判气氛,打破谈判僵局而经常采用的一种基本策略。它不仅是谈判人员为了恢复体力、精力的一种生理需求,而且是谈判人员调节情绪、控制谈判过程、缓和谈判气氛、融洽双方关系的一种策略技巧。

英国学者斯科特认为:在洽谈要出现僵局时、在洽谈某一阶段接近尾声时、在疑窦难解之时、在谈判低潮出现时、在一方不满现状时等几种情况下,宜采用休会策略,这样有利于双方谈判人员恢复体力和调整对策,有利于双方冷静思考,客观地分析,从而推进谈判进行。在运用休会策略时,应把握好提出时机,安排好休会程序及复会步骤。无论主动休会,还是被动休会,实行休会也必须协商。一般由一方提出,经过对方同意。提出者不能在对方同意之前擅自离开谈判桌。那样做会影响关系,甚至导致谈判破裂。怎样才能取得对方的同意呢? 提出建议的一方要把握好时机,看准对方的态度变化及相应休会需要,双方就会一拍即合;另外,要清楚委婉地讲清休会的原因。在提出休会建议时,谈判人员还要注意以下几个问题:

①要明确无误地让对方知道己方有这方面的要求,最好说明双方都有必要性。

②讲清休会的时间。休会时间的长短要视双方冲突的程度、人员精力疲惫状况,以及一方要了解有关问题所需时间来确定。

③提出休会和讨论休会时,避免谈过多的新问题或对方非常敏感的问题,以便创造消除紧张气氛的时机。在休会期间,双方谈判人员应集中考虑许多问题,如谈判到目前取得了哪些进展? 还有哪些方面有待深谈? 双方分歧何在? 是否有必要调整对策? 是否要向上级或本部报告? 双方只有在休会期间进行必要准备,下轮谈判才会有成果。

(2)运用"最后通牒"策略。这是一种有风险的策略。它是谈判一方在谈判陷入僵局时有意将合作条件绝对化,并把它放到谈判桌上,明确地表明自己无退路,希望对方能让步,否则情愿接受谈判破裂的结局。

运用"最后通牒"策略解决僵局的前提是:双方利益要求的差距不超过合理限度。只有在这种情况下,对方才有可能忍痛割舍部分期望利益、委曲求全,使谈判继续进行下去。相反,如果双方利益的差距太大,只靠对方单方面地努力与让步根本无法弥补差距时,就不能采用此策略,否则就只能使谈判破裂。

(3)运用以退为进策略。对于谈判的任何一方而言,坐到谈判桌上来的目的主要是为了成功,达成协议,而绝没有抱着失败的目的前来谈判的。因此,当谈判陷入僵局时,应清醒地认识到,如果促使合作成功所带来的利益要大于坚守原有立场而让谈判破裂所带来的好处时,那么有效的退让也是应该采取的潇洒的策略。实际谈判中,达到谈判目的的途径往往是多种多样的,谈判结果所体现的利益也是多方面的。

以退为进策略是指在输赢未定时,暂时退让,待机而定,争取主动和成功。以退为进本是军事上的用语,即军事上的战略退却,是为了保存实力,待机破敌而采取的一种有计划的战略步骤。谈判也类似打仗,有时双方虽然争执激烈,但还要坚持继续谈下去;有时要求休会下次再谈;有时要据理力争;有时则要暂时退却,待机而进。因此,退一步,进两步,也是谈判策略。暂时的退却是为了将来的进攻。

案例链接 8-6

巴斯是美国的亿万富翁,也是一个谈判老手。一次,巴斯欲买下一家即将破产的公司,双方进行了艰难的谈判。巴斯压抑住急于成交的欲望,始终冷静对待。后来,在第三轮商谈中,巴斯甚至说:"我想买下你们的公司,但你们的报价,我无论如何也不会接受的,我可以把想购买的其他投标者告诉你们,你们去试试。如果成功,我祝贺你们,如果没有其他的选择,还可以找我。"说完,巴斯礼貌地结束了这轮谈判。后来,这家公司还是卖给了在家守株待兔的巴斯,而且基本上达到了巴斯的回价。

这种策略实行起来既简单又实用。一个有经验的买方倘若利用这个策略,往往有可能使得买卖双方皆大欢喜。同样,一个有经验的卖方使用这个策略,也有可能迅速达成交易或争取到更好的利益。买方使用这个策略的表现手法,往往是"我们非常喜欢你的产品,也喜欢你的合作态度,遗憾的是我们只有这么多钱","遗憾的是政府只拨这么多款"或"公司的预算只有这么多"等。而卖方的表现手法是"我们成本就是这么多,故此价格不能再低了","我非常愿意同你谈成这笔交易,但是除非你能和我共同解决一些简单(或实际性)问题,否则难以达成协议","假如你要以这个价格购买,则交货期要延长","原材料只能是某种替代品,或只能是某种型号的货物"或"如果你要以这个价格购买,你必须增加订货数量"等。采取这一策略的目标是,以己方的让步换取对方的让步,或强调己方的困难处境,以争取对方的谅解和给予一些让步。

二、商务谈判僵局的利用与制造

(一)商务谈判僵局的利用

很多谈判人员害怕谈判僵局的出现,担心会由于僵局导致谈判中止甚至引起谈判的最终破裂,但是谈判僵局的出现并不总是坏的结果。有时精明老练的谈判人员反而会主动地制造僵局,以利用其来促进双方重新审视各自利益的获得,促成谈判的公平进行,改变己方的谈判地位,使谈判朝着对自己有利的方向发展。利用商务谈判的僵局可以实现以下目的:

1. 利用僵局促成双方理性的合作

谈判过程中之所以会出现僵局,并不是偶然的、没有任何理由的,而是双方在极力强调本方条件的情况下,利益产生了碰撞。谈判暂停,可以使双方都有机会重新回顾各自谈判的出发点,既能维护各自的合理利益,又能挖掘双方的共同利益。如果双方认识到弥补现存的差距是值得的,并为此作出努力,如妥协、让步等,这样双方又能理性地将谈判继续下去,同时也不违背谈判的初衷。即使谈判彻底破裂,也可以避免非理性的合作。俗话说:"买卖不成仁义在。"双方通过谈判,即使没有成交,但彼此之间有了很深的了解,为将来的合作打下良好的基础。

2. 利用僵局改变谈判均势

在势均力敌的情况下,谈判者的某些要求是无法达到的,为了获取更有利的谈判条件,有些谈判者会利用制造僵局的办法来提高自己的地位,使对方在僵局的压力下不断降低其期望值。谈判者在谈判过程中合理地利用僵局,可以改变已有的谈判均势,帮助自己从不利的谈判形势下摆脱出来,提高自己的谈判地位。

案例链接 8-7

巴西在谈判中制造的僵局

20世纪80年代中期,巴西与欧、美、日等发达国家或地区就债务问题进行了长期的谈判。一方是逼债、停货、施压,一方是抗损、拒还、硬顶;一方谩骂对方"缺乏信用",一方指责对方"转嫁危机"。在施压与自卫发展到白热化程度时,巴西总统若瑟·萨尔内援引《罗马法》的一项规定,以国家元首的名义宣布巴西丧失偿债能力,在一段时间内停付大部分外债本息,制造了一个轰动世界的僵局。这个僵局把西方国家弄得目瞪口呆,同时也使巴西暂时摆脱了困境。过了一段时间,当巴西与各大债权国恢复谈判时,西方国家不仅改变了原先咄咄逼人的气势,调整了谈判策略,而且面对巴西现状,实施了减免部分债额、降低部分债息、延长部分贷款的偿付期限、将部分外债转为投资等有利于巴西经济恢复发展的许诺,结束了长达数年的谈判争吵。

3. 利用僵局试探对方

通过僵局可以试探对方的谈判态度,即是想避免谈判破裂还是不惜谈判破裂。了解了对方的谈判态度,能够使己方更有把握、有准备地在谈判中运用各种策略和技巧,掌握谈判的主动权。

案例链接 8-8

合理地制造和利用僵局

20世纪90年代初期,中国某公司到欧洲某国与一家公司谈判购买体育器材。负责采购的谈判小组到达以后,对方公司以老板外出无法谈判为借口,不安排中方进行谈判,而是组织一些无关紧要的活动,消耗时间。待中方采购人员回国日期临近,对方却夜以继日地与中方谈判,弄得大家疲惫不堪,而且价格居高不下。于是中方负责人向对方郑重声明:"我们千里迢迢来到贵国,是事先与你们商定好的。可现在就你们对此次谈判的安排和报价来看,似乎无意作这笔交易,我们再谈下去也是白白浪费时间和精力,因此我们决定提前离开。另外我们还要去××国了解一下情势。要是你们有了新的考虑,再到我们公司去谈,但是一定要有诚意啊!"说完,就礼貌而略显不满地告别了对方,从而制造了一个僵局。

其实,中方代表团表示提前离开,有几个想法:一是想到另一个国家看看情势,另外更重要的是制造僵局,利用这个僵局避免匆匆忙忙签约而出现疏漏,并试探对方是否真的有谈判诚意,从而在下次谈判中使自己摆脱不利,掌握谈判的主动权。对方不了解中方的底细,更担心中方公司到别的国家去向另外的公司购买体育器材,于是当天下午就打电话到中方采购人员下榻的旅馆,一方面表示道歉,另一方面要求第二天重新谈判。结果以有利于中方的报价完成了那次谈判。

当选择运用"制造僵局"这个策略来进行谈判时,我们要做到不仅能用自己的眼睛,同时还能用对手的眼睛看世界;不仅能用自己的脑袋,还能用对手的脑袋想问题。我们一定要在准确地分析了客观形势之后,再采取必要的行动,否则难免会引火自焚。没有足够的魄力与坚持的勇气,谈判是很难成功的。

(二)商务谈判僵局的制造

要利用僵局就必须学会制造僵局。制造僵局的基本原则是利用自己所制造的僵局给自己带来更大的利益,而不是让自己制造的僵局挡住继续谈判的道路,导致谈判破裂。因此,制造僵局也要遵循基本要求、讲究方法,从而更好地利用僵局。

1. 制造僵局的一般方法

谈判者制造僵局的一般方法有四种:

(1)小题大做。谈判的目的在于解决僵局,但在解决僵局之前,却必须制造一个僵局、维持一个僵局,这样才可以把问题变成双方所共同面对的问题,谈判才有可能发生。所以谈判的第一个工作就是"小题大做"。所谓"小题大做"是指把原来相对较小的议题或不太重要的问题作为较大的议题或重要的问题来讨论,将原来可以由一般管理人员或业务人员解决的问题上升为必须经决策人员亲自过问才能解决的问题。小题大做的关键是在"做"上,把事态扩大,造成非决策人员不能解决的态度。例如,我们去买杯子,问服务员:买一个杯子能不能打折?她说不行。那买一百个杯子呢?她会说那需要请示一下老板,这就是小题大做。

(2)增加议题。增加议题是指将原来可以取得共识的议题与另外一个一时无法取得共识的议题挂钩,并使之互为条件,以此来增加协商的难度,并使己方在谈判中的地位和实力得到加强。增加议题可以分为把议题的"数目"增加和把"项目"增加两种。通过增加议题"项目"的做法我们称之为"挂钩策略"。"挂钩策略"有两种具体战术:谄媚战术与勒索战术。比如,如果对方答应己方的某要求,己方就答应撤出市场,不和对方竞争。退出市场对己方不利,对对方有利,所以把这种挂钩称为"谄媚"。在谈判处于弱势的时候一般多用"谄媚"战术,但使用中注意不要丧失过多的自我利益。另一种做法是如果对方不答应己方的某要求,己方就把双方的秘密公开。这种对对方不利的挂钩策略叫做"勒索",在具体应用时一定要让对方相信己方是"不理性的",可能做出任何出格的事,才能真正发挥它的作用。

(3)结盟。结盟是指在谈判中实力较弱的一方联络与双方都有利益的第三方或更多的相关方,并在特定的议题上结成利益同盟,从而与实力较强的一方在力量对比上达到势均力敌,迫使实力较强的一方坐在谈判桌前认真地与其协商。

(4)情绪爆发。情绪爆发是指在谈判过程中,当双方在某一个问题上相持不下时,或者对方的态度、行为欠妥,要求不太合理时,突然之间情绪爆发,大发脾气,严厉斥责对方无理,有意制造僵局,作为逼迫对方让步的手段,从而使对方被迫让步的谈判策略。

2. 制造僵局的注意事项

(1)向对方提出的这一高要求绝对不能高不可攀,否则会让对方认为己方没有谈判诚意而退出谈判。目标的高度应以略高于对方所能接受的最不利条件为限,以便通过自己较小的让步获得对方更大的让步,最终仍以较高的目标取得谈判成功。同时,对自己提出的高要求,要以充分的理由说明其合理性,以促使对方接受己方提出的要求。

(2)僵局并不意味谈判的完结,在制造僵局之前要设计出消除僵局的退路。敢于利用僵局的人关键在于有一套有效地消除敌对情绪的办法,设计出一套完整僵局方案的目的是为了达到"不打不成交"的效果。

(3)留有余地,僵局之后能让第三者插手搭桥,要为未来利用领导、调解人和调换人员打破僵局留有余地。不论怎么说,利用僵局都是一种置之死地而后生的策略,过于冒险,一旦僵局就此僵住,无法打开,就只能宣布谈判失败。所以制造僵局必须给自己留好退路,能够将僵局操控在自己的手中,只有善于利用僵局、把握僵局的人,才是最后的赢家。

(4)对僵局的反感不是源于双方自尊心的损害,而是由于未能达成协议而引起利益损失。僵局的真正解决办法不是相互道歉,而是达成协议。

实训项目

实训练习一　怎样打破僵局

1. 实训目的

(1)了解谈判僵局产生的原因。

(2)掌握处理僵局的原则以及打破僵局的策略及运用方法。

2. 实训要求

能够在谈判中熟练运用制造僵局和打破僵局的方法。

3. 实训背景

浙江省某玻璃厂就玻璃生产设备的有关事项与美国诺达尔玻璃公司进行谈判。在谈判过程中,双方在全套设备同时引进还是部分引进问题上发生分歧,谈判双方代表各执一端,互不相让,导致谈判陷入非常尴尬的僵持局面。

在这种情况下,为了使谈判达到预定的目标,我方玻璃厂的首席谈判代表决定主动打破这个僵局。可是在这种僵持不下的时候怎么样才能够使谈判出现转机呢?休会显然不大合适,而作做出让步则要蒙受巨大的经济损失。

这个时候,谈判代表思索了片刻,终于有了主意。于是主动面带微笑地换上一种轻松的语气,避开双方争执的尖锐问题,向对方说:"你们诺达尔公司无论在技术、设备还是工程师方面,都是世界一流水平,用你们的一流技术和设备与我们进行合作,我们就能够成为全国第一的玻璃生产厂家,利润是非常可观的。我们的玻璃厂发展了,不仅仅对我们有好处,而且对于你们公司的利益也更大。因为这意味着你们是在与中国最大的玻璃生产厂合作。难道你们不是这样认为的吗?"对方的谈判首席代表正是该公司的一位高级工程师,听到赞扬他的话,这位代表立刻表现出很高兴的样子。谈判的气氛顿时豁然开朗,双方之间一下子就轻松活跃起来。

我方代表看到此招果然有效,而对方也表现出了浓厚的兴趣和热情。于是趁机话题一转,继续对那位工程师说道:"但是,我们厂目前的资金和外汇方面确实存在着不小的困难,资金有限毕竟是客观事实。因此我们暂时无法将贵公司的设备全部引进,迫不得已我们才提出部分引进设备的想法。现在你们也应该了解到,法国、德国、比利时、日本等国都在与我国北方的一些厂家进行谈判与合作。如果你们不尽快跟我们达成协议,仅仅因为不能全部引进设备这一小的问题而不能投入最先进的技术和设备,那么你们很快就将面临失去中国市场的不利局面。欧洲国家也会笑话你们诺达尔公司办事不力。"

对方代表听到这番话,也终于意识到双方合作的广阔发展前景。如果因为设备引进规模的问题而不能够顺利达成协议,不仅将要损失暂时的经济利益,而且还有失去中国市场的严重危险。再者,如果因为这个不是很重要的问题而导致谈判破裂,对公司也不好交代。想到这些,美方代表也就只有按照我方的意愿,在双方进一步讨论后,顺利达成了部分引进设备的协议。在这次谈判中,我方玻璃厂不仅成功地节省了大笔外汇,而且该厂在诺达尔公司的帮助下迅速崛起,最终在市场竞争中顺利占得先机,成为同行业中的佼佼者。

4. 实训过程

(1)分析案例中谈判产生僵局的原因是什么。

(2)分析我方代表使用什么方法来破解僵局。

5. 实训评价

[分析提示]谈判中,因为双方的利益各不相同。如果站在各自的立场上互不相让,谈判就会陷入僵局。僵局往往是因为双方都只站在各自的立场上看问题造成的。如果能尝试站在对方的角度去思考问题,就比较容易达成共识,破解僵局。

实例练习二 谈判僵局的制造和利用

1. 实训目的

(1)了解谈判僵局产生的原因。

(2)掌握制造僵局、打破僵局的策略及运用方法。

2. 实训要求

能够在谈判中熟练运用制造僵局和打破僵局的方法。

3. 实训背景

美国电报电话公司的业务小组将一套价值1.5亿美金的电信系统推荐给波音公司。该业务小组承诺,公司在售后服务、协助问题的处理以及迅速修护方面,一定会令对方满意。

听完一大堆的保证之后,波音公司的采购主任说:"好,现在请将你刚才所作的承诺一一写下来。同时,我们希望你提出保证,如果这一套系统不能按时安装好的话,你们愿意赔偿一切损失。"

"我们将尽最大的努力。"电报电话公司的业务代表回答道,"我们并不能绝对保证不会出问题。有时候是会有雷击的……""你在要我们……"波音公司的代表生气地插口说道,"一开始,你说你们很乐于服务。现在,你又不愿承诺……"

"我不是这个意思!"电报电话公司的业务代表开始有点儿慌了,于是连忙辩解,"让我想想,应该怎么解释。"这位首席代表极力想挽回这个局面:"让我们好好研究,也许有一些问题我们可以答应……"不过太迟了,波音公司的采购主任已经拿定了主意,他带着随员气冲冲地走出了大门。

4. 实训过程

(1)分析波音公司是如何制造僵局的。

(2)如果你是电报电话公司的业务小组领导,你将采取的应对策略是什么?

5. 实训评价

[分析提示]谈判中,一些谈判者为了取得谈判优势,会故意制造僵局,给对方施加压力。

当谈判出现僵局时,要分析是实质的僵局还是人为的僵局。如果继续谈判对双方是有利的,对方故意制造僵局,可以揭穿对方的招数,晓之以理;或者采取以硬碰硬策略,迫使对方回到谈判桌上来。

项目小结

　　商务谈判僵局是指在商务谈判过程中,当双方对所谈问题的利益要求差距较大,各方又都不肯作出让步,导致双方因暂时不可调和的矛盾而形成的对峙,从而使谈判呈现出一种不进不退的僵持局面。

　　商务谈判僵局的原因可以概括为以下几点:商务谈判人员人为因素导致僵局;立场观点争执导致僵局;谈判双方实力不均、定位偏差导致僵局;信息沟通不畅导致僵局。避免商务谈判僵局出现的策略:坚持互惠式的谈判方式、采用横向谈判或其他灵活的谈判方式、适当馈赠。

　　当遇到僵局时,谈判人员要采取合理的措施打破僵局。打破谈判僵局的策略主要包括:从情感入手突破僵局;以强硬的立场突破僵局;借助第三人突破僵局;运用休会策略、"最后通牒"策略、以退为进策略突破僵局。

　　另外一方面,谈判者还可以制造僵局或利用僵局达到自己的谈判目的。利用商务谈判的僵局可以实现以下目的:利用僵局促成双方理性的合作;利用僵局改变谈判均势;利用僵局试探对方。谈判者制造僵局的一般方法有四种:小题大做、增加议题、结盟、情绪爆发。

　　制造僵局的注意事项:向对方提出的这一高要求绝对不能高不可攀,否则会让对方认为己方没有谈判诚意而退出谈判。在制造僵局之前要有一套有效消除敌对情绪的办法,设计出一套完整僵局方案的目的是为了达到"不打不成交"的效果。

思考与案例分析

一、简答题

1. 商务谈判为什么会出现僵局?产生僵局的原因有哪些?
2. 商务谈判的僵局是不是总是对自己一方不利?如何利用僵局为己方服务?
3. 有哪几种妥善处理僵局的方法?
4. 如何运用休会策略?如何破解休会策略?
5. 如何利用调节人调停来打破僵局?

二、案例分析

和西门子公司的一次合作谈判

　　20世纪80年代末期,中国某电子设备进口公司与前联邦德国西门子公司就购买一套先进的电话自动交换机成套设备与该公司的商务代表进行谈判。这一谈判在几年中已进行过多次。由于受到国内通货膨胀的压力,人民币对美元的市场调剂价格增幅较大,所需调汇的配套人民币总额大幅上升。原来双方已商定的价格,对我方十分不利。因此,我外贸公司想争取压低德方报价,以抵消由于通货膨胀所增加了的配套人民币。

　　谈判中,虽经我方的多方面努力,双方一直在价格上争执不下,德方态度很强硬,不愿再次降低报价,同时还流露出不想再继续谈下去,准备第二天起身回国的意思。在这种情况下,为这个项目的购进奔波多年,并对西门子公司产品质量、性能都充满信心的我方谈判代表,急忙向公司总经理作了汇报。公司总经理立即和我国对外贸易部的有关领导商量研究,决定两位领导一同出面,出席当晚为西门子公司代表送行的晚宴。两位领导一同送行让西门子公司的代表深受感动。我方两位领导又不失时机地将餐桌变成了谈判桌,席间讨论了双方都很关注的几个问题。通过谈判,德方代表深刻地认识到,买卖是否能顺利做成,不仅仅是两家公司的事情,它在某种程度上还涉及两国之间的关系这个重大问题,并将对两国已形成的友好合作关系的发展前景产生很大的影响。为此,德国代表当即取消了回国的打算,表示要继续本着平等互利的原则与我方友好合作下去。在后来的谈判中,德方代表同意调低报价,双方终于达成了互利的购销协议。

请回答以下的问题:

1. 本案例中,谈判双方出现僵局以至于面临破裂的原因是什么?

2. 我方谈判人员通过采用什么策略使僵局突破,并取得了最终的成功?

3. 采取这种策略需要注意哪些问题?

项目九
商务谈判成交阶段的策略与技巧

学习目标

一、知识目标

1. 熟悉谈判终局判定的三个准则
2. 熟悉谈判终结的三种形式
3. 掌握商务谈判终结阶段的策略

二、技能目标

1. 能够判断谈判的终结阶段
2. 能够灵活运用谈判终结阶段的策略

情境链接

交货期条款引发争议案

某年5月,广西某大型化肥厂与越南某农资公司签订了一份化肥买卖合同。该合同规定,购买尿素200吨,每吨人民币200元,总金额为人民币4万元。但合同双方对交货期这样规定:交货期可另行商定。

合同签订后,越南公司曾电告广西化肥厂在11月份听通知发货。但一直等到12月上旬,广西化肥厂仍没有接到发货通知,于是便去函要求发货。而越南公司则声称:由于当地气候变化,不再需要尿素了。但广西化肥厂在没有接到通知的情况下将200吨化肥运到越南。越南公司以未发通知为由,拒绝付款并要求退货。因协商未果,广西化肥厂诉诸法院。

该案例中,由于对交货期未作明确规定,给合同的履行带来困难,引发争议。

谈判的终结即一项交易谈判的最后阶段,亦为谈判或成交、或终止、或破裂的时刻。商务谈判是否进入终结阶段,何时终结,是商务谈判中极为重要的问题。谈判者只有正确判定谈判终结的时机,才能很好地运用终结阶段的策略。错误的判定可能会使己方利益受损,甚至丧失成交的机会。因而,对终结时机的正确判定是谈判者的首要任务之一。此外,在终结阶段,谈判者要对整个谈判过程进行总结,还要进行最后的总结和最后一次报价,以及成交后的签约活动。

知识素养一　商务谈判终结判断

一、谈判终结的准则

正确判定谈判终结可使谈判双方减少谈判损失,增大谈判收益。谈判终结阶段的判定有三个准则:条件准则、时间准则、策略准则。

(一)条件准则

条件准则即以谈判所涉及的交易条件——诸如商业、法律、技术、文字、数字等条件——解决的状况来衡量全场谈判是否完结的做法。交易条件是谈判的中心,一旦双方在交易条件上达成一致,意味着此次谈判的成功和终结。按此准则,需先将所有可谈判的条件予以量化——谈判的量级:分歧量、成交线与一致性,然后按谈判的量级来判定谈判是否进入终结阶段。现将各种量化条件的运用准则分述如下:

1.分歧量

以分歧量作为谈判终结判断,是指以经过双方再磋商之后还有一些存在分歧的问题的数量为判断依据。例如,从总交易条件看,所剩的分歧量极少,无论二、三个或再多几个时,无论属关键性条件,还是次要条件,均可视谈判已进入终结阶段。

之所以选择分歧"数量"而不计分歧"份量",这是因为从谈判进程看,每个交易条件即为一个谈判议题、一个工作目标、一个谈判量,而每结束一个,即完成一个工作量:即便再有份量的分歧,也是决策者的一句话即可解决,故取"数量"即可。而"份量"将决定谈判终结以后的结果性质——成交或破裂。这是份量分歧与数量分歧的不同点。

2.成交线

这是以谈判条件是否进入成交线来判定谈判是否终结的准则。在谈判术语中,成交线是指可以接受的最低交易条件,当对方已同意的条件总和进入己方内定的成交线时,谈判自然进入终结阶段。

如果交易条件与成交线(多指商务条件和关键技术条件)尚有差距,但通过全局分析,认为双方可以逾越该差距时,也可以讲已到谈判终局阶段。

3.一致性

一致性是指交易条件全部或基本上达成一致,尚余个别问题需作技术处理的情况。当谈判达到这种状态时,终结无疑即将到来,一致性自然也是谈判终局的判据。·

这里需强调应注意"需技术处理"的问题,因为一旦处理不好,会使行将结束的谈判重起硝烟。如调整供货内容,该调整应在达成总体协议之前声明,双方可将该调整因素纳入总体协议中。当达成总体协议之后或很长时间,买方才要求调整供货内容,会造成总体协议价值明显减少,卖方就会指出:"货量减少影响我方营业额,影响利润,原协议应重谈。"反过来,卖方过了很久才将调整方案拿出,此时,当供货量、规格级别均有所降低时,买方自然不会同意。一般在确定总价之后再换本质内容的做法,易推翻原协议而重燃硝烟。

(二)时间准则

时间准则是指以谈判时间来判定终局阶段的标准。谈判时间包括谈判所需、所花、所限的时间,也包含了"机会"的意义。时间判定准则有如下三种标准:

1.双方约定的时间——所需标准

这是指在谈判开始前,谈判双方就确定了所需的时间。整个谈判的人员及程序安排均依此而行,当所定的时间用完,谈判也应结束。所需时间标准对终结阶段具有鲜明的标志作用。

2.单方限定的时间——所限标准

单方限定谈判时间的长短是判定谈判终结的另一标准。单方限定时间的动机既可出自法人角度,也可出自自然人角度。这些动机有可以明示的,也有不可明示的,故单方限定时间时,不一定都要说出具体原因,只是以请求、通告形式明示即可。

对单方限时的谈判,可以跟随,也可以不随,关键是看其条件是否符合己方的谈判目标。跟随时,要防止对手以此作为施加压力的手段。不过,也可利用对手对"时间"的要求,向其讨要更好的条件,以"条件"来换自己对"时间"的配合。当然,并不排斥有的单方限时谈判方确实情出无奈。此时,若不认真配合,可能丢失交易;但若趁机硬压对手,非但效果不一定好,更会引起对方强烈不满,为以后的会谈投下阴影。

3. 第三者给定的时间——竞争标准

在竞争性的谈判中,谈判有第三方参与,此时谈判的时间除了双方的需要外,还受第三者的影响,这即为第三者给定谈判时间。第三者谈判的进度是己方判定交易成败的参考因素,也是估量己方谈判终局时刻的坐标。

关键问题是要善于判定对手反映的第三方给定的时间是否真实。至于如何判定真假,首先,要了解第三者是谁及其参与其中的可能性的大小,从而可观其虚实;其次,要了解第三者在哪里,便可知晓,从而判定第三者是否存在。

总之,第三者的竞争对谈判终结会有影响,有时甚至是决定性影响。谈判者绝不能忽略自己在第三者面前所处的地位,但也不能简单地听从对手利用第三者策略施加压力。

(三)策略准则

谈判终局是因为谈判策略的运用而实现时,即为策略准则。策略准则亦可称之为技巧性判定终局的准则。常见的终结性策略有边缘政策、折衷进退、一揽子交易和冷冻政策。具体策略在"知识素养二"中会详细讲到。

二、商务谈判终结的方式

以什么方式终结谈判,是谈判终结阶段特征研究的组成部分。从规律看,无论以何种标准判定谈判终结,其方式或形式只有三种:成交、破裂、中止。不同的终结方式有其自身固有的行为规范。

(一)谈判成交

谈判成交即谈判双方达成协议。成交本身可以有两种状况:

1. 完全成交

凡对供货量、范围不作修改,仅就交易的条件进行谈判、达成成交的协议即为完全(全部)成交。

2. 部分成交

相对原谈判的交易标的而言,经过谈判仅就其中部分内容达成成交的协议即为部分成交。

(二)谈判中止

中止谈判是指双方因某种原因未能达成全部或部分成交协议而由双方约定或单方要求暂时终结正在进行的谈判。中止可以分为有约期与无约期两种。

1. 有约期中止

有约期中止谈判,即双方对中止谈判的时间予以约定。例如,当双方认为成交价格超过了外汇的额度计划或使用许可规模,或者让步的幅度超过了预定的权限,或者行政批准手续尚未完成,而双方均有成交的意愿,于是一致同意中止谈判,约定一个月或某个时间内互相联系新的谈判时间。

2. 无约期中止

无约期中止谈判,即在中止谈判时双方对恢复谈判的时间无任何约定。此外,因双方对造成中止的原因不能控制时,也会采取无约期中止的做法。例如,涉及国际协议的批准,国家政策突变,经济形势恶化等超越意志之外、影响大、涉及面广的事由时,当事方就难以相约。即便诚心相约,也只能是无约中的有约,有约中的无约。"一旦形势许可"或"一旦国际协约国审批"等用语即含此意。

(三)谈判破裂

谈判破裂,即双方经过最后的努力仍然无法达成协议,或友好而别,或愤然而去,从而结束谈判。谈判破裂是业务谈判中不可避免的现象。从某种意义上讲,谈判的破裂数比成交数更大,尤其是市场上同类商品丰富或同类用户踊跃时,谈判更为艰难。不过,明智的谈判者在失败时力求将损失减少到最小程度,于是他们将破裂分成"友好"与"愤然"两种不同的破裂形式,借以自律。

1. 友好破裂

友好破裂结束谈判是指双方互相体谅对方面临的困难,讲明难以逾越的实际障碍而结束谈判的做法,其典型的表达用语为"买卖不成仁义在"。在友好破裂方式中,行为规则是突出各自坚持的交易立场与条件,使其成为"自然的结果";在态度上,则充分体现相互理解、立足长远。

案例链接 9-1

最后的友谊

在 20 世纪 80 年代,中日出口钢材谈判中,尽管我方提出了合理报价,经过反复磋商,仍未与日方达成协议,眼看谈判要不欢而散。我方代表并没有责怪对方,而是用一种委婉谦逊的口气,向日方道歉:"你们这次来中国,我们照顾不周,请多包涵。虽然这次谈判没有取得成功,但在这十几天里,我们却建立了深厚的友谊。协议没达成,我们不怪你们,你们的权限毕竟有限,希望你们回去能及时把情况反映给你们总经理,重新谈判的大门随时向你们敞开。"

日方谈判代表原认为一旦谈判失败,中方一定会给予冷遇,没想到中方在付出巨大努力而未果的情况下,一如既往地给予热情的招待,非常感动。回国后,他们经过反复核算,多方了解行情,认为我方提出的报价是合理的。后来主动向我方投来"绣球",在中日双方的共同努力下,第二次谈判取得了圆满成功。

在本案例中,由于我方重视长期的合作,因此能够明智地对待第一次谈判的"失败",并最终利用这次谈判的"失败",促成了最终谈判的成功。

多数谈判人员带有一种签约式的谈判观念,即他们把通过谈判而成功签订合约作为最终目标,而不是作为一项合作项目的开始。这种观念很容易带来的问题就是谈判中过于重视眼前利益。把签约作为建立长期健康合作关系的开始,使双方有更多的让步空间,并且使双方更加注重合作的重要性才是长久利益所在。

2. 愤然破裂

愤然破裂是指双方或单方在一种不冷静的情绪中结束未达成一致的谈判。造成愤然破裂的原因很多,诸如真正不满,假装愤怒以压制对手;根本不想再做这笔生意,出口恶气,图一时之快,不把对手放在眼里;在对待交易上,不注意条件等本质差距,较多注意对方言语、态度及做法;在个性上,自尊心太强,性格暴躁,处事直率;事关公私,情急而致等。但不论何种原因,表现形式却相近。

三、谈判终结后的工作

商务谈判取得成功后,就进入了协议签订阶段。不管谈判成功与否,在谈判接近尾声阶段,谈判双方都有一些任务要完成。该阶段的主要任务包括以下内容:

(一)起草备忘录

无论谈判成功与否,在每一次谈判之后,谈判双方都要起草一份简短的备忘录,以供谈判失败的谈判者总结经验,或为成功双方起草和签订协议提供事实依据。每当一个问题谈妥之后,都要通读双方的记录,查对一致,以避免某些地方的意思含混不清,如有偏差就应该指出并修正直至双方共同确认记录正确无误,以免在日后的合同履行中产生纠纷。签订书面协议标志着此次商务谈判以成交的方式终结。协议经双方签字后,就成为约束双方的法律性文件,有关协议规定的各项条款,双方都必须遵守和执行。任何一方对违反协议的规定,都必须承担法律责任。因此,在签订协议时,必须严肃认真。

(二)谈判总结

每一次谈判结束后,都要进行谈判总结。谈判结束后的总结主要应包括以下内容:

(1)己方的战略,包括谈判对手的选择、谈判目标的确定、谈判小组的工作效率等。

(2)谈判方案的施行情况,包括准备工作、方案制定的程序、采用的策略与技巧等的运作情况。

(3)己方谈判小组的情况,包括小组的权力和责任的划分、成员的工作作风、成员的工作能力和效率,以及有无进一步培训和增加小组成员的必要等。

(4)对方的情况,包括对方的工作作风、小组整体的工作效率、各成员的工作效率及其特点、所采用的策略与技巧等。

(5)在当次谈判中应该吸取的经验与教训,特别是做得不是很完美的地方,要提出下次遇到同样问题应该如何来应对。

(三)注意为双方庆贺

在商务谈判即将签约的时候,可谓大功告成。此时,己方可能心中暗自庆幸,以为自己在交易中比对方得到的更多。但这时己方一定要注意为双方庆贺,强调谈判的结果是我们共同努力的结晶,以满足双方心理的平衡。相反,如果己方只注意自己高兴,喜形于色或用讥讽的语气与对方交谈,则会带来不必要的麻烦。因为如果己方行为出格,定会遭受一些本不应有的报复,对方可能要么卷土重来,要么会突然提出其他要求而停止签约,但无论出现哪种情况,结果对己方均是不利的。

知识素养二　终结阶段的谈判策略

在谈判终结阶段,要达成协议并促成合同的签订,必须采用一定的策略。

一、期限策略

期限是一种时间性通牒,可以促使人们采取某种行为。

在商务谈判中,卖方通常借用期限来逼迫买方,例如:①从 7 月 1 日起这种商品将要提高价格;②我方所能提供的优惠条件在半个月内有效;③如果贵公司迟于 6 月 1 日订货,我们将无法在 8 月底之前交货;④假如明天下午 3 点半仍未收到贵公司的订金,我们将与别的客户成交……

买方也常利用期限逼迫卖方:①假如贵公司愿意降低价格,请在下星期以前告诉我们,否则我们将向其他厂家订货;②请贵公司尽快确定交货时间,不要迟于本星期四,因为这关系到我们生产计划的落实,否则,我们将向其他供货商订购;③在 5 月 8 日以后,我们将不再接受订单……

期限的作用,在于能使那些犹豫不决的谈判对手尽快作出决定。一旦对方接受了这个最后期限,双方的谈判就会结束。期限之所以能够起到这个作用,是因为它会使对方感到如不迅速作出决定,则可能会失去机会。从心理学角度讲,人们普遍对能够得到的东西并不珍惜,而一旦可能要失去某种东西,这种本来在其看来并不重要的东西就会变得很有价值。在谈判中,期限策略就是借助人们的这种心理定势而发挥作用的。

但是,期限策略在使用上有先决条件,即只有对方显露出对己方的要求感兴趣,并对达成协议的需要相当强烈的情况下,才可以运用;否则,己方试图用期限夫逼迫对方便会徒劳无功。

期限是谈判双方都可以使用的武器,如果面对对方设定期限,在这种情况下,该怎么办?

①不要泄露己方的期限,因为对方一旦获悉己方期限,就有可能拖延谈判时间,直到谈判期限临近时才开始认真谈判。在这种情况下,己方因为受时间束缚,要么拒绝对方的要求,要么接纳不利条件,而这两者对己方都是不利的。

②要认真研究对方设定的期限的动机,并仔细比较达成协议后双方的得失,由此判断对方所设的期限只是对己方施加的一种压力,还是另有所图。

③应该明白,在谈判中大多数期限并不是真正的期限,是有商量余地的。己方不必对期限本身过分敏感,最重要的是了解对方的动机和目的。

二、折衷进退策略

所谓折衷进退策略,即将双方立场和条件的差距之和取中间条件作为双方共同进退或妥协条件以解决残余谈判的策略。

不过应当注意,不能完全以形式来判断折衷即为终局,因为也可能发生对手不同意对半条件,甚至干脆反手在对半条件上再对半,结果使谈判表现为"继续"而非终结。因此,在形式折衷之外,还应判断过渡状态,即折衷方案前的"铺垫"条件。若双方在互相让步、互相坚持、时间消耗相当量之后,其折衷策略必然会被准确判定为谈判即将终结。

三、谈判桌外交易

当谈判进入终结阶段,双方已在绝大多数的议题上取得一致意见,仅在某一两个问题上存在分歧,相持不下而影响成交时,即可考虑采取场外交易,如在酒宴或娱乐场所等。因为这时仍把问题摆到谈判桌上来商讨,往往难以达成协议,因为经过长时间的谈判,双方已感到很厌烦,继续严肃地谈下去不仅影响谈判人员的情绪,而且还会影响谈判协商的结果。谈判桌上紧张、激烈、对立的气氛及情绪,迫使谈判人员自然地去争取对方让步,而让步方则会认为丢了面子,可能会被对方视为投降,即使某一方主谈人或领导人头脑很冷静,认为作出适当的让步以求尽快达成协议是符合己方利益的,但也会因同伴态度坚决、情绪激昂而难以当场作出让步的决定。场外轻松、友好、融洽的气氛和情绪,很容易缓和双方剑拔弩张的紧张局面。双方轻松自在地谈论自己感兴趣的话题,交流私人感情,有助于化解谈判桌上遗留的问题,双方往往也会很大度地相互作出让步而促成协议。

需要指出的是,场外交易的运用,一定要注意谈判对手的不同习惯。例如,有些国家的习惯是人们忌讳在酒席上谈生意。因此必须事先掌握情况,以免弄巧成拙。

四、一揽子交易

所谓一揽子交易策略,是指以各自坚持的条件作整体的进退交换以求达成协议的策略。总体条件的交换同样具有决战的味道,因此该策略被认为是判定谈判终局的标志。"一揽子交易"策略的运用,可从下例中悟出道理:

例如,在技术服务谈判中,一般技术服务谈判要涉及技术指导条件与技术培训条件,两者之和为技术服务条件。从这两条线展开,要涉及报酬与条件、人数、实习生的类别、时间、待遇(费用与条件)等多方面内容。经过多个回合谈判后,双方可以就全部条件通盘考虑作"一揽子交易"。

五、不忘最后的获利

通常,在双方将交易的内容、条件大致确定,即将签约的时候,精明的谈判人员往往还要利用最后的机会,争取最后的一点收获。

案例链接 9-2

一位法国人有一片小农场,种的是西瓜。他在家时,经常有人来电话要订购他的西瓜,但每一次都被他拒绝了。有一天,来了一位小青年,约有20岁,说要订购西瓜,被这位法国主人回绝了,但小青年却不走。不论主人做什么,他都跟着走,在主人身边,专谈自己的故事,一直谈了约一个小时。主人听完小青年的故事后,开口说:"说够了吧?那边那个大西瓜给你好了,一个法郎。""可是,我只有一毛钱。"小青年说。"一毛钱?"主人听了便指着另一个西瓜说,"那么,给你那边那个较小的绿色的瓜好吧?""好吧,我就要那个。"小青年说,"请不要摘下来,我弟弟会来取,两个礼拜以后,他来取货。先生,你知道,我只管采购,我弟负责运输和送货,我们各有各的责任。"

案例中,青年用一毛钱买到一个小西瓜,但是等他来取的时候,结果会是怎么样呢?小西瓜变成了大西瓜。谈判中,青年通过融洽关系,造成既定事实后追加新的利益,保证了终点目标的实现。

在成交阶段取得最后利益的常规做法是:在签约之前,突然提出一个小小的请求,要求对方再让出一点点。由于谈判已经进展到签约的阶段,谈判人员已付出很大的代价,不愿为这点小利而损伤友谊,更不愿为这点小利而重新回到磋商阶段,因此往往会很快答应这个请求,以求尽快签约。

六、慎重对待协议

谈判的成果要靠严密的协议来确认和保证。协议是以法律形式对谈判成果的记录和确认,协议与谈判成果之间应该完全一致,不得有任何误差。但在实际情况中,常常有人有意无意地在签订协议时故意更改谈判的结果,如故意在日期上、数字上以及关键性的概念上做文章。如果己方对此有所疏忽,在有问题的协议上签字画押,那么协议就与以前的谈判无关了。由于双方的交易关系一切都应以协议为准,因此将谈判成果转变为协议形式的成果的过程中,双方不能有任何松懈。

谈判协议在拟写之后到双方签约之前,必须对合同文本进行审核。合同文本的审核必须注意不同文字的合同文本的一致性。合同文本内容必须注意以下两个问题:

第一,协议的文字要简洁,概念要明确,内容要具体。谈判后的争端往往是由于在关键性的概念上,协议使用了模棱两可、含糊不清的词语,或者重要的细节没有交代清楚而造成的。

第二,不要轻易在对方拟订的谈判协议上签字。对方所拟的协议,不管有意无意,必然对其有利,己方应该详细、谨慎地予以检查。必要时,己方应准备一个协议的草案,以便两相对照,在确信没有问题后方可签字。

协议的签订并不是双方谈判的结束,而是一个新的起点。只有协议执行完毕,双方才可以真正说"结束"二字。谈判协议签订之后,双方还需要继续不断地研究协议,因为世界上不存在十全十美、没有漏洞的协议。尽管协议已经白纸黑字不可更改,但有经验的谈判者总是力求在解释协议的过程中,为自己谋求更多的利益,同时也防止对方对协议作出不利于自己的解释。

案例链接 9-3

疏于协议审查的后果

上海地铁一号线融资协议在执行的过程中,就出现了上述情况。原来协议上写明上海地铁一号线的地铁车辆由原西德的杜瓦洛工厂制造,后来原东、西德国合并,原西德的杜瓦洛工厂兼并了原东德的地铁制造厂,仍用原来的厂名。但杜瓦洛工厂把为上海地铁一号线制造地铁车辆的任务转给了原东德的工厂。原东德的工厂制造出来的地铁车辆,质量明显逊色许多。中方尽管再三交涉,德方坚持认为他们没有违反协议,仅仅作出让步,同意由中方派出专业技术人员驻东德工厂进行质量监督而已。

实训项目

谈判终结阶段策略

1. 实训目的

通过分析,学生能够运用商务谈判终结阶段策略促成谈判的达成。

2. 实训要求

(1)了解商务谈判终结阶段的策略。

(2)掌握如何运用这些策略促成谈判的达成。

3. 实训背景

坚定地离开

在某城市一个较大的酒店里,一个定于上午 10 时举行的大型聚会即将开始。聚会的组织者于上午 8 时就已到达会场,他发现在同一时间还有两个重要的聚会也预定在这家酒店举行,而他组织的聚会已被安排在较差的房间里。他要求酒店经理到餐厅来见他,当着旅客的面,他要求得到一间较好的房间,并表示这没有讨论的余地。聚会组织者希望酒店在聚会开始以前把这一切安排好。当时场面说完便扬长而去,当时场面非常尴尬。酒店经理很清楚这一点,要是经理不设法更换房间,就难免有一场可怕的争执,与会者很快就要到达,届时会乱作一团。要更换房间就不能迟疑,必须尽快行动,以赶在组织者返回之前,把一切准备妥当。这位经理就这样别无选择地为对方更换了房间。聚会组织者用声明了自己的要求后离开的手法,实现了自己的要求。

4. 实训过程

(1)分析这场交易中采用了什么交易促成策略。

(2)分析该策略在采用时要注意什么问题。

5. 实训评议

[实训提示]结合价格影响因素进行合理的报价。

项目小结

谈判终结阶段的判定有三个准则:条件准则、时间准则、策略准则。谈判终结的形式有三种:成交、破裂、中止。

在谈判接近尾声阶段,谈判双方要针对这次谈判起草备忘录,并对这次谈判进行谈判总结。还要不忘最后的获利并注意为双方庆贺。

在谈判终结阶段,要达成协议并促成合同的签订,必须采用一定的策略。这些策略包括:谈判桌上的策略,包括了边缘政策和折衷进退策略;谈判桌外交易,即营造一种宽松的谈判氛围;一揽子交易,即以各自坚持的条件做整体的进退交换以求达成协议的策略。除此之外,最后要慎重对待协议。

思考与案例分析

一、思考题

1.谈判终局的判定准则是什么?

2.谈判终结的形式有哪几种?

3.谈判终结的策略包括哪些？如何应用？

二、案例分析

合同履行中的纠纷

K公司和H公司是一对长期的合作伙伴，K公司提供给H公司一种重要的原材料，对于H公司来说，这种原材料不可缺少，所以H公司是K公司最主要的客户，因此双方都有长期合作的必要。双方签订了长期供货合同，具体供货量和供货价格每年3月份由双方专门组织协商，合同还规定，供货价格应该在当前市场平均价上下调10％～15％。三年来的顺利合作令双方都很满意，但一次突发事故引起了双方的不满。今年5月，按照3月份商定的供货计划K公司应该将第一批货运至H公司所在地，但到5月30日，货还未到，因此H公司也就没有按期将货款划到K的账户上。眼看原材料库存已经进入危险点，H公司采购部再次去电催货，和前几次不同的是，对方接电话时态度大变。H公司："已经30日了，你们的货为什么还没有到？"K公司："你们的货款也没有到呀！"H公司："货没有按期到，我们怎能付款呢？"K公司："谁说我们没有发货呀？我们早就……"H公司："影响我们正常生产带来的损失是你们的……"K公司："我们完全按照合同在办事……"没完没了的电话争吵，没有对问题的解决产生任何作用。H公司面临停产的困境，而且会直接影响到H公司和客户的合同履行，损失巨大。H公司紧急约见K公司代表处的代表，协商解决方法，又一轮的谈判开始。经过双方沟通才发现，是一个很小的差错带来了如此大的纠纷。原来K公司经过3月份计划协商后，将确定的计划交给了计划部，而接收计划的职员刚进行调整，到岗后因为不熟悉以往的业务，对其中的条款不很理解，如为什么价格如此之低，对此存在疑虑，所以要请示部经理，但部经理正好出差在外，等到回来时，已经过了一周的时间，因此5月的供货就显得非常紧张，直到5月29日才将货发出。5月30日接电话的经理正为这件事生气，所以在电话中争了起来。经过双方沟通，K公司代表作了诚恳的自我批评，愿意承担因此而带来的损失，H公司代表表示了理解的心情，并说了自己的看法："我公司启动了应急预案，及时调整了生产计划，因此没有给正常供应商品带来多大影响，因此损失不大。看在多年合作的情分上，不再提出索赔的要求，希望今后双方加强沟通，以免再次发生不愉快的事情。"谈判最终在愉快的气氛中结束。在谈判会议纪要中详细记录了谈判的整个过程和双方达成的共识。

案例分析：谈判有时发生在合同履行中，其作用主要体现在相互沟通和协商上。经过谈判调整思路和计划是最有效的方法。本案例中电话沟通没有达到的效果，在谈判桌上顺利解决了，没有给双方的合作带来多少负面影响。通过这次谈判双方对于各自的行为作了积极的调整，效果是明显的。

请回答以下的问题：

1.为什么一个很小的失误会造成很大的问题？问题发生在哪里？

2.为什么电话中的沟通效果不佳，而面对面的谈判才得到有效的结果？

3.为什么结果要用谈判会议纪要这样的文件记录？

4.H公司减少损失的关键在哪里？

项目十
商务谈判中的沟通艺术

学习目标

一、知识目标

1. 熟悉商务谈判中的语言类型及其特点
2. 掌握影响倾听的因素及谈判中倾听的技巧
3. 掌握提问的类型及谈判中提问的技巧
4. 掌握回答的原则及谈判中回答的技巧

二、技能目标

1. 会运用谈判中倾听的技巧
2. 会运用谈判中提问的技巧
3. 会运用谈判中回答的技巧

情境链接

我可以抽烟吗？

一位教徒问神父："我可以在祈祷时抽烟吗？"他的请求遭到神父的严厉斥责。而另一位教徒又去问神父："我可以在吸烟时祈祷吗？"后一个教徒的请求却得到允许，悠闲地抽起了烟。

分析：这两个教徒发问的目的和内容完全相同，只是谈判语言表达方式不同，得到的结果却相反。由此看来，表达技巧高明才能赢得期望的谈判效果。

商务谈判的整个过程就是谈判者进行语言表达和交流的过程。语言是商务谈判人员交流、沟通、协商的基础。在商务谈判中，叙事清晰、论点明确、证据充分的语言表达不仅能够有力地说服谈判对手，取得相互之间的谅解，而且能够协调双方的目标和利益，保证谈判的成功。在谈判中，一方说话的方式不同，对方接受的信息和作出的反应也会不同。这就是说，虽然人人都会说话，但是不同的表达方式会收到不同的效果。商务谈判人员要了解商务语言的类型，熟悉商务谈判中的语言技巧，善于运用语言本身的规律，使谈判语言成为商务谈判的有效工具。

知识素养一　商务谈判中的语言与非语言

谈判是双方面对面的交锋，它自始至终受谈判气氛的影响，气氛是随双方的交谈而不断变化的。形成一个和谐、融洽的谈判气氛，往往需要双方的艰苦努力；而要破坏它，可能仅仅来自于一两句话。因此，精明的谈判者，往往在语言表达、措词上都十分谨慎、小心，即使是讨论双方分歧尖锐的问题,也绝不会轻易发火、指责,当然,更不会出现污辱人格、伤害感情的语言。

一、商务谈判中语言的类型

(一)商务外交语言

商务谈判人员虽不是外交官,但是由于涉外谈判向来与外交关系密不可分,外交文化必然对商务谈判有影响。富有外交色彩的谈判语言,可被视为商务谈判中的外交语言。外交语言讲究委婉、含蓄,忌讳直言快语,留意字里行间,注重弦外之音;在谈判中容易给人以尊重感,有利于阐明问题,进退有余;当谈判双方就某一议题产生分歧时,外交语言有利于软化冲突,避免谈判陷入僵局。如"希望我的答复让您满意","很荣幸与您一起就这笔业务进行协商","将予认真考虑","有关事宜悉听尊便","请恕我授权有限"等。

很多谈判者认为外交语言是敷衍的、圆滑的,甚至是狡猾的、虚伪的。然而在实践中,涉外谈判中因谈判者特殊身份、特殊使命、特殊情况,不可能"知无不言,言无不尽",有时也"顾左右而言他",但这些是特殊情况下语言技巧和手段的特殊运用,绝不是虚伪和敷衍。

国际商务谈判中外交语言不是僵死的、一成不变的,而是随着谈判议题的不断深入和现场情况的变化由谈判者不断地翻新创造,充分反映了谈判气氛、态度、技巧以及进、退、回避等表达方式,给谈判双方留有商量的余地,使双方都有回旋的机会。

案例链接 10-1

外交语言的应用

前苏共总书记勃列日涅夫是善于言辞含蓄的人。1972年5月,美国总统尼克松访苏。会谈中,双方在限制战略核武器问题上分歧很大。有一次,勃列日涅夫就对尼克松讲了这样一个故事:一个俄罗斯农民在赴邻村的途中迷路,就问一老樵夫到该村还需多少时间。老樵夫答道:"我不知道。"农民失望之余,便撒腿走了。突然,老樵夫大声嚷道:"顺着这道儿走,再走15分钟就到了。"农民感到不解。转身问道:"你刚才为何不说?"老樵夫徐徐答道:"我先得看你迈的步子有多大啊。"在这里,勃列日涅夫含蓄地要尼克松这个"俄罗斯农民"在谈判中先走一步。

(二)商务文学语言

商务文学语言是指在谈判中使用优美动人的修辞。商务文学语言的特征是优雅、诙谐、生动、形象和富有感染力。文学语言在商务谈判中具有制造良好气氛、化解紧张谈锋、加强双方感情、增强感染力的作用。谈判者把敏感的、经济利益明显的话题以文学语言表达,自然会消除令人尴尬的火药味,使得谈判呈现优雅、诙谐,而达到"四两拨千斤"的效果。涉外谈判更是如此,由于谈判者来自不同国家、不同民族,文化修养不同,而正是这些不同才更让人们被不同于自己文化的语言所吸引。

文学语言大多因即兴而用,无一致规定。只要以拟人、比喻等修辞手法类比谈判,以工整的排比、诙谐的双关文笔表达,均系文学语言,如"同舟共济"、"平分秋色"、"精诚所至,金石为开"、"一言既出,驷马难追"、"真是巧妇难为无米之炊"、"冬天即将过去,春天即将来临"等。

案例链接 10-2

文学语言的应用

当年中葡两国就澳门回归问题进行谈判时,中方代表团团长没有用严肃直露的语言表明我方立场,而是引用了杜甫的一句诗来友好而艺术地表明中葡两国应友好合作,同舟共济。1999 年 12 月 20 日零时,江泽民主席在澳门政权交接仪式上用诗意般的语言开始了他的重要讲话:"今夜月明风清,波平如镜。中葡两国政府在这里举行庄严的澳门政权交接仪式……"优雅的开场白使会场上严肃紧张的气氛马上变得温馨友好,春意融融。

(三)商务军事语言

军事语言是指在商务谈判中运用的军事术语,即简明、坚定的语言。复杂的商务谈判充满了心理战,无论双方虚实如何,简明、坚定的表达都会减少泄露机密的可能性,并烘托出谈判者坚定的立场、不畏惧谈判结果的自信态度,这会促使双方作出更加理性的判断。军事语言排斥了模棱两可、犹豫不定,给双方创造了决战气氛,加速了谈判的进程。尽管军事语言在谈判中表现得冷酷无情、不留余地,但鉴于其特殊的优点,只要适时适度地使用,仍然不失为一种有效的谈判方式。如"价格防线"、"集中力量突破一点"、"各司其职"、"出其不意,攻其不备";在策略用语中常用"避实击虚"、"声东击西"、"以退为进"、"走马换将";在谈判过程中常用"不要转换话题,请直接回答我的问题"、"这是无条件的,不可讨论"、"非如此不能授予合同"等。

案例链接 10-3

军事语言的应用

谈判桌前,一位身材魁梧、50 多岁的海外部长同一位精干利落的 30 多岁左右的业务员准备谈判。这位部长傲气十足,架子端得很高,根本没有把年轻人放在眼里。因此,在谈判桌上部长明知故问:"贵方谁是主谈?"并说,"我能全权决定问题,贵方呢?"年轻人先忍让了一着,很有礼貌地回答:"我很荣幸地授命与您洽谈该项目,希望多多指教。"接着,年轻人寻机反击。他抓住了对方资料准备不足的问题说道:"此事我已向贵方提出,但贵方至今未能准备好,工作效率太低,如果影响谈判进度和效果,应由贵方负责。"此后,年轻人又利用洽谈中对方怕承担责任,不敢在谈判时答应技术保证一事而追逼对方:"这些本是正常的、合理的要求。在第一天的会上,您也讲了您能全权决定问题。既然如此,为什么在这些小事上作不了决断呢?我认为这有失您的身份。"

年轻人运用军事语言,软硬相间的一席话,使部长脸红一阵、白一阵,尽管进攻性强,但效果良好,甚至就连部长的助手们也都认为年轻人有理。后来部长主动改变了态度,反过来称赞年轻人机敏、能干,在随后的合同签订过程中,问题很快得到了解决。

(四)商务法律语言

法律语言是指商务谈判业务所涉及的有关法律规定的用语。不同的商务谈判业务要运用不同的法律语言。每种法律语言及其术语都有特定的含义,不能随意解释使用。法律语言具有规范性、强制性和通用性等特征。通过法律语言的运用,可以明确谈判双方的权利、义务、责任等。

知识链接 10-1

典型的商务、法律语言

（1）国际商会编写的《2010 年国际贸易术语解释通则》(International Rules for the Interpretation of Trade Terms)明确地对"装运港船上交货(FOB)"、"成本加运费(CFR)"、"成本加运保费(CIF)"等定义、表达方式及要求进行了规范化。

（2）一系列国际协定和惯例,如《跟单信用证统一惯例》(Uniform Customs and Practice for Documentary Credits)、《关税与贸易总协定》(General Agreement on Tariff and Trade, GATT)等等也给商务、法律语言提供了丰富的、适用的词汇。常用的有"技术转让"、"工业产权"、"进口、转让、易货、补偿贸易、合作生产、合资经营、寄售、拍卖"等贸易形式用语,还有贸易业务中的"滞销、畅销、抢手、水货、倾销"、"市场垄断、竞争"、"货比三家"、"汇率浮动、币值坚挺"、"电汇、信汇、托收、信用证、保函"等。

二、商务谈判各阶段各类语言的运用

在商务谈判中,因谈判的阶段不同,谈判对象、环境、目的、话题、策略也都有所不同,四种谈判语言应根据客观需要来运用,从而做到有的放矢、对症下药。

1. 谈判的准备阶段

谈判的准备阶段,应以法律语言和军事语言为宜。因为要准备各种技术资料,必须能体现出商务、法律性,讨论交谈多在内部,为了鼓舞斗志,强调要点,建立信心,军事语言必不可少。

2. 谈判的开局阶段

谈判的开局阶段,应以文学语言和外交语言为宜。因为开局阶段对整个谈判过程具有相当重要的影响和制约作用,使用文学、外交语言的具体目标就是建立轻松、诚挚、和谐的谈判气氛。

3. 谈判的磋商阶段

谈判的磋商阶段,应以法律语言为基础,穿插文学语言和军事语言。因为在磋商阶段多涉及具体的业务问题,所以应用法律语言,但在阐述观点或提出质疑时,可用文学、军事语言,柔中带刚,促使协议达成。

4. 谈判的成交阶段

谈判的成交阶段,应以军事语言为主,法律语言为辅。因为谈判后期,话题逐渐变窄,谈话语气也由商量变得坚定、简洁,而且具有承诺的意味,不允许有拖泥带水的表态,否则会造成误会,所以应用军事语言。另外,最后的签约不可放松警惕,避免事后不必要的纠纷,应以外交、法律语言定乾坤。

案例链接 10-4

外交语言和军事语言的结合运用

在某个材料价格的谈判中,当主要设备购买合同中已有协议价,卖方职高年长的主谈人将其中两项量大的材料涨价 15% 时,买方主谈人仅表示:"原则上同意按协议价增订材料,这两项涨价不合适,请贵方再考虑。"于是,卖方董事经过一番研究之后同意作一次降价,但仍然坚持要涨 5%。此时,买方回答说:"这不是 5% 的问题,而是信誉问题。"会下,买方主谈人与卖方主谈人交谈,他说:"我认为今天这件事对您的面子影响很大,钱比起主合同不算多,但给我的同事们的印象不好,好像您不守信用,与您的身份也不符。我建议您能从大处着想、从长远着想。身为公司的要员深知价格政策的制定原则,实际上,这件事您很容易办到。再说,我方刚与贵方订有协议价,要马上涨价 5%,这在我方价格制度上也很难通过,因此,请您三思,不要因小失大。"

一席话,包含了浓厚的外交性处理色彩。会上原则表态,礼貌且婉转地坚持立场,会下则是以尊重、体谅,从为对方着想入手论述其不当、不妥之处。而买方对已有协议价不可再调的表态,则坚定明确,使对方无幻想可存,具有军事语言的特征。敬与不敬,相辅相成,敬其自尊心,不敬其言行。结果,卖方不仅同意不涨价,而且对以后增订的量,还同意优惠折扣 5%,同时对买方主谈人也表示感谢。

知识链接 *10-2*

外交语言和文学语言的结合运用

当同职务低、年轻、内向的业务员谈判时,宜以外交、文学语言表达自己的思想,让对方感到其备受尊敬,从而能把自己当成朋友。有信心,才能够冷静思维,有条理地把想要说的话都说出来,自己也可以准确地了解对方的一些实际情况。谈判宜先从对方的学历、经历谈起,而不是马上谈生意,可问及对旅行的感受、个人的爱好等。同时,适当地对对方的回答、表现出的仪表和风度给以贴切的赞扬,这样就会使谈判气氛轻松起来。转入正题时,也尽量注意少用或不用一些生硬的字眼,如"讨价还价"、"决定利益"等等,而是用"来,我们商量一下","让我听听您的看法","看我能不能帮助您做成这笔生意"等。即使对对方开出条件不满意,也不必说"不同意这个价",可以说"转告您的老板,他的条件不合理","我有困难,您听到了我的解释,麻烦您回去转告负责人","我真的很想帮助您,可惜无能为力"等委婉、含蓄的语句,使对方虽然交易上不成功,但心理上也不会受挫折。

在谈判的整个过程中,每一类型语言可单独使用,也可穿插使用,具体地说应根据客观实际来选择。

三、无声语言的具体类型

商务谈判的无声语言是指商务谈判人员凭有声语言之外的信息符号,包括身体动作、面部表情以及声调变化等来与对手交流思想、沟通信息的过程。在商务谈判实践中,无声语言与有声言语一般相结合使用,无声语言有时能表达口语所无法表达的意思或无法传播的信息,发挥着特殊的替代、补充、暗示和调节作用。传播学家艾伯特·梅拉比安曾提出一个公式:信息的全部表达 = 7% 语调(在这里特指有声语言表达)+ 38% 声音 + 55% 表情,其中,表情是无声语言的符号,这表明在谈判沟通过程中有相当大程度的信息沟通是通过无声语言进行的。这种无声的体态语言可以表达口语所无法表达的意思,和口语有效的结合可以大大提高谈判沟通的效率。

无声语言具体分为以下三种类型:

1. **默语言**

商务谈判中,默语是谈判主体借助非有声语言来传递信息、沟通感情的一种不出声的伴随语言,主要表现形式是停顿语。

停顿语就是谈判主体通过句子当中、句子之间保留的间隙所传递的信息,是一种超越语言力量的传播方式。停顿可以表示赞许、抗议、强调等意义,能以最简单的形式表达出丰富的内容。实验表明,说话时应当每隔30秒停顿一次:一是加深对方印象;二是给对方机会,对提出的问题作出回答或加以提问。

当然,并不是说停顿得越多越有利,谈判者使用停顿语必须加以控制,否则会给对方矫揉造作或准备不充分的感觉。

2. **体语言**

体语言是指谈判主体的身体语言,通过谈判者的服饰、动作、面部表情等来传递信息的一种无声语言。谈判者既要正确应用体语,即对自己的体语加以控制、调整;又要通过观察、分析对方的体语来解读对方的情感、态度和意图,以此把握谈判的主动权。

体语包含的内容很多,下面就服饰、手势及目光进行重点分析:

(1)服饰语。谈判中的第一印象很重要,服饰就在其中起了很大作用,第一次会面的人往往会根据服饰来判断对方的为人。谈判桌上,人的服饰也在传播信息和与对方沟通。合适的服饰不仅能够显示外表风度的美,还能表示己方对谈判的重视,因此,商务谈判人员应根据谈判环境、谈判场所和谈判对手来恰当地选择服饰。

(2)手势语。很多情绪可以通过手势反映出来。比如,握手可以反映出对方是强硬的、温和的或是理智的。在西方,一个人如果在用右手与对方相握的同时,又把左手放在他的肩膀上,人们就会认为此人精力充沛或者权力欲很强。要注意千万不要用手指直指谈判对手。

(3)目光语。俗话说:"眼睛是心灵的窗户。"因此谈判时第一次的目光接触最为重要。观察和了解对方的态度最直接的方法即是注视对方的目光。人们很容易从目光的接触中,了解对方是开诚布公还是躲躲闪闪,是以诚相待还是怀疑猜测。因此步入会场时,一定要以开诚布公、友好和善的态度出现,目光中要充分表现出可信和自信,切记不要直勾勾地紧逼对方。

3. **类语言**

类语言是指一种有声而无固定语义的语言,其形式主要有语调、语速、重音、重复和笑声。

恰当而自然地运用语调,是顺利交往和谈判成功的条件。一般情况下,柔和的语调表示坦率和友善,在激动时语调会有颤抖,表示同情时语调则略有低沉。语言本身的含义会随着语调的变化而变化,同一句话用不同的语调说出来,所表达的意思也会有所不同。成功的谈判者之所以能打动对方的心,除了谈话内容精辟、言辞美妙之外,他的语调、节奏、音量都是运用得恰到好处。

在谈判中,应注意根据对方的理解程度,以及所讲内容重要与否,来控制和调整讲话的速度。谈判者说话的目的是让对方听懂记住,说得太快,对方既听不清,也记不住,不仅达不到说话者预期的目的,还可能使对方产生不被尊重的感觉。因此,在向对方介绍谈判要点或阐述主要议题时,想引起对方的注意,语速要适当放慢,好让对方听清楚,并能记下来。当然,速度也不要太慢,更不要长时间地吐单字。

所谓重音,是指谈判者根据表达的需要,故意把某句话、某个词说得重一些。一般情况下,重音表示强调,但有时谈判者也会利用重音表示气愤、激动、不满等情绪。例如:"这个价报的真是不错呀。"如果把重音放在"真是"上,就可表示说话者的不满。

在谈判中,当一方滔滔不绝地阐述观点、发表意见时,突然有意识地重复某几句话,确实能起到意想不到的作用。它可以引导听者对重复的内容进行回顾、咀嚼、思考,从而加深双方的理解和沟通。

不同的笑声表示着不同的真实意图。谈判中,笑声可传递正信息,也可表示负信息。例如,扬头大笑可能表示高兴、赞许,也可能表示讽刺和无奈。

四、商务谈判语言的特点

美国企业管理学家哈里·西蒙说过:"成功的人都是出色的语言表达者。"同样,成功的商务谈判都是谈判双方出色运用语言艺术的结果。商务谈判语言是处理谈判中双方关系的关键,如果双方的愿望或要求用不恰当的语言来表达,就会导致不和谐的后果。

商务谈判语言一般呈现以下特征:

(一)客观性

俗话说"事实胜于雄辩"。谈判过程中的语言必须以客观事实为依据,并且运用恰当的语言,向对方提供令人信服的依据,这是一条最基本的原则,也是其他一切原则的基础。离开了客观性原则,即使三寸不烂之舌,或者不论语言技巧有多高明,都只能成为无源之水、无本之木。

坚持客观性原则,对于供货方来说,主要表现在:介绍本企业情况要真实;介绍商品性能、质量要恰如其分,同时亦可附带出示样品或进行演示,还可以客观介绍用户对该商品的评价;报价要切合实际,不可漫天要价,既要努力谋取己方利益,又要不损害对方利益;确定支付方式要充分考虑到双方都能接受、双方都较满意的结果。

对于需求方来说,谈判语言的客观性表现在:介绍自己的购买力不要夸大失实;评价对方商品的质量、性能要中肯,不可信口雌黄,任意褒贬;还价要充满诚意,如果提出异价,要充分说明理由。

谈判语言具有客观性,能使双方自然而然地产生"坦诚相待"的良好交谈氛围,从而为促使双方谈判成功奠定基础。

(二)规范性

商务谈判的主体语言涉及谈判的每一个议题的定义以及条件的确立。除了工业技术描述外,涉及交易本身以及契约文字的部分均属商务、法律语言。由于利害关系,特别是涉外谈判双方又各处于不同制度、法律、规则的管辖内,要明确谈判双方各自的权利与义务、权限与责任,以减少各种风险。尤其是在讨价还价等关键时刻,更要注意一言一语的准确性,须知"一言可以兴邦,一言亦可误国"。在谈判过程中,由于一言不慎导致谈判走向歧途,甚至导致谈判失败的事例屡见不鲜。只有以严密的措辞、规范统一的语言或符号、逻辑清晰的结构来描述并拟定各种契约,才能将双方合作引向成功。我们上面所讲到的"商务法律语言"就是最常用的专业、规范用语,客观上各国或地区不但受其国内法律的制约,同时还要受到国际商法的制约。

谈判中引入一些行话,可以判断对手的专业知识水平及敏感度,从而可以判断其对某一问题的了解程度。在当今高科技、金融、运输、保险和法律领域,都形成了衡量一位谈判者是否真正具有谈判资格的制式标准。有时为了弄清楚对手对专业知识的掌握程度，找到对手的知识漏洞，谈判人员会故意使用一些缩略语、缩略词和专业技术词汇。

（三）针对性

谈判语言的针对性，是指根据谈判的不同对手、不同目的、不同阶段的不同要求，使用不同的语言。在商务谈判中，语言的针对性要强，要做到有的放矢；模糊、啰嗦的语言，会使对方疑惑、反感，降低己方威信，成为谈判的障碍。提高谈判语言的针对性，要求做到：

①根据不同的谈判对象，采取不同的谈判语言。不同的谈判对象，其身份、性格、态度、年龄、性别等均不同。在谈判时，必须反映这些差异，从谈判语言技巧的角度看，这些差异透视得越细，洽谈效果就越好。

②根据不同的谈判话题，采用不同的谈判语言。

③根据不同的谈判目的，采用不同的谈判语言。

④根据不同的谈判阶段，采用不同的谈判语言。如在谈判开始时，以文学、外交语言为主，有利于联络感情，创造良好的谈判氛围；在谈判进程中，应多用商业法律语言，并适当穿插文学、军事语言，以求柔中带刚，取得良效；谈判后期，应以军事语言为主，附带法律语言，以定乾坤。

知识链接 10-3

针对不同的谈判对手

对脾气急躁，性格直爽的谈判对手，运用简短明快的语言可能受欢迎；对慢条斯理的对手，则采用春风化雨般的倾心长谈可能效果更好。在谈判中，要充分考虑谈判对手的性格、情绪、习惯、文化以及需求状况的差异，恰当地使用针对性的语言。

语言表达还要针对同一谈判对手的不同需要，针对不同的商品，恰当地使用有针对性的语言，或重点介绍商品的质量、性能，或侧重介绍本企业的经营状况，或反复阐明商品价格的合理性等。

知识链接 10-4

针对不同商品进行说明

对于别墅、名车、高尔夫会员权等，是地位的象征，就要在这个"地位"上大做文章；对于汽车、音响、录像机、旅行、冷暖气空调设备等，是人们追求舒适和欢乐所要求的，就要不遗余力地在其提高生活质量方面加以说明；对于微波炉、复印机、全自动洗衣机、个人电脑等，要在机能和经济性上给对方以说明；对于各种保险、优秀的机器、零件、原料等，要侧重于安全和责任感的说明；对于被称为"奢侈品"的钢琴、大型音响设备、昂贵的化妆品、珠宝等，可以抓住买者的虚荣感大加渲染。抓住商品有侧重地、有针对性地加以说明，便会恰到好处。

（四）准确性

谈判就是协商合同条款，明确双方各自的责任、义务，因此，不要使用模棱两可或概念模糊的语言，除非在个别的时候出于某种策略的需要。

商务谈判中使用语言是为了传递信息，让对方明确讲话的内容是语言的基本要求。谈判语言表达准确是指说话要口齿清楚，发音准确，要使用标准化的语言（例如，国内谈判用普通话,涉外谈判用英语),不便使用自造的词语,当使用能产生不同理解的言辞时要说明使用这一语言的确切含义,不要让对方产生歧义,要使自己的每一句话都能让对方明白无误。当同外国人谈判而使用翻译的时候,还要注意与翻译的沟通,减少由翻译原因造成的语言传递失真。

案例链接 *10-5*

准确地表达能够掌握谈判的主动权

美国谈判专家尼尔伦伯格在《谈判的奥秘》一书中举例说:美国大财阀摩根想从洛克菲勒手中买一大块明尼苏达州的矿地。洛氏派了手下一个叫约翰的人出面与摩根交涉。见面后,摩根问:"你准备开什么价?"约翰答道:"摩根先生,我想您说的话恐怕有点不对。我来这儿并非卖什么,而是你要买什么才对。"几句话,说明了问题的实质,从而掌握了谈判的主动权。

上述语言技巧的几个原则,都是在商务谈判中必须遵守的,其目的是为了提高语言技巧的说服力。在商务谈判的实践中,不能将某个原则绝对化,单纯强调一个方面或偏废其他原则。必须坚持上述几个原则的有机结合和辩证统一,只有这样才能达到提高语言说服力的目的。

知识素养二　商务谈判中的"听"、"问"、"答"技巧

一、谈判中的倾听艺术

基督教义《西拉书》告诫我们:如果你喜欢倾听,就会获得知识;如果你善于倾听,就会变得智慧。戴尔·卡耐基也认为:在生意场上,做一名好听众远比自己夸夸其谈有用得多。如果对客户的话感兴趣,并且有急切想听下去的愿望,那么订单通常会不请自到。

在商务谈判中,倾听和讲话一样具有说服力。倾听者聚精会神,调动知识、经验储备及感情等,使大脑处于紧张状态。接受信号后,立即加以识别、归类、解码,作出相应的反应,表示出理解或疑惑、支持或反对、愉快或难受等。这种与谈话者密切呼应的听,就是积极倾听。积极倾听既有对语言信息的反馈,也有对非语言信息,即表情、姿势等的反馈。听一番思想活跃、观点新颖、信息量大的谈话,倾听者甚至比谈话者还要疲劳,因为倾听的人总要不断调动自己的分析系统,修正自己的见解,以便与说话人同步思维。

(一)倾听的重要性

(1)倾听是了解对方需要、发现事实真相的最简捷途径。谈判作为双方沟通和了解的活动,掌握信息是十分重要的。有效的倾听可以使谈判人员直接从谈判对手口中获得相关信息。众所周知,在传递信息的过程中,经历的环节越少,信息传递的渠道越直接,人们获得的信息就越充分、越准确。没有什么方式能比倾听更直接、更简便地了解对方的信息。

(2)倾听能够使谈判人员更真实地了解对方的立场、观点、态度,了解对方的沟通方式、内部关系,甚至是小组内成员的意见分歧,从而掌握谈判的主动权。不可否认,对方也会利用讲话的机会,向己方传递错误的信息或是对他有利的情报。这就需要倾听者保持清醒的头脑,根据自己所掌握的情况,不断进行分析、鉴别,确定哪些是正确的信息,哪些是错误的信息,进而了解对方的真实意图。

倾听对方的谈话,还可以了解对方态度的变化。有些时候,对方态度已经有了明显的改变,但是出于某种需要,却没有用语言明确地表达出来。但可以根据对方"怎么说"来推导其态度的变化。例如,当谈判进行得很顺利,双方关系很融洽时,双方都可能在对方的称呼上加以简化,以表示关系的亲密,但是,如果突然间改变了称呼,一本正经地称呼全名,甚至加上"同志",或是他的官衔,这种改变是关系紧张的信号,预示着谈判将出现分歧或困难。

(3)注意倾听是给对方留下好印象,改善双方关系的有效方式之一。专注地倾听别人讲话,表示倾听者对讲话者的看法很重视,能使对方产生信赖和好感,使讲话者形成愉快、宽容的心理,变得通情达理,更有利于达成一个双方都妥协的协议。当谈判人员认认真真地倾听谈判对手谈话时,可以让他们在倾诉和被倾听中获得尊重和自信,得到关心与尊重,从而有利于谈判的达成。

(4)倾听和谈话一样具有说服力,它常常使人不花费任何力气,取得意外的收获。

案例链接 *10-6*

一家美国汽车公司,想要选用一种布料装饰汽车内部,有三家公司提供样品,供汽车公司选用。公司董事会经过研究后,请他们每一家来公司作最后的说明,然后决定与谁签约。三家厂商中,有一家的业务代表患有严重的喉头炎,无法流利讲话,只能由汽车公司的董事长代为说明。董事长按公司的产品介绍讲了产品的优点、特点,各部门有关人员纷纷提出问题,董事长代为回答,而布料公司的业务代表则以微笑、点头或各种动作来表达谢意。结果,他博得了大家的好感。

会谈结束后,这位不能说话的业务代表却获得了50万码布的订单,总金额相当于160万美元,这是他有生以来获得的最大的一笔交易额。事后,他总结说:如果他当时没有生病,嗓子还可以说话的话,他很可能得不到这笔大数目的订单。因为他过去都是按照自己的一套办法去做生意,而且并不觉得让对方表示意见比自己头头是道地说明更有效果。

(5)倾听可以让谈判人员了解和掌握许多重要语言的习惯用法,从而在对方的谈话中捕捉到更多、更有用的信息。

一些重要语言的习惯用法在谈判中往往会成为人们运用谈判策略的技巧之一。例如,我们经常听到有人说:"说来……"这表示说话者故意给对手一种他突发奇想的印象,但以下的话十之八九便是他所要说的重要内容。在谈判中,重要内容常伪装以随便的口吻,以掩人耳目。再如,一个人说话之前可能会用"坦白地说"、"说实在的"这类词语,这很可能表示他根本不坦白、不实在。用这种说话方式,也属于一种掩饰。

理解和应用上述习惯用语,不仅仅限于其语言上的意义,更要注意其心理上的意义。许多情况下,这都是暗示说话者心中所想的问题。因此,要仔细倾听对方说什么、怎么说。这样,对方较隐蔽的动机和企图一旦流露出来,就能立刻捕捉到,为己方所用。

(二)倾听的障碍

倾听可以使谈判人员更多地了解对方,隐蔽自己,还可以使他们作出更好的决策,掌握谈判的主动权。但是,许多谈判人员只注意怎样在谈判中更好地表露自己的立场,劝说对方。他们字斟句酌地精心筹划发言提纲,常常陶醉在自我表达的良好感情之中,却不肯用一点时间考虑怎样倾听,从对方的谈话中获取什么,接受什么。

知识链接 **10 - 5**

影响谈判人员更好倾听的障碍至少有以下几种：

(1)许多谈判人员认为只有说话才是表白自己、说服对方的唯一有效方式，若要掌握主动，便只有说。

(2)先入为主的印象妨碍了谈判人员耐心地倾听对方的讲话。

(3)急于反驳对方的观点。在商务谈判中，有时谈判对手所陈述的观点是己方所不赞成的，此时很多谈判人员认为如果不尽早地反对对方的观点，可能就表示了己方的妥协。

(4)在所有的证据尚未拿出以前，轻易地作出结论。

(5)急于记住每一件事情，结果主要的事情反而没有注意到。

(6)常常主动地认定谈话没有实际内容或没有兴趣，不注意倾听。

(7)因一些其他事情而分心。

(8)有时想越过难以应付的话题。

(9)忽略某些重要的叙述。因为谈判人员可能会认为这些叙述是由自己认为不重要的人说出来的。

(10)从心理学角度来讲，人们会主动摒弃他们不喜欢的资料、消息。

(11)思维方式。有的谈判人员喜欢定式思维，不论对方讲什么，他们都马上跟自己的经验套在一起，用自己的方式去理解。这种思维方式使其难于接受新的消息，不善于认真倾听对方。

许多谈判人员忽略了倾听对方，但却常常自我安慰：没有什么，他讲的没有什么内容，重要的我们已掌握了或以后会掌握的。不幸的是，他们并没有掌握，而且以后也不会再掌握某些重要信息，错过这种花费最小、最直接、最方便的信息来源渠道有可能付出更大的代价。

(三)谈判中倾听讲话的技巧

在谈判中，倾听是重要的，也是必需的。一个优秀的谈判者，也一定是一个很好的倾听者。当然，要很好地倾听对方谈话，并非像人们想象的那样简单，倾听也是有技巧的。让谈判对手知道己方很注意倾听他们的谈话非常重要。以下介绍几种有效的倾听技巧。

1. 消除外在与内在的干扰

外在和内在的干扰，是妨碍倾听的主要因素。因此要改进倾听技巧的首要方法，就是尽可能地消除干扰，把注意力完全放在对方的身上，才能掌握对方的口头语言和肢体语言，明白对方说了什么、没说什么，以及对方的话所代表的感觉与意义。

2. 端正倾听态度，创造倾听机会

(1)克服先入为主的倾听做法。先入为主地倾听，往往会扭曲说话者的本意，忽视或拒绝与自己心愿不符的意见，这种做法其实是非常不利的。因为这种倾听者不是从讲话者的立场出发来分析对方的讲话，而是按照自己的主观意识来听取对方的谈话，其结果往往是听到的信息变形地反映到自己的脑海中，导致己方接受信息不准确、判断失误，从而造成行为选择上的失误。因此，必须克服先入为主的倾听做法，以将讲话者的意思听全、听透。倾听者一定要心胸开阔，要抛弃那些先入为主的观念。只有这样，才能正确地理解对方讲话所传递的信息，准确把握讲话者的重点，才能认真听取、接受对方的反对意见。

如果无法接受讲话者的观点，则还是要尊重对方及其观点。这样可以让对方了解，己方一直在认真倾听，而且也听懂了其讲话的内容。虽然己方不一定同意对方的意见，但应该予以尊重。若是己方一直无法接受对方的观点,双方就很难彼此接纳,或共同建立融洽的关系。尊重对方的意见能够帮助讲话者建立自信,使其更能够接受己方不同的意见。

(2)注意不要因轻视对方、抢话、急于反驳而放弃倾听。人们在轻视他人时,常常会自觉不自觉地表示在行为上,比如,对对方的存在不屑一顾,或对对方的谈话充耳不闻等。在谈判中,这种轻视的做法有百害而无一益,因为这不仅表现了自己的狭隘,更重要的是难以从对方的话中获得己方所需要的信息,如判断对方信息的真伪、反驳对方的信息等。同时,轻视对方还可能招致对方的敌意,甚至导致谈判关系破裂。

倾听对方讲话,还要学会约束、控制自己的言行,如不要轻易插话、打断对方的讲话,也不要自作聪明地妄加评论。通常人们喜欢听赞扬的语言,不喜欢听对立的语言。如果听到反对意见时,总是忍不住要马上批驳,或者过于喜欢表露自己,这都会导致与对方交流不畅。过多地讲话或打断别人讲话,不仅会影响自己倾听,也会影响对方对己方的印象或者评价。

谈判中,抢话的现象也时有发生。抢话不仅会打乱别人的思路,也会耽误自己倾听对方的全部讲话内容。因为在抢话的同时,大脑的思维已经转移到如何抢话上去了,这里所指的抢话是急于纠正别人说话中的所谓错误,或用自己的观点取代别人的观点,是一种不尊重他人的行为。因此,抢话往往会阻塞双方的思路和感情交流的渠道,对创造良好的谈判气氛非常不利。

另外,谈判人员有时也会出现在没有听完对方讲话的时候,就急于反驳对方某些观点的情况,这样也会影响到收听效果。事实上,如果对对方的讲话听得越详尽、全面,反驳起来就越准确、有力。相反,如果对对方谈话的全部内容和动机尚未全面了解时就急于反驳,不仅会显示自己浅薄,而且常常会使己方在谈判中陷入被动。

虽然说打断别人讲话是一种不礼貌的行为,但是如果是"乒乓效应"则是例外。所谓"乒乓效应",是指听人说话的一方要适时地提出许多切中要点的问题或发表一些意见感想,来响应对方的说法。还有一旦听漏了一些地方,或者是不懂的时候,要在对方的话暂时告一段落时,迅速地提出疑问之处。

3. 改善倾听方式

(1)专心致志,集中精力地倾听。谈判人员在听对方讲话时,要特别地聚精会神,同时,还要配以积极的态度去倾听。

为了专心致志,就要避免出现心不在焉"开小差"的现象发生。即使自己已经熟知的话题,也不可充耳不闻,万万不可将注意力分散到研究对策的问题上去。因为这样非常容易出现万一讲话者的内容有隐含意义时,我们却没有领悟到或理解错误,造成事倍功半的效果。

精力集中地听,是倾听艺术最基本、最重要的问题。据心理学家统计证明,一般人说话的速度为每分钟 120~180 个字,而听话及思维的速度,则大约要比说话的速度快 4 倍左右。因此,往往是讲话者话还没有说完,倾听者就大部分都能够理解了。这样一来,听者常常由于精力的富余而"开小差"。那么万一这时对方讲话的内容与己方理解的内容有偏差,或是对方传递了一个重要信息,而被己方漏听,那么真是追悔莫及。

因此,我们必须注意时刻集中精力,用积极的态度倾听对方的讲话,这样的倾听成功的可能性就比较大。注意在倾听时注视讲话者,主动地与讲话者进行目光接触,并做出相应的表情,以鼓励讲话者,比如可扬一下眼眉,或是微微一笑,或是赞同地点点头,抑或否定地摇摇头,也可不解地皱皱眉头等。这些动作配合,可帮助我们精力集中,帮助起到良好的收听效果。

(2)通过记笔记来达到集中精力。通常,人们即时记忆并保持所听内容的能力是有限的。

为了弥补这一不足,应该在倾听时做大量的笔记。记笔记的好处在于:一方面,可以帮助自己回忆和记忆,而且也有助于在对方发言完毕之后,就某些问题向对方提出质询,同时,还可以帮助自己作充分的分析,理解对方讲话的确切含义与精神实质;另一方面,通过记笔记,给讲话者的印象是重视其讲话的内容,当停笔抬头望望讲话者时,又会对其产生一种鼓励的作用。

对于商务谈判这种信息量较大且较为重要的活动来讲,一定要动笔作记录,不可过于相信自己的记忆力。因为谈判过程中,人的思维在高速运转,大脑接受和处理大量的信息,加上谈判现场的气氛又很紧张,所以只靠记忆是办不到的。

(3)有鉴别地倾听对手发言。在专心倾听的基础上,为了达到良好的倾听效果,可以采取有鉴别的方法来倾听对手发言。

首先,很多人都不敢直接说出自己真正的想法和感觉,他们往往会运用一些叙述或疑问百般暗示,来表达自己内心的看法和感受,但是这种暗示性的说法有碍沟通。因为如果遇到不良的听众,他们话中的用意和内容往往被人所误解,最后就可能会导致双方的失言或引发言语上的冲突,所以一旦遇到暗示性强烈的话,就应该鼓励讲话人再把话说得清楚一点。

其次,找出重点,并且把注意力集中在重点上面。讨论问题的细节也许很有趣,可是找出对方话中的重点,并且把注意力集中在重点上面,才比较容易从对方的观点中了解整个问题。只要不再过于注意各种细枝末节,就不会因为没有听到对方话中的重点或是错过主要的内容,而浪费了宝贵的时间,或者作出错误的假设。

英国作家拉迪亚德·吉卜林曾经这样描述恰当的提问与回答:"我有六个忠实的仆人,他们可以告诉我所有想知道的事情,他们的名字是:什么、为什么、何时、何地、怎么样、谁。"在谈判人员倾听对方谈话的时候,如果掌握了吉卜林这六个"忠实仆人"的要素,就会对掌握对方讲话的重点大有帮助。

总之,倾听者在需要用心倾听的基础上,还要鉴别讲话者传递过来的信息的真伪,做到去粗取精、去伪存真。这样即可抓住重点,收到良好的倾听效果。

(4)使用并观察肢体语言。当我们在谈话的时候,即使还没开口,我们内心的感觉,就已经透过肢体语言清清楚楚地表现出来。倾听者如果态度封闭或冷淡,讲话者很自然地就会特别在意自己的一举一动,不愿意敞开心胸。从另一方面来说,如果倾听者态度热情,那就表示愿意接纳对方,很想了解对方的想法,讲话者就会受到鼓舞。这些肢体语言包括自然的微笑,不要交叉双臂,手不要放在脸上,身体稍微前倾,常常看对方的眼睛,点头等。

(5)反应式倾听。反应式倾听是指重述刚刚所听到的话,这是一种很重要的沟通技巧。己方的反应可以让对方知道他们一直在被倾听。但是反应式倾听不是像鹦鹉一样,仅仅是重复对方所说内容,而是应该用自己的话,简要地叙说对方的重点。反应式倾听的优点主要是让对方觉得自己受到重视,能够掌握对方的重点,让对话不至于中断。

二、谈判中的提问方法

著名哲学家弗朗西斯·培根曾经说过,谨慎的提问等于获得了一半的智慧。沃纳·海森堡也认为,大自然从不轻易泄露自己的秘密,它只会对我们的提问作出回答。商务谈判中的提问,亦称发问,是人们在各种谈判中经常运用的语言形式。巧妙的提问有时能够达到长篇大论的陈述所达不到的效果。提问技巧主要包括三个因素:问什么问题、何时问问题、如何问问题。

提问前要摸清对方的真实需要,掌握对方的心理状态,弄清对方的状况后再有的放矢地抓住关键问题进行提问。

(一)提问的重要性

在谈判场合上,巧妙地向谈判对手提问,对于谈判人员来说有着诸多好处。

(1)有利于搜集信息。通过巧妙而恰当的提问,谈判人员可以从谈判对手那里了解更充分的信息。

(2)有利于保持良好的谈判关系。当谈判人员针对谈判对手的实际情况提出问题时,他们会感到自己是对方注意的中心。因此他们会在感到受关注、被尊重的同时,更积极主动地参与到谈话中来。

(3)有利于掌控谈判进程。主动发出提问,可以使谈判人员更好地控制谈判的细节,以及今后与谈判对手进行沟通的总体方向。那些经验丰富的谈判人员,总是能够利用有针对性的提问,来逐步实现自己的谈判目的,并且还可以通过巧妙的提问来获得继续与谈判对手保持友好关系的机会。

(4)有利于减少与谈判对手之间的误会。在与谈判对手沟通的过程中,很多谈判人员都经常遇到误解谈判对手意图的问题。不管造成这种问题的原因是什么,最终都会对整个沟通进程造成非常不利的影响,而有效的提问则可以尽可能地减少这种问题的发生。

所以,当谈判人员对谈判对手要表达的意思或者某种行为意图不甚理解时,最好不要自作聪明地进行猜测和假设,而应该根据实际情况进行提问,弄清对手的真正意图,然后根据具体情况采取合适的方式进行处理。

总之,通过巧妙而恰当的提问,谈判人员可以摸清谈判对手的的需要,把握对方的一些实情,获取自己想要得到的信息。提问还可以巧妙地表达自己的见解,控制谈话的方向和谈判的进程。

(二)商务谈判中发问的类型

1. 封闭式发问

封闭式发问是指在特定的领域中能够带出特定的答复的一种问句。封闭式问句可使发问者获得特定的资料,而答复这种问句的人并不需要太多的思索即能给予答复。但是,这种问句有时会有相当程度的威胁性。

2. 澄清式发问

澄清式发问是指针对对方的答复重新提出问题,以使对方进一步澄清或补充原先答复的一种问句。澄清式问句的作用在于:它可以确保谈判各方能在叙述"同一语言"的基础上进行沟通,而且还是针对对方的话语进行信息反馈的有效方法,是双方密切配合的理想提问方式。

3. 强调式发问

强调式发问旨在强调自己的观点和己方的立场。

4. 探索式发问

探索式发问是指针对对方答复要求引申或举例说明,以便探索新问题、找出新方法的一种问句。探索式发问不但可以进一步发掘较为充分的信息,而且还可以显示发问者对对方答复的重视。

5. 借助式发问

借助式发问是一种借助第三者的意见来影响或改变对方意见的一种问句。采用借助式发问时,应该注意提出意见的第三者必须是对方所熟悉而且是对方十分尊重的人,才会对对方产生很大的影响力。否则,运用一个对方不很知晓且谈不上尊重的人作为第三者加以引用,则可能会引起对方的反感。因此,借助式发问应当慎重使用。

6. **强迫选择式发问**

强迫选择式发问旨在将己方的意见抛给对方,让对方在一个规定的范围内进行选择回答。运用这种问句要特别慎重,一般应在己方掌握充分主动权的情况下使用,否则很容易使谈判出现僵局,甚至破裂。需要注意的是,采用这种提问方式时语气不可过于强硬或尖锐,以免给对方留下专横跋扈、强加于人的不良印象。

7. **证明式发问**

证明式发问旨在通过己方的提问,使对方对问题作出证明或解释。

8. **多层次式发问**

多层次式发问是含有多种主题的问句,即一个问句中包含有多种内容。这类问句会因隐含过多的主题而使对方难以周全把握。许多心理学家认为,一个问题最好只包括一个主题,最多不能超过三个主题。当然,在一定情况下也可以灵活掌握。

9. **诱导式发问**

诱导式发问旨在开渠引水,对对方的答案给予强烈的暗示,使对方的回答符合己方预期的目的。这类问句几乎是对方毫无选择地按发问者所设计好的答案回答。

10. **协商式发问**

协商式发问是指为使对方同意自己的观点,采用商量的口吻向对方发问。这种提问语气平和,对方容易接受。而且,即使对方没有接受己方的意见,但是谈判的气氛仍能保持融洽,双方仍有继续合作的可能。

(三)提问技巧

1. **提问时应选择适当的时机**

提问时机的选择只有恰到好处,才能获得理想的效果,以下四种时机通常都会令人满意。

(1)在对方发言完毕之后提问。在倾听对方发言时,有时会出现马上就想反问的念头,切记这时不可急于提出自己的看法。因为这样做不但影响倾听对方其后的下文,而且会暴露己方的意图,并且对方可能会马上调整其后边的讲话内容,从而使己方可能漏掉本应获取的信息。此时恰当的方法是先把问题记录下来,等待对方讲完后,有合适的时机再提出问题。

(2)在对方发言停顿、间歇时提问。如果谈判中因对方发言冗长、不得要领、纠缠细节或离题太远而影响谈判进程时,那么可以在对方发言停顿、间歇的时候提问。这是掌握谈判进程、争取主动的必然要求。

(3)在己方发言前提问。在谈判中,当轮到己方发言时,可以在谈己方的观点之前对对方的发言进行提问。这类提问可以不是要求对方回答,而是自问自答,这样可以争取主动,防止对方接过话茬,影响己方发言。

在充分表达了己方的观点之后,为了使谈判沿着己方的思路发展,牵着对方的鼻子走,通常要进一步提出要求,让对方回答。

(4)在议程规定的辩论时间提问。大型商务谈判一般要事先商定谈判议程,设定辩论时间。在双方各自介绍情况和阐述的时间里一般不进行辩论,也不向对方提问,只有在辩论时间里,双方才可以自由提问,进行辩论。在这种情况下,要事先做好准备,可以设想对方的几个方案,针对这些方案考虑己方对策,然后再提问。在辩论前的几轮谈判中,要做好记录,归纳出谈判桌上的分歧后再进行提问。

2. 注意提问的态度

(1)要以诚恳的态度来提出问题。当直接提出某一问题,对方或是不感兴趣,或是态度谨慎而不愿展开回答时,可以转换一个角度,并且用十分诚恳的态度来询问对方,以此激发对方回答问题的兴趣。实践证明,这样做会使对方乐于回答,也有利于谈判者彼此在感情上沟通,有利于后续谈判的顺利进行。

(2)在商务谈判中,既不要以法官的态度来质问对方,也不要问起问题来接连不断。没有人喜欢被别人咄咄逼人地审问,一定要注意谈判提问时的态度。要知道,像法官一样审问谈判对方,会造成对方的敌对与防范的心理和情绪。因为双方谈判绝不等同于法庭上的审问,需要双方心平气和地提出和回答问题。另外,重复连续地发问,往往会导致对方的厌倦、乏味而不愿回答,有时即使回答,也只是敷衍了事。

(3)提问后应耐心听完对方回答。提出问题后应闭口不言,专心致志地等待对方作出回答。通常的做法是,当己方提出问题后,应闭口不言。如果这时对方也是沉默不语,则无形中给对方施加了一种压力。这时,己方要保持沉默,由于问题是由己方提出来的,对方就必须以回答问题的方式打破沉默,或者说打破沉默的责任将由对方来承担,这种发问技巧必须掌握。

(4)对方回避时应更有技巧更耐心地提问。如果对方回答问题的答案不够完善,或者回避不答,这时不要强迫追问,而是要有耐心和毅力地等待时机的到来,然后再继续追问。这样做体现了对对方的尊重,同时,再继续回答问题也是对方的义务和责任,当回答时机成熟时,对方不能也不会推卸。

知识链接 10-6

提出什么样的问题最有效?
(1)问能够引起对方注意的问题。
(2)问能够向对方表明己方的感受的问题。
(3)问能够引起对方做出结论的问题。
(4)问能够使对方流露真实意图的问题。

3. 注意提问的方式

(1)应该预先准备好问题,最好是一些对方不能够迅速想出适当答案的问题,以期收到意想不到的效果。同时,预先有所准备也可预防对方反问,从见到谈判对手的第一时间起就要关注整体环境和对方透露出来的重要细节。只有建立在最充分信息的基础上的提问,才更具有针对性。

(2)要避免提出那些可能会阻碍对方让步的问题,这些问题会明显影响谈判效果。事实上,这类问题往往会给谈判的结局带来麻烦。提问时,不仅要考虑自己的退路,同时也要考虑对方的退路,要把握好时机和火候。

(3)在适当的时候,己方可以将一个已经发生,并且答案也是己方知道的问题提出来,验证一下对方的诚实程度,以及其处理事物的态度。同时,这样做也可给对方一个暗示,即己方对整个交易的行情是了解的,有关对方的信息己方也是掌握很充分的,这样做可以帮助己方进行下一步的合作决策。

（4）提出问题的句式应尽量简短。在商务谈判过程中,提出问题的句式越短越好,而由问句引出的回答则是越长越好。因此,己方应尽量用简短的句式来向对方提问。

(四)谈判中一般不宜提出的问题

1. 不应提出带有敌意的问题

谈判人员在进行谈判的过程中,不应该抱有敌对心理,应该尽量避免可能会刺激对方产生敌意的问题。因为一旦含有敌意,就会伤害双方的谈判关系,最终影响谈判目的的达成。

2. 不应提出有关对方个人生活和工作方面的问题

对于大多数国家和地区的人来说,回避询问个人生活和工作方面的问题已经成为一种习惯。

3. 不要直接指责对方品质和信誉方面的问题

在谈判过程中,也很忌讳直接指责谈判对手在某个问题上不够诚实。这样做不仅会使对手感到不快,而且还会影响彼此之间的真诚合作。有时,这样做非但无法使对方变得更诚实,反而还会引起对方的不满,甚至忌恨。事实上,商务谈判双方的真真假假、虚虚实实是很难用是否诚实这一标准来判断。

4. 不要为了表现自己而故意提问

为了表现自己而故意提问,会引起对方的反感。特别是不应提出与谈判内容无关的问题,以显示自己的"好问"或者"谦虚"。要知道,故意卖弄的结果往往是弄巧成拙,被人蔑视。

四、谈判中的对答艺术

有问有答是人们进行语言交流的常识,但是问有技巧,答也有艺术。问得不当,不利于谈判;答得不好,同样也会使己方陷入被动。谈判人员对所说的每一句话都负有责任,都将被对方认为是一种承诺。这就给回答问题的人带来了一定的精神负担和压力。因此,一个谈判人员水平的高低,在很大程度上取决于其答复问题的水平。

巧妙的回答是促成谈判的重要环节。谈判中的回答,是一个证明、解释、反驳或推销己方观点的过程。谈判中回复问题是一件很不容易的事情,为了能够有效地回答好每个问题,在谈判前,己方可以先假设一些难题来思考。事先考虑得越充分,所得到的答案就会越完美。无法回答谈判对手问题的人,不能称之为谈判高手。这就要求谈判人员具备丰富的相关知识,注意搜集资料,积累经验,预先准备好对手可能要问问题的答案。当面对没有意义的问题时也可以礼貌地回绝,谈判者有义务回答问题,但不等于必须回答对方的每一个问题。谈判者在面对复杂问题难以回答时,可以不作正面答复,或对对方问题的前提加以修饰,也可以找借口拖延答复,并且降低提问者追问的兴趣,让其难以发现漏洞。

(一)回答的原则

1. 针对性原则

回答对方的问题要有针对性,要具体、明确。不要在回答中含糊其辞,让对方捉摸不定,但要将问题回答得清楚明白,首先要倾听对方的谈话,摸清对方提问的目的,然后进行分析、判断,最后再作出有利于自己的回答。

2. 时间原则

回答问题之前,要给自己留一些思考的时间,思考对方提问的真实含义,搞清对方的真实意图,再决定自己的回答方式和范围,并预测在答复后对方的反应和己方的态度,考虑周详后再从容作答。

3."不要随便回答"原则

谈判者为了获取信息,占据主动,自然会利用提问来套取有利于他的信息,诱使对方上钩。因此,在不了解问话的真正含义前,千万不要贸然回答,以免暴露己方的底细,把不该说的事情说了出来。

4."不要全盘推出"原则

在谈判中面对谈判对手的提问,不要"全盘托出",即不能毫无保留地回答。在谈判中针对问题所作出的回答未必就是最好的回答,有时回答越明确、全面,就越是愚笨。回答的关键在于该说什么和不该说什么,有些问题不值得回答,有些问题只需作出局部的回答。如果己方老老实实地"全盘托出",就难免暴露自己的底细,使己方处于被动的地位。同时,当己方"全盘托出"之后,谈判对手不需要继续提问就获得了有用的信息,这样就失去了他们对己方继续反馈和与己方进行进一步交流的可能。

(二)回答的技巧

1. 四不要

(1)不要迅速地回答问题。商务谈判中谈判者所提出的问题,不同于同事之间的生活问话,必须经过慎重考虑后,才能回答。有人喜欢将生活中的习惯带到谈判桌上去,即对方提问的声音刚落,这边就急着马上回答问题,这种做法很不科学。其实,在谈判过程中,绝不是回答问题的速度越快越好,因为它与竞赛抢答是性质截然不同的两回事。

人们通常有这样一种心理,就是如果对方问话与己方回答之间所空余的时间越长,就会让对方感觉己方对此问题欠缺准备,或让对方以为己方几乎被问住了;如果回答得很迅速,就显示出己方已有充分的准备,也显示了己方的实力。谈判经验告诉我们,在对方提出问题之后,除非是非常熟悉的内容,否则立即回答对方的提问,未必是妥当的。己方可以稍作沉吟,喝一口茶,或调整一下自己的坐姿和椅子,或整理一下桌上的资料文件,或翻一翻笔记本等动作来延缓时间,以此考虑一下对方的问题。这样做既显得自然、得体,又可以让对方感觉己方对待问题的认真态度,并且减轻和消除对方的上述心理感觉。

(2)不要彻底地回答问题。在商务谈判当中,并非谈判对手提出的所有的问题都需要回答。在这些问题中,可能有些问题确实关系到后续的谈判,需要立即回答,有些问题并不需要立即回答,甚至根本无须回答,并且不影响后面的谈判进程。对于应该让对方了解或者需要表明己方态度的问题,需要认真回答;而对于那些可能会有损己方形象或一些无聊的问题,不予理睬就是最好的回答,但要注意礼貌和分寸。当然,用外交活动中的"无可奉告"一词来拒绝回答,或者干脆说"您真幽默","您真会开玩笑"等,也是回答这类问题的好办法。总之,回答问题时可以将提问者的问话范围缩小,或者不作正面回答,一笑了之。

(3)不要确切地回答问题。在谈判中,有时会遇到一些难以答复或者不便于答复的问题,对于此类提问,并不一定都要回答。要知道有些问题并不值得回答,而且针对问题的回答并不一定就是最好的回答。回答问题的关键在于该如何回答,而不是回答得对与否。因此,有时使用含糊其辞、模棱两可的回答,或使用富有弹性的回答,效果更理想。

案例链接 *10-7*

20世纪80年代初,荣毅仁先生前去香港创办中信实业公司,引起了港澳媒体的高度关注。荣毅仁先生一下飞机,记者们蜂拥而至,其中一位女记者不怀好意地问:"请问荣先生带了多少钱来香港?"荣先生未料到记者会问这样的问题,稍一愣,旋即微笑着回答说:"小姐,如同不能问女士多大年龄一样,不要问男士有多少钱!"女记者只好讪讪而退。

(4)不要回答不知道的问题。商务谈判当中涉及的内容可能非常广泛。每一个谈判人员都不是全才,不可能通晓各种知识。谈判中尽管准备得很充分,也经常会遇到陌生难解的问题。因此,对于谈判对手所提出来的自己不知道的问题,谈判人员应该坦率地告诉对方不能回答,或暂不回答,以避免不该付出的代价。谈判人员此时切不可为了维护自己的面子而强作回答,因为这样极有可能损害己方的利益。

有这样一个实例,我国某公司与美国外商谈判合资建厂事宜时,外商提出有关减免税收的请求。中方代表恰好对此不是很有研究,或者说是一知半解,可为了能够谈成交易,就盲目地答复了,结果使我方陷入十分被动的局面。经验和教训一再告诫我们:谈判者对不懂的问题,应坦率地告诉对方不能回答,或了解、请示之后再回答,以避免付出不应付出的代价。

2.四要

(1)要避正答偏。在有些情况下,谈判对手提出的某些问题己方可能很难直接给出答案,但是又不能拒绝回答。此时,有经验的谈判人员往往用避正答偏的回答技巧,即在回答这类问题时,故意避开问题的实质,而将话题引向歧路,借以破解对方的进攻。

其实,这只是应付对方的一个办法。比如,可跟对方讲一些与此问题关系不大的内容,东拉西扯,不着边际,说了一大堆话,看上去回答了问题,其实并没有回答,其中没有几句话是管用的。经验丰富的谈判人员往往在谈判中运用这一方法,这种办法看上去似乎头脑糊涂、思维错乱,其实却是技巧高明、功力深厚。

案例链接 *10-8*

一位西方记者曾经讥讽地问周恩来总理一个问题:"请问,中国人民银行有多少资金?"周总理深知对方是在讥笑中国的贫困,如果实话实说,自然会使对方的计谋得逞,于是答道:"中国人民银行货币资金嘛,有十八元八角八分,中国银行发行面额为十元、五元、二元、一元、五角、二角、一角、五分、二分、一分的十种主辅人民币,合计为十八元八角八分。"周总理巧妙地避开了对方的话锋,使对方无机可乘,被中国人民传为佳话。

(2)要答非所问。有些问题可以通过答非所问来给自己解围。答非所问在知识考试或学术研究中是一大忌,然而从谈判技巧角度来研究,却是一种对不能回答问题的一种行之有效的答复方法。

（3）要以问代答。以问代答是用来应付谈判中那些一时难以回答或不想回答的问题的方式。这种方法如同把对方踢过来的球又踢了回去，请对方在自己的领域内反思后寻找答案。例如，在商务工作进展不是很顺利的情况下，其中一方问对方"你对合作的前景怎样看？"这个问题在此时可谓难以回答。善于处理这类问题的对方可以采取以问代答的方式，"你对双方合作的前景又是怎么看的呢？"这时双方自然会在各自的脑海中加以思考和重视，对于打破窘境起到良好的作用。商务谈判中运用以问代答的方法，对于应付一些不便回答的问题是非常有效的。

（4）要针对对方的真实心理答复。谈判者在谈判桌上提出问题的目的往往是多样的，动机也往往是复杂的。如果在没有深思熟虑、弄清对方的真实意图之前，就按照常规来作出回答，效果往往不佳；如果经过周密思考，准确判断对方的用意，便可作出一个高水准的回答。

❖ 案例链接 10-9

艾伦·金斯伯格是美国著名的诗人。在一次欢迎中国作家代表团的宴会上，金斯伯格向中国作家提出了一个刁钻的问题：把一只 2.5 千克的鸡装进一个只能装 0.5 千克水的瓶子里，用什么办法才能把它取出来？中国作家镇静自若地答道："您是怎么放进去的，我就怎样把它取出来！显然您是凭嘴把鸡说进这只瓶子的，所以我也用嘴把鸡从瓶子里取出来。"中国作家的智慧和机敏的反应令金斯伯格大为赞叹。

实训项目

实训练习一　语言的选择

1. 实训目的

通过实训，掌握不同语言的作用以及应该如何选择不同的语言表达自己。

2. 实训要求

根据所提供的谈判背景资料，判断语言应如何选择。

3. 实训背景

中国某公司与美国公司谈判投资项目。其间双方对原工厂的财务账目反映的原资产总值有分歧。

美方：贵方财务报表上有模糊之处。

中方：贵方可以核查。

美方：核查也难，因为被查的依据就不可靠。

中方：贵方不应该空口讲话，应有凭据证明查账依据不可靠。

美方：所有财务证均系中方工厂所造，我作为外国人无法一一核查。

中方：那贵方可以请信得过的中国机构协助核查。

美方：目前尚未找到可以信任的中国机构帮助核查。

中方：那贵方的断言只能是主观的不令人信服的。

商务谈判

美方:虽然我方没有法律上的证据证明贵方账面数字不合理,但我们有经验,贵方的现有资产不值账面价值。

中方:尊敬的先生,我承认经验的宝贵,但财务数据不是经验,而是事实。如果贵方诚意合作,我愿意配合贵方查账,到现场一一核对物与账。

美方:不必贵方做这么多工作,请贵方自己纠正后,再谈。

中方:贵方不想讲理? 我奉陪!

美方:不是我方不想讲理,而是与贵方的账没法说理。

中方:贵方是什么意思? 我没听明白,什么"不是不想,而是没法"?

美方:请原凉我方的直率,我方感到贵方欲利用账面值来扩大贵方所占股份。

中方:感谢贵方终于说出了真心话,给我指明了思考方向。

美方:贵方应理解一个投资者的顾虑,尤其像我公司与贵方诚心合作的情况下,若让我们感到贵方账目有虚占股份之嫌,实在会使我方却步不前。

中方:我理解贵方的顾虑。但在贵方心理恐惧面前,我方不能只申辩这不是"老虎账",来说它"不吃肉"。但愿听贵方有何"安神"的要求。

美方:我通过与贵方的谈判,深感贵方代表的人品,由于账面值让人生畏,不能不请贵方考虑修改问题,或许会给贵方带来麻烦。

中方:为了合作,为了让贵方安心,我方可以考虑账面总值的问题,至于怎么做账是我方的事。如果我没理解错的话,我们双方将就中方现有资产的作价进行谈判。

美方:是的。

(以上是中方现有资产的作价谈判)

4. 实训过程

(1)上述谈判中,双方均运用了哪些语言?

(2)双方的语言运用有何不妥之处?

(3)如果你作为美方或中方代表会怎么谈?

5. 实训评价

可以把学生分组按照背景资料扮演不同角色,讨论案例中语言的不足,再尝试用别的语言,比较不同语言表达的效果。

实训练习二　提问和对答技巧实训

1. 实训目的

通过实训,检验自己作为一名合格的商务谈判人员是否具备良好的提问和对答能力。

2. 实训要求

根据所提供的谈判背景资料,灵活运用本项目所讲的提问和对答技巧。

3. 实训背景

美国一位著名谈判专家有一次替他的邻居与保险公司交涉赔偿事宜。谈判是在专家的客厅里进行的。理赔员先发表了意见:"先生,我知道你是交涉专家,一向都是针对巨额款项谈判。恐怕我无法承受你的要价。我们公司若是只出100元的赔偿金。你觉得如何?"

158

4. 实训过程

(1)假如你是这位谈判专家,你将如何进行这场谈判? 对于理赔员的提问,你将会作出怎样的回答?

(2)假如你是这位理赔员,如果谈判专家对于你所提出的理赔金额每次都提出"我不知道",你又该如何应对? 怎样进行巧妙的提问来达到降低理赔金额的目的?

5. 实训评价

[实训提示]结合本项目中对答的技巧,作出回答。

项目小结

商务谈判中的语言的类型包括商务外交语言、商务文学语言、商务军事语言、商务法律语言。在商务谈判中,因谈判的阶段不同,谈判对象、环境、目的、话题、策略也都有所不同,四种谈判语言应根据客观需要来运用。商务谈判的无声语言分为默语言、体语言、类语言。商务谈判语言具有客观性、规范性、针对性、准确性的特征。

影响倾听的因素有很多。谈判中倾听讲话的技巧包括:消除外在与内在的干扰;端正倾听态度,创造倾听机会;改善倾听方式。

巧妙地向谈判对手提问,有利于搜集信息,保持良好的谈判关系,掌控谈判进程,减少与谈判对手之间的误会。商务谈判中发问的类型包括:封闭式发问、澄清式发问、强调式发问、探索式发问、借助式发问、强迫选择式发问、证明式发问、多层次式发问、诱导式发问、协商式发问。提问时要掌握适当的技巧主要有:提问时应选择适当的时机;注意提问的态度;注意提问的方式。

巧妙的回答是促成谈判的重要环节。回答问题时要遵循以下原则:针对性原则、时间原则、"不要全盘推出"原则、"不要随便回答"原则。回答问题时要注意把握"四要"和"四不要"。

思考与案例分析

一、思考题

1. 在商务谈判中,倾听对方谈话有什么作用?

2. 在商务谈判中如何进行有效的倾听?

3. 在商务谈判中如何进行提问?

4. 在商务谈判中怎样回答谈判对手的问题?

二、案例分析

柯泰伦曾是前苏联派驻挪威的全权代表。她精明强干,可谓女中豪杰,她的才华多次在外交和谈判桌上得以展示。有一次,她就前苏联进口挪威鲱鱼的有关事项与挪威商人谈判。挪威商人精于谈判技巧,狮子大开口,想迫使买方把出价抬高后再与卖方讨价还价。而柯泰伦久经商场,一下识破了对方的用意。她坚持"出价要低,让步要慢"的原则。买卖双方坚持自己的出价,谈判气氛十分紧张。双方虽然都拿出了极大的耐心,但是都不肯调整己方的出价,进而希望削弱对方的信心,迫使对方作出让步。谈判进入了僵持的状态。

柯泰伦为了打破僵局,决定运用谈判技巧,迂回逼近。她对挪威商人说:"好吧,我只好同意你们的价格了。但如果我方政府不批准的话,我愿意以自己的工资支付差额,当然还要分期支付,可能还要支付一辈子的。"挪威商人只得调整报价,使谈判达成了双方都比较满意的结果。

请回答以下的问题:

1.柯泰伦是如何迫使挪威商人让步的?

2.谈判中采取的强硬态度能否获得预期的谈判目的? 为什么?

项目十一

商务谈判的文化和礼仪

学习目标

一、知识目标

1. 了解礼仪在商务谈判活动中的重要性及各种礼仪的内容
2. 了解一些特殊国家或地区的特别禁忌
3. 掌握影响国际商务谈判风格的文化因素

二、技能目标

1. 掌握美国商人的谈判风格
2. 掌握日本商人的谈判风格
3. 掌握英国商人的谈判风格
4. 掌握阿拉伯商人的谈判风格
5. 掌握中国商人的谈判风格

情境链接

国旗摆放的小插曲

2005年4月12日,美国的W公司来中国与我方D公司商谈关于双方合作事宜,我方热情接待,美方代表对我方的招待表示感谢,气氛很融洽。但是正式谈判开始的第一天,一进会场,美方代表就显得非常生气,转身就走,把中方谈判人员搞得莫名其妙,通过再三追问,才明白原来我方将谈判桌上的美国国旗摆到了左方,而根据以右为尊的国际惯例,为了表示尊重,客方的国旗应该在右方。我方赶紧进行解释,在中国传统中是以左为上,经过再三道歉并将国旗方向改过来后,谈判才终于得以正式开始,然而这一插曲却使双方原本融洽的气氛紧张起来,形成了开局不利的局面。

由上例可以看出,一些看似微小的礼仪漏洞往往可能决定着谈判的成败,所以商务谈判人员对商务谈判中的各种礼仪应该有足够的了解。

"哈依"引来的误会

纽约大学打算成立一家日本经济研究中心,大约需要300万美元基金,其中的150万想在日本筹集。于是他们派了一位很有名望的学者前来日本,拜会了首相和金融界的头面人物,结果得到了日本人"哈依"、"哈依"的回应。美国学者于是兴冲冲地回国了。当筹建工程开始实施后,日方却连一分钱也没捐出来,愤怒的学者马上拜会了日本驻美大使,强烈指责日方的不讲信用。

知识素养一 商务谈判礼仪

由于地理位置、经济发展水平、社会习俗、语言、逻辑思维等的不同,各个地区的文化存在着差异,国际间的文化差异就更大。人们之间进行谈判就有一个相互适应的问题,因而谈判的礼仪与礼节对谈判的成功就显得非常重要。

商务谈判礼仪是指商务谈判中双方或多方通过某种媒介,针对商务谈判中不同场合、对象、内容和要求,借助语言、表情、动作等形式,向对方表示重视、尊敬,塑造自身良好的形象,进而达到建立和发展诚挚、友好、和谐的谈判关系的交往过程中所遵循的行为准则和交往规范。

一、服饰礼仪

服饰礼仪是人们在交往过程中为了表示相互的尊重与友好,达到交往的和谐而体现在服饰上的一种行为规范。古今中外,着装从来都体现着一种社会文化,体现着一个人的文化修养和审美情趣,是一个人的身份、气质、内在素质的无言的介绍信。从某种意义上说,服饰是一门艺术,服饰所能传达的情感与意蕴甚至不是用语言所能替代的。在不同场合,穿着得体、适度的人,会给人留下良好的印象;而穿着不当,则会降低人的身份,损害自身的形象。同样的,在商务谈判中,端庄整洁而富有特点的衣着不仅传递着一种对对方尊敬和重视的信息,也能给双方留下良好的第一印象。因此,商务谈判人员必须对服饰问题予以足够的重视。

(一)着装的原则

TPO 原则是穿着和打扮的基本原则,T 表示时间(time),P 表示地点(place),O 表示场合(occasion)。TPO 原则的含义在这里是要求人们在选择服装、考虑款式时,首先应该兼顾到时间、地点、场合这三个要素,并力求使自己的着装与时间、地点、场合相吻合。

(二)服装的搭配

1. 西装的搭配

穿着西装时,必须掌握衬衫、领带、鞋袜、公文包与服装的搭配常识。

正式商务谈判活动中所穿的衬衫宜选全棉或棉纤维较多的混纺面料。前者适用于日常工作场合穿;后者不容易起皱,旅行时穿着更好。最好的衬衫是那种质朴、带有光泽的棉布衬衫,它和任何西装相配上去效果都很好。在两手伸直时,衬衫的袖子应该比西装袖子长 1~2 厘米左右,且衬衫领的高度应比西服领高出 1.5~2 厘米。

领带多选用真丝、羊毛面料,色彩可以使用蓝色、灰色、棕色、黑色、紫红色等单色,多色领带一般不应超过三种颜色,可用于各类场合。图案以条纹、圆点、方格等几何形状为主或者没有任何图案。通常,西装、衬衫、领带这三样中必须有两样是素色。西装、领带的颜色,必须跟头发、肤色、眼睛相配合。领带的长度应处于西装上衣与衬衫之间。

与西装配套的鞋袜,通常是深色、单色的,最合适的搭配是黑色。系带的黑色皮鞋最为常见,而磨砂皮鞋、翻毛皮鞋都不宜与西装搭配。

男士通常会随身携带一个公文包来放置相关物品。最标准的公文包是手提式长方形公文包,其他箱式、夹式、挎式、背式皮包均不可作为公文包使用。公文包的颜色应尽量接近皮鞋的颜色,一般不宜有图案、文字,材质以牛皮、羊皮为佳。包里的东西应摆放整齐,进入别人的室内后应将包放在主人指定的地方或置于自己座位附近的地板上。

另外,在搭配时还应该注意三色原则、"三一定律"、三大禁忌。三色原则是指全身不要超过三个色系,色系要尽量少,但不要完全一样。"三一定律"是指鞋子、腰带、公文包要同一个颜色。最好是黑色以代表庄重。三大禁忌则是指不穿尼龙袜(会臭),不穿白袜子,鞋子袜子浑然一色最好看;不要穿夹克打领带;袖子商标不拆代表未启封,具有盲流的基本特征。

2. 套裙的搭配

套裙的搭配通常应注意衬衫、内衣、衬裙、鞋袜等方面。

衬衫应选择轻薄柔软的面料,如真丝、麻纱、涤棉等;色彩则选择与套裙颜色不相互排斥的单色为宜,一般不要带有图案。穿着时,纽扣要一一系好,下摆必须掖入裙腰之内。

衬裙应注意线条简单,穿着合身,大小应小于套裙。衬裙不宜外露,因此一般没有图案,色彩要比套裙颜色淡或为浅色。

与套裙配套的鞋子最好是牛皮皮鞋,可以选择黑色或与套裙相同的颜色。皮鞋多为高跟、半高跟的皮鞋。穿套裙时,必须穿高筒袜,袜子如果有洞、跳丝,应立即更换,不要打了补丁再穿。

需特别注意不能穿黑皮裙(在国际上是妓女标准装),不光腿,不能在裙子下加健美裤,不能穿半截的袜子,弄出三截腿,用专业术语形容叫恶意分割。

(三)着装的注意事项

(1)选择适合特定场合的服装。在参加正式活动时,男子一般应穿着上下同色同质的毛料西装、中山装或礼服,女性应选择西装套裙、旗袍或礼服。而那些休闲服、运动服、T恤衫、紧身衣、牛仔裤等,无论多么高档、多么昂贵,甚至国际名牌都不可以出现在正式场合,各式休闲鞋、时装鞋都不能与正式礼服相配。

(2)按规定着装。重大的宴会、庆典和会见等比较正式和隆重的场合,尤其是涉外活动,组织者所发请柬上如注有着装要求,参加者就应按规定着装。即使组织者没有提出具体的着装规定,参加者也应穿着较正式的服装。

(3)按规范着装。正式场合的着衣配装有一定的礼仪规范。如中山服的着装规范是扣好衣扣、领扣和裤扣,不把衬衣领口翻出,皮带不得垂露在外。穿长袖衬衣应将前后下摆塞入裤内,袖口、裤腿不能卷起。穿西服一定要配颜色相宜的皮鞋,忌戴帽子。西服的衣裤兜内,忌塞得鼓鼓囊囊,腰带上不要挂钥匙、手机。参加宴会联欢女士穿旗袍时,开衩不可太高,以在膝上1～2寸为宜。

(4)注意服饰的细节。任何服装都应洗涤干净,熨烫平整。裤子要熨出裤线,不可有折痕。衣领袖口要干净,鞋面要光亮。女士着裙装、套装应配以皮鞋或不露脚趾的皮凉鞋。不能赤足穿鞋,鞋袜不得有破损。扣子、领钩、衣带等要扣好、系好。穿好服装后,最好自己在镜子前仔细检查或请别人观察一下,以确保万无一失。

(5)裁剪合体,式样流行,颜色传统,质料高级。服装是否合体直接关系着服装穿着的效果,而式样、颜色、质料的选择则显示着穿着者的素质和风格。因此,在参加一些重要活动前,请著名的设计师和服装公司为自己特制一身合体的服装十分必要。

(6)进入室内场所,均应摘帽,脱掉大衣、风雨衣等。男子任何时候在室内不得戴帽子和手套。室内一般忌戴墨镜,在室外遇有隆重仪式或迎送等礼节性场合,也不应戴墨镜。有眼病需戴有色眼镜时,应向客人或主人说明并表示歉意,或在握手、交谈时将眼镜摘下,离别时再戴上。

(四)配饰礼仪

饰品主要包括项链、耳环、戒指。在正式场合,女性可以不戴饰品,如果要戴,数量以少为佳,不要多于三种,而且一定要戴质量上乘的饰品,否则宁可不戴。其中,项链和耳环佩戴时应考虑与服装及个人的身材、脸型相适应。例如,矮胖圆脸的女性适合佩戴下垂到胸部的项链和贴耳的长型耳环,这样可以显得身材增高,脸型加长,能起到装饰美化的作用。习俗规矩是男戴观音女戴佛,女性不适宜带十字架。戒指的佩戴更需注意的是佩戴的位置,通常戒指都戴在左手上,戴在食指上表示无偶,戴在中指上表示正处于恋爱中,戴在无名指上表示已订婚或结婚,戴在小指上表示自己独身,因此不可随意佩戴。

二、迎送礼仪

在国际交往中,对来访的客人迎来送往,是不可缺少的礼仪活动。现在有一个外国代表团前来考察谈判,我们应该如何安排接待事项呢?

要安排好迎送接待工作,首先要摸清底数,弄清来宾人数、姓名、性别、职务、职称、年龄、民族、带队人及目的、方式、要求、来访起讫日期,来访路线,交通工具及来宾的生活习惯、饮食爱好和禁忌等情况。在此基础上,主要从确定迎送规格、制订迎送计划、掌握抵达和离开的时间、陪车、安排食宿等几方面着手,作好迎送工作。

(一)确定迎送规格,制订迎送计划

确定迎送规格,制订迎送计划主要依据三个方面的情况来确定,即前来谈判的人员的身份和目的、我方与被迎送者之间的关系以及国际惯例。在礼仪安排上,应既尊重国际惯例,又有我国独特的做法。确定迎送规格,主要是确定哪一级人员出面迎送,是接待来宾的一个礼遇规格。根据国际惯例,主要迎送人通常都要同来宾的身份相当,以便综合平衡。但遇到特殊情况,如当事人不在当地、身体不适不能出面,不能完全与来宾身份相当时,则可以由职位相当的人员或副职出面迎接,但要注意不能与对方身份相差太大,同时应以同客人对口对等为宜,以示对客人的尊重。当事人不能出面时,无论作何种处理,应从礼貌出发,向对方作出解释。另外,可以结合前来谈判的人员的目的,我方与被迎送者之间的关系提高迎送规格,以表示我方对本次谈判活动的重视。例如,在双方准备建立长期业务关系或进行重要交易的谈判时,可以使我方主要迎送人的级别略高于对方,但应该注意一方面要正确表明己方的态度,不要因此而使对方轻视我们,另一方面,不要给其他同类人员造成厚此薄彼的印象。

在确定迎送规格后,需制订迎送计划。迎送计划应包括确定迎送人员名单、安排交通工具、迎送场地布置、照相、摄像、陪车、安排住宿等内容。

(二)掌握抵达和离开的时间

为顺利迎送客人,迎送人员必须准确掌握来宾乘坐的飞机(火车、船舶)的抵离时间,如有变化,应及时告知。由于天气变化等意外原因,飞机、火车、船舶可能不能准时到达时,迎送人员应在客人抵达之前到达机场、车站或码头,不能出现让客人等候的现象。接待重要外宾应组织迎宾人员提前20分钟到达机场或车站预定地点。待客人下飞机或火车时,及时组织迎宾人员前往迎宾,握手问候并介绍认识,尽快引导宾主按预先安排乘车,同时帮助客人领取行李。送行人员应在客人启程之前到达,如有欢送仪式,应在欢送仪式之前到达,直到客人乘坐的交

通工具看不见时再离去。

（三）陪车

在迎送工作中，还应注意陪车的礼仪。迎送车辆都应事先安排好，不可临时调遣，给人以仓促之感。进行迎接客人抵达、欢送客人以及一些外事访问活动时，一般应当安排人员陪车，起到接待和引路的作用。在陪车中，商务人员应注意上下车的顺序和坐车时的位置安排。

在顺序上，掌握"后上先下"的原则。"后上先下"的礼节体现了主客有序的礼仪，客人为重，客人为尊。在坐车的位置上，应掌握"以右为尊"的原则。按西方的礼俗，右为大，左为小。两人同行，右者为尊，三人并行中者为尊。在陪车时，应请客人从右侧门上车，坐于右座，主人或公关人员从左侧门上车，坐于左侧，但是如果客人上车后，坐到了左侧座位上，则应主随客便，不必再请客人挪动位置。

（四）安排食宿

根据事先掌握的来访者的生活习惯、饮食爱好和禁忌，提前安排好客人的食宿。如果事先的了解不太详细，可以结合外宾所在国的流行饮食和东道主所在国的特色饮食进行准备。在安排食宿的过程中，东道主应注意以下事项：

（1）根据外宾的级别安排相应的食宿条件，既不可以太过奢华，也不可以太过简朴。招待费用的高低、食宿条件的好坏与交易的成败并不是成正比的。过高的招待费用有时会适得其反，当然，如果招待太过简单或安排不当，也会让对方感到不受重视、心情不愉快而导致交易的失败。因此，食宿条件的安排应以适度为宜，既让对方感到舒服、满意，又不显得奢侈。

（2）观察客人的喜好，及时调整食谱。在外宾住宿的若干天内，接待方应随时关注对方的喜好，并随时对食宿进行调整，保证客人吃得开心。

（3）住宿地点不要离谈判的主要地点太远。在外商停留的日子里，双方要进行多次谈判及其他活动，活动的地点通常以己方公司内部为主。因此，应该选择离公司较近的地点，保证双方频繁接触的便利。

（4）在重视旅馆设施硬件的同时，更应保证旅馆的服务及卫生条件等软件的质量。旅馆通常都应装备有商务活动和日常活动常用的设备，如电话、电视、空调、洗浴等设备及其他日常所需的物品。在网络经济发达的今天，最好能有上网条件，使外商与外界沟通顺畅。另外，应该保证旅馆的服务水平与卫生条件。良好的服务和卫生状况能使人心情愉快，而糟糕的服务和卫生状况则使人难以忍受，甚至导致谈判的破裂。

案例链接 11-1

我国一家企业与外商谈判合资建厂的投资项目，当外方来人谈判时，我国企业花费了大量人力、物力、财力来组织招待工作，结果这种招待不仅没让对方感到高兴，反而让对方感觉到我国企业的铺张浪费，担心将来合资企业的命运而撤销了原来的合资计划。

案例链接 11-2

某公司招待一位外宾，准备了丰盛的中国菜，并且一再劝外宾多多品尝，外宾也是赞不绝口，似乎一切都很顺利。然而在会餐后外宾却马上找了一个西餐厅吃了起来。这说明我方的安排其实并不适应外宾的需要，外宾的赞不绝口是出于礼貌。

三、会见礼仪

（一）打招呼

打招呼是人们见面时的第一礼仪。在商务往来中，见面时不打招呼或对方向你打招呼而不作回应都是非常失礼的行为。

商务活动中最常见的问候语有"早上（下午、晚上）好"、"您早"、"您好"。与日本人打招呼还可以有"拜托您了"、"请多关照"等；与泰国、缅甸、印度等信奉佛教的人打招呼可以说"菩萨保佑"、"佛祖保佑"；与西方人打招呼多说"见到你很高兴"（"Nice to meet you"or"Pleased to meet you"）。应避免用中国式的招呼方式，如"您到哪里去了？"、"您吃饭了吗？"、"您在哪儿发财？"等，以免引起不必要的麻烦，被对方误认为你在打听他的私事或准备请他吃饭，甚至如果对方是位女士还可能认为你心怀不轨。

（二）介绍

谈判双方主要是靠介绍来达到彼此的相识。一般来说，无论是在正式场合还是非正式场合，谈判者都可以采取自我介绍的方法来介绍自己，介绍通常以"请允许我向您介绍"、"请允许我自我介绍一下"等礼貌用语开始，然后将自己的姓名、职务、简历、在谈判中的地位等基本内容简单介绍给对方。对双方人员的相互介绍主要由双方的主谈人或主要负责人进行，如果双方的主谈人或主要负责人相互不认识，也可以由中间人或礼宾进行介绍。

知识链接 11-1

介绍时应注意介绍的顺序，一般的介绍顺序是：①先把年轻的介绍给年长的；②先把职务、身份较低的介绍给职务、身份较高的；③先把男性介绍给女性，如果女性职务、身份较低时，则先将女性介绍给职务、身份较高的男性；④先把未婚的介绍给已婚的；⑤先把公司同事介绍给客户；⑥先把非官方人士介绍给官方人士；⑦先把本国同事介绍给外国同事。

在人多的场合，主人应对所有的客人一一认识，这一点在商务谈判中很重要。谈判双方无论谁是主方，都应拜见客方所有人员。另外对首次见面的客人，介绍人应准确无误地将客人介绍给主人。如果作为客人而未被介绍人介绍，最好能礼貌并巧妙地找别人来向主人引见，必要时也可以自我介绍。

介绍他人时，通常也用"请允许我介绍我方成员"、"请允许我介绍×××"等礼貌用语开始。介绍时，首先说明被介绍人是谁，并注意加上头衔及一些必要的个人资料，如职位、公司名称、在本次谈判中的身份等。当介绍一方时，目光应热情注视对方，并用自己的视线将另一方的注意力吸引过来。同时，应有礼貌地举起手掌示意，手的姿势是四指并拢，拇指张开，掌心向上，胳膊略向外伸，手指指向被介绍人，切记不要用手指点人。

被介绍的一方应该有所表示，或微笑、或点头、或握手。如果坐着，应该起立，在宴会桌或谈判桌上可以不必起立，只需点头或稍稍欠身即可。被介绍方的目光应正视对方，不可左顾右盼。被介绍后可以和对方简短寒暄或问候，常用"见到你很高兴"等打招呼的方式，但不宜交谈过多，以免影响主谈人介绍他人。

（三）称呼

在见面后打招呼或介绍后寒暄或问候时,恰当的称谓可以表现出对人的尊敬和热情。

在英美及其他欧洲国家、中东地区的阿拉伯国家以及受英美影响较大的印度、菲律宾、泰国等亚洲国家,姓名的排列顺序是先名后姓。其中在英美国家,姓一般只有一个,名字可以有一个、两个或者更多,妇女婚后一般是自己的名加上丈夫的姓。称呼时,欧洲人比较正规,美国人则显得随意些,他们更喜欢别人称呼其名,认为这样会显得更亲近。在称呼时,对男性可以称为"先生"(Sir or Mr),对女性结合其婚姻状况可以称为女士、小姐、夫人(Madam,Ms,Miss or Mrs)。小姐(Miss)用来称呼未婚女性,夫人(Madam or Mrs)用来称呼已婚女性,女士(Ms)用来称呼婚姻状况不明的女性。对于有头衔的人,在称呼中还可以采用"头衔＋姓氏"的称谓。如"贝尔教授"、"斯威夫特博士"可以称为:"Prof. Bell"或"Dr. Swift"。需要注意,Sir和Madam通常用于不知对方姓名的场合,只能单独使用,后面不可以与姓名相连,如不可以说"Sir Smith"或"Madam Bell";头衔,Miss,Ms,Mrs,Mr等后面只接姓氏,不跟全名;Miss虽可单独使用,但通常只作为店员、仆人对年轻女顾客或年轻女顾客对女店员、女服务员的称呼。

在阿拉伯国家,姓名一般由3~4节组成,也有长达8~9节的,其排列顺序是:本人名—父名—祖父名—姓。在正式场合应用全名,简称时只称本人名字,对于有一定社会地位的上层人士则简称其姓。

另外,像日本、朝鲜、韩国、越南、柬埔寨等国,姓名的顺序与我国大致相同,也是姓前名后。日本人姓名通常由3~5个字组成,其中前两字为姓,后面的是名。在书写时,姓与名之间应留1个字的空格,例如,"藤田 茂"、"田中 角荣"、"山口 美智子"等。而在缅甸和印度尼西亚的爪哇岛则只有名没有姓,在称呼时应在名前冠以称呼,表示性别、长幼或社会地位。

（四）见面礼仪

见面礼仪包括握手礼、脱帽礼、拥抱礼、亲吻礼、鞠躬礼、合十礼等。不同的国家和地区有不同的习惯礼节。

见面时男士应摘下帽子或举一举帽子,并向对方致意或问好,这种礼节在欧洲国家多见。若与同一人在同一场合前后多次相遇,则不必反复脱帽。进入主人房间时,客人必须脱帽。在庄重、正规的场合应自觉脱帽。

拥抱礼和亲吻礼流行于欧美国家。拥抱礼多用于官方、民间的迎送宾客或祝贺致谢等社交场合。两人相对而立,上身稍稍前倾,各自右臂偏上,左臂偏下,右手环拥对方左肩部位,左手环拥对方右腰部位,彼此头部及上身向左相互拥抱,再向右拥抱一次,最后再向左拥抱一次。它是欧美各国熟人、朋友之间表示亲密感情的礼节,在拉丁美洲,问候时饱含激情,热烈的拥抱在男性和异性间都很普遍。

亲吻礼多见于西方、东欧等国家,是上级对下级、长辈对晚辈以及朋友之间表示亲昵、爱抚的一种见面礼,多采用拥抱、亲脸或额头、贴面颊、吻手或接吻等形式。见面时如表示亲近,女子之间可相互亲脸,男子之间可抱肩拥抱,男女之间可互贴面颊,长辈可亲晚辈的额头,男子可对高贵的女宾行吻手礼等。

日本人见面时有相互鞠躬的传统,主要表示下级对上级、同级之间、初次见面的朋友之间对对方的由衷的尊敬和深深的感谢之情。鞠躬时双手平摊扶膝与受礼者相距2~3步远,面对受礼者,身体上部向前倾约15°~90°不等,同时表示问候。前倾度数越大表达的敬意越深。目前随着与西方生意的频繁,日本人又加上了握手这一程序。

在印度,只有受西方影响较大的人使用握手方式。通常的礼节是双手合十,点头问候,即双手在胸前对合,掌尖和鼻尖基本平行,手掌向外倾斜,头略低。在印度与妇女的身体接触被认为十分无礼,因此不要主动伸手。

在目前的商务活动中,脱帽礼、拥抱礼、亲吻礼已经比较少见,常常在双方比较熟悉时才使用。鞠躬礼、合十礼在特定地区仍很盛行,但是商务人士也开始越来越多地使用握手礼。

握手礼是会见中最常用的见面礼节,在全世界都被广泛地使用,人们在相互介绍和会见时握手,在谈判成交和告别时也以握手为礼。握手这个小小的动作关系着个人和公司的形象,影响到谈判的成功。所以应掌握握手的正确方式、次序、力度、时间、禁忌等,避免不礼貌的握手方式。正确的握手姿势是:双方各自伸出右手,手掌基本呈垂直状态,五指并拢,稍微握一下,一般以3秒左右为准,握手时须双眼注视对方,面带微笑,互相致意,切忌抓住他人的手来回摇晃,动作过大,力度过轻过重都显得不太礼貌。握手时目光旁顾会让人觉得心不在焉,失去对他人起码的尊重。

知识链接 *11-2*

女士同男士握手时,应由女士首先伸手;长辈同晚辈握手时,应由长辈首先伸手;上司同下级握手时,应由上司首先伸手。

(五)名片

1. 名片的作用

名片首先是一种自我介绍的手段,初次相识为了加深彼此印象,建立相互联系,常常互换名片。其次,名片往往是身份的象征。在西方国家,赠送礼品时常常会附上自己的名片,就有了亲自前往的含义。另外,在拜访陌生人时,可以先递上名片,名片就兼有了通报的作用。

2. 名片的设计

(1)应选择合适的纸张。印刷名片的纸张有很多种,可以根据自己的喜好选择,但需注意纸张的质量,不宜选择过薄或粗糙的纸张。

(2)名片的内容。名片上的内容主要有姓名、职务、单位名称、联系方式、住址、办公地点等。姓名通常印在名片的中央,字体最大;职务用较小的字体印在名片的左上角,单位名称通常印在名片的最上方,字体应比姓名略小;联系方式、住址、办公地点一般写在名片的底部。如果是商务名片可以不写住址,而私人名片一般不写办公地点。联系方式应该详细写,因为建立联系本来就是名片的意义所在,它应该包括电话号码、手机号码、邮政编码、传真号码、电子邮箱等内容。需要注意名片上的内容一般不要使用缩写,以免影响对方的理解。

(3)名片的文字。英语是比较普及的一种世界语言,因此,目前中国人使用的名片通常是正面中文,背面英文。如果在谈判前己方特意用对方国家的语言制作一部分名片,对方定会非常高兴,当然需注意对方国家制作名片的方法。英文名片通常也是姓名在中间,但是职务一般用较小的字体写在姓名的下方。

3. 名片的交换

名片的交换可以在初次相识握手之后立即进行,经他人介绍后交流前或交流结束、临别之际也可以交换名片,这一点可以结合当时的情况自己选择。不要在会议进程中擅自与别人交换名片。在西方文化中,向对方索要名片会被认为有冒失之嫌,一般要等对方主动提供;而在中国,主动索要名片表示自己对对方的敬意和重视。身为主人应先递上名片表示急于认识的诚意。

（1）名片的递赠。应起身站立，走上前去，用双手或者右手，名片的正面应朝着对方，以便对方阅读。递交名片时，应同时说一些礼貌的话，如"这是我的名片，欢迎多多联系"等。

（2）名片的接受。名片是一个人人格的象征，因此尊重一个人的名片就是尊重其人格，这就要求我们在接受名片时应注意礼貌。接受名片时，最好用双手捧接，除非手中有东西不太方便，接过对方的名片后应致谢。在收下对方的名片之后，要马上过目，先仔细看一遍对方的姓名、职务，有不明白的地方应该认真请教。看完后不宜随手放在口袋中或摔在桌上，或显得漫不经心，应将名片慎重地放进皮夹或名片夹中，以示尊重。另一方面，收取对方名片后应迅速将自己的名片递上，如果手边没有，应该向对方解释，并在下一次碰面时补上。

（3）名片的存放。自己随身携带的名片，应放在专用的名片盒或名片夹中，在外出前再将它放在容易取出的地方，以便需要时迅速拿取。男士一般可以放在口袋或公文包里，女士可以放在手提袋里。在接过对方的名片后，也应当面郑重地将其放在名片盒或名片夹中，不要弄脏或弄皱。回家应及时进行整理，分类存放，可以在名片上记下相关的情况，如认识的时间、场合、是否亲自交接、有否回赠名片等，千万不要丢失，以免影响将来的联系。

四、宴请和舞会礼仪

宴请和舞会是谈判者常用的增进和融洽感情的社交活动，适当地举办与参加相关活动对促成交易有着非常重要的作用。

（一）宴请礼仪

1. 宴请活动的种类

宴请活动可以根据其性质与目的、参加人员的多寡和当地的习惯做法等，采取不同的方式。常见的方式有宴会、招待会、茶会和工作餐。

宴会为正餐，分国宴、正式宴会、便宴和家宴四种，坐下进食。按照举行的时间来分，宴会分为早宴、午宴、晚宴。一般情况下多国宴和正式宴会最为隆重，对服饰、座次安排、餐具、酒水等的规定都很严格，常用于外交场合。便宴的形式比较简单，可以不排座位，不作正式讲话，比较随意和亲切。家宴则是在家中设宴招待客人，可以增加亲密感。

招待会形式比较灵活，常见的有冷餐会、酒会两种形式。招待会期间不排座位，宾客自由活动。①冷餐会。此种宴请形式的特点是不排席位，菜肴以冷食为主，也可冷、热兼备，连同餐具一起陈设在餐桌上，供客人自取。客人可多次进食，站立进餐，自由活动，边谈边用。冷餐会的地点可在室内，也可在室外花园里。对年老、体弱者，要准备桌椅，并由服务人员招待。这种形式适宜于招待人数众多的宾客。我国举行大型冷餐招待会，往往用大圆桌，设座椅，主桌安排座位，其余各席并不固定座位。食品和饮料均事先放置于桌上，招待会开始后，自行进餐。②酒会。酒会又称鸡尾酒会，气氛较为活泼，便于广泛交谈接触。招待品以酒水为主，略备小吃，不设座椅，仅置小桌或茶椅，以便客人随意走动。酒会举行的时间亦较灵活，中午、下午、晚上均可。请柬上一般均注明酒会起止时间，客人可在此间任何时候入席、退席，来去自由，不受约束。鸡尾酒是用多种酒配成的混合饮料，酒会上不一定都用鸡尾酒。通常鸡尾酒会备有多种酒品、果料，但不用或少用烈性酒。饮料和食品由服务员托盘端送，亦有部分放置桌上。近年来国际上举办大型活动广泛采用酒会形式招待。自1980年起我国国庆招待会也改用酒会这种形式。

茶会是一种简单的招待形式,举行的时间多在下午 4 时左右。茶会通常设在客厅,厅内设茶几、座椅,不排座次。

工作餐是现代交往中经常采用的一种非正式宴请形式,利用进餐时间,边吃边谈问题。这类活动一般只请与工作相关的人员。

2. 宴请的礼仪

成功的宴请有赖于成功的组织。一般来说,宴请的组织工作主要包括:

(1)确定宴请的目的、名义、对象、范围与形式。举行宴请活动,邀请来宾的范围应根据宴请的目的、当地习惯和双方关系等研究确定。宴会时间的选定,应以主客双方方便为宜。一般应避开双方重大的节日、假日、有重要活动的日子以及有禁忌的日子。

(2)确定宴请的时间、地点后应发出邀请,正式宴会要制作请柬。

(3)发出邀请及请柬格式请柬一般提前 1~2 周发出。已经口头约妥的活动,仍应补送请柬,在请柬右上方或下方注上"To remind"(备忘)字样。需安排座位的宴请活动,应要求被邀者答复能否出席。请柬上一般注上 R·S·V·P(请答复)英文缩写字样,并注明联系电话,也可用电话询问能否出席。

知识链接 **11 - 3**

几种主要请柬格式

①正式宴会请柬

为欢迎××总裁率领的美国××公司友好代表团访问,谨订于××××年×月×日(星期×)晚×时在× ×宾馆× ×楼举行宴会。

敬请

光临

R·S·V·P

× ×公司

总经理× ×

②普通请柬

谨订于××××年×月×日(星期×)晚×时在××饭店举行宴会。

敬请

光临

敬请回复   × × ×

电话:×××××××   (主人姓名)

(4)订菜、席位安排、宴会现场的布置和餐具的准备。

①订菜。宴会上的菜肴、酒水,应当注重质量,精心调配。例如,对于某些常来中国的外宾,可以飨之以各色不同的地方风味,使其每次都感到有些新意。不要一味地追求"洋味",因为有些"洋"味,如"人头马"、鸡尾酒等对于外国人来讲并不稀罕。

②席位安排。正式宴会一般都事先排好座次。非正式的小型便宴,有时也可不排座次。安排座位时,应考虑以下几点:以主人的座位为中心,如有女主人参加时,则以主人和女主人为基准,以靠近者为上,依次排列;要把主宾和主宾夫人安排在最尊贵显要的位置上。通常做法,

以右为上,且主人的右手是最主要的位置;其余主客人员,按礼宾次序就座;夫妇一般不相邻而坐。西方习惯,女主人可坐在男主人对面,男女依次相间而坐。女主人面向上菜的门;翻译人员可安排在主宾的右侧,以便于翻译。有些国家习惯,不给译员安排席次,译员坐在主人和主宾背后工作,另行安排用餐。

③现场布置。宴会厅、休息厅的布置取决于活动的形式和性质。官方的和其他正式的活动场所的布置应严肃、庄重、大方,可以点缀少量的鲜花、刻花等。宴会上可用圆桌、长桌或方桌,桌子之间距离要适当,各个座位之间距离也要相等。

④餐具的准备。餐具的准备应事先提出要求。总的来说,根据宴会的人数、菜道数目准备足够的餐具。餐桌上的一切用品都要十分清洁卫生。桌布、餐巾都应浆洗洁净熨平。各种器皿、筷子、刀叉等都要预先洗净擦亮。如果是宴会,还应备好每道菜撤换用的菜盘。

(5)宴请程序及现场工作。

①主人一般在门口迎接客人。客人和主人握手后由工作人员引进休息厅,无休息厅也可直接进入宴会厅,但不入座。休息厅内应有相应身份的人员照料,由招待人员送饮料。

②主宾到达后,由主人陪同进入休息厅与其他客人见面。如其他客人尚未到齐,可由其他迎宾人员代表主人在门口迎接。

③主人陪同主宾进入宴会厅,全体客人就座,宴会即开始。吃完水果,主人与主宾起立,宴会即告结束。用餐过程中一般不能吸烟。

④主宾告辞,主人送至门口。主宾离去后,原迎宾人员与其他客人握别。

⑤工作人员应提前到现场检查准备工作。

一个好的宴会的主人,应当努力营造一种良好的气氛,使每一位来宾都感受到主人对自己的盛情友好之意。主人要争取与所有来宾见面握手致意,努力使客人之间有机会相互认识和交谈,使席间的谈话活泼有趣、气氛融洽。如果有人谈及不恰当的话题,主人应立即巧妙地设法转移话题。客人告辞时,应热情送别,感谢客人光临。

3. 赴宴的礼仪

在商务谈判中,谈判双方互相宴请或进行招待,是整个谈判中不可缺少的组成部分,举行宴会或招行会,可以制造一种宽松融和的氛。因而有必要了解参加宴请的一些礼仪。

(1)应邀。接到宴会的邀请,要根据邀请方的具体要求,尽早地答复对方能否出席,以便主人安排。如果计划出席,应按照请柬内容做好充分的准备。

(2)掌握出席时间。出席宴请活动,抵达时间的迟早,逗留时间的长短,在某种程度上反映了对主人的尊重。一般客人应略早或正点抵达,但注意不要太早。

(3)抵达。抵达宴请地点,应主动向主人问好。如果是喜庆活动,应表示祝贺。对其他客人,无论是否认识都应微笑、点头示意或握手问好,对长者或身份高的人士要表现出尊重。

(4)入座。应邀出席宴请活动,应听从主人安排。注意检查是否与座位卡上的名字相符,在主人或主宾已经入座后,再行入座。男客人应帮助其右边的女宾挪动一下椅子,待女宾入席下座时,再帮助她将椅子往前稍推,使其身体离桌边半尺左右为合适。男士在女士坐下后再从自己座位左侧入座。入座后,坐姿要端正、自然,不可将双臂放在桌子上,也不要随意摆弄菜谱、餐巾或餐具,最好将双手放在腿上。

(5)进餐。入座后,在主人招呼后,便开始进餐。

(6)交谈。无论是做主人、陪客或宾客,都应与同桌人交谈。

(7)祝酒。宴会上互相敬酒,表示友好,活跃气氛。一般由主人与主宾先碰杯,再由主人与其他人一一碰杯,人多时可以同时举杯,不必一一碰杯,注意尽量不要交叉碰杯。

(8)告辞。正式宴会,吃完水果,主人与主宾起立,宴会即告结束。按西方习惯,上完咖啡或茶,客人即可开始告辞。

(9)致谢。在出席私人宴请活动之后,一般可以以便函或名片示谢。

4．进餐中的礼仪

(1)餐姿。身体与餐桌之间要保持适当距离,仪态自然。进食时,身体要坐正,不要前俯后仰,也不要把两臂放在桌上,身子可以略向前靠,但不要把头低向盘子,更不要低头用嘴去凑碗边吃东西,也不要把碗碟端起来吃,而应用叉子或勺子取食物放到嘴里,细嚼慢咽。

(2)餐巾的使用。当女主人拿起餐巾时,再拿起餐巾,铺在双腿上,餐巾很大时,可以叠起来使用。不要将餐巾别在衣领上或背心上,也不要放在手中乱揉。可以用餐巾的一角擦去嘴上或手上的油渍或食物,但不能用它来擦刀叉或碗碟。注意进餐前用餐巾纸擦拭餐具是极不礼貌的陋习。

(3)刀叉的使用。

①右手用刀,左手持叉。

②使用刀时,不要将刀刃向外,更不要用刀送食物入口,切肉应避免刀切在瓷盘上发出响声,以切一块吃一块为宜。

③吃面条时,可以用叉卷起来吃,不要挑起。

④谈话时,可不必把手中刀叉放下,但做手势时则应将刀叉放下,不要手持刀叉在空中比划。

⑤中途放下刀叉,应将刀叉呈八字形分开放在盘子上。

⑥用餐完毕,则将刀叉并拢一起,放在盘子里,招待员只有这时才能撤换餐具。

(4)筷子的使用。在中国、朝鲜、韩国、日本等国家,习惯使用筷子用餐。在长期的生活实践中,人们对使用筷子也形成了一些礼仪上的忌讳。

①忌敲筷。在等待就餐时,不能坐在餐桌边,一手拿一根筷子随意敲打,或用筷子敲打碗盏或茶杯。

②忌插筷。在用餐中途因故需暂时离开时,要把筷子轻轻搁在桌子上或餐碟边,不能插在饭碗里。

③忌舞筷。在说话时,不要把筷子当作刀具,在餐桌上乱舞;也不要在请别人用菜时,把筷子戳到别人面前。

④忌抖筷。忌把菜夹起后抖一抖再吃。

(5)用餐时的注意事项。

①开始用餐,应等全体客人面前都上了菜,女主人示意后才开始用餐。在女主人拿起勺子或叉子以前,客人不要自行用餐。在餐桌上不能只顾自己,也要关心别人,尤其要招呼两侧的女宾。

②口内有食物,应避免说话。必须小口进食,避免大口进食,食物未咽下,不能再塞入口。吃西餐中的肉类,要边切边吃,切一次吃一口。喝汤时,宜先试温,待凉后再用,忌用口吹。吃进口的东西,不能吐出来,如系滚烫的食物,可喝水或果汁冲凉。

③自用餐具不可伸入公用餐盘夹取菜肴,取菜舀汤,应使用公筷公匙;将送到你面前的食物多少都用一点,在用西餐时,如果未吃完盛在自己盘中的食物是失礼行为。

④切忌用手指掏牙,应用牙签,并以手或手帕遮掩;食物带汁,不能匆忙送入口,否则汤汁

滴在桌布上,极为不雅。

⑤避免在餐桌上咳嗽、打喷嚏、哈气,万一不禁,应说声"对不起"。

⑥如吃到不洁或异味食品,不可吞入,应将入口食物轻巧地用拇指和食指取出,放入盘中;倘发现在盘中的菜肴有昆虫或碎石之类,不要大惊小怪,宜唤侍者走近,轻声告知侍者更换。

⑦吃带腥味食品时,常备有柠檬,可用手将汁挤出滴在食品上,以去腥味。

(二) 舞会礼仪

举办方要定好舞会的时间,并提前向客人发出邀请,说明起止时间,以方便客人安排何时进退场。邀请的男女客人的人数要大致相等。

参加者在参加舞会前,应做一些准备工作。首先,要仪容整洁,穿戴得体大方。确切地知道今晚舞会的性质,再决定匹配的衣服与做适当的修饰,过与不及都要避免。不可浓妆艳抹地参加舞会,也不要穿牛仔裤挤在人群里。不要吃带有刺激气味的食物,如韭菜、大蒜、酒等,要注意清洁口腔,如漱口、嚼口香糖或茶叶。

交际舞的特点是男女共舞,邀舞通常是男士的义务。第一场舞,通常由主人夫妇、主宾夫妇共舞。第二场舞,通常由男主人与主宾夫人,女主人与男主宾共舞。舞会中,男主人应陪无舞伴的女宾跳舞,或为她们介绍舞伴,并要照顾其他客人。男主宾应轮流邀请其他女宾,而其他男宾则应争取先邀女主人共舞。男子避免全场只同一位女子共舞,切忌同性共舞。舞曲响起时,男士庄重从容、彬彬有礼地走到女士面前,面带微笑,微微鞠躬,伸出右手,手指向舞池并礼貌地说:"我可以请你跳支曲子吗?"或"请你跳支舞,可以吗?"如果女士的父母或丈夫在场,应先向他们致意问候,得到同意后再邀请女士跳舞。舞曲结束后,男士要向女士致谢,然后把女士送到座位旁并向其周围亲属点头致意后离去。

女士单身去赴一个舞会时,应听从舞会主人安排舞伴,同时,当受到别的男士彬彬有礼地邀请时,拒绝是极不礼貌的,应该微笑地站起来,接受男士的邀请。对不熟的舞步,不要贸然地接受邀请。当不想跳,而刚好有人邀舞时,可以予以拒绝,但请注意拒绝的艺术,不要让邀舞人有"下不了台"的感觉。如果女士已接受某位男士的邀请,对再来邀请者应表示歉意。如果自己愿意与再来邀请者跳舞,可以告诉他下曲再与他跳。如果两位男士同时邀请一位女士跳舞,最礼貌的做法是同时礼貌地拒绝两位邀请者,也可以先同其中的一位跳,并礼貌地对另一位男士说:"对不起,下一曲与您跳好吗?"

在舞会上,应注意舞姿与坐姿。跳舞时,要注意舞姿,男方应挺胸收腹,右手放在女方腰部正中,不要晃动肩膀,因为这样会让人感觉轻佻、不庄重。另外,女士要特别注意自己的坐姿,因为舞会中的灯光通常比较暗,而且朦胧,男士只能看见女士的形态,所以,即使坐在一个黑暗的角落,也要随时保持优美的仪态。不论参加何种性质的舞会,在服装和首饰上都不能喧宾夺主。女士请特别小心,不要把口红沾染在男伴的衣襟或领带上。

五、馈赠礼品礼仪

礼尚往来也是国际上通行的社交活动形式之一,是向对方表达心意的物质表现。在外事活动中,为了向宾客或对方表示恭贺、感谢或慰问,常常需要赠送礼物,以增进友谊与合作,不断联络感情,表示对这次合作成功的祝贺和对再次合作能够顺利进行所作的促进。

(一)馈赠礼品的礼仪

1. 送礼的一般礼仪

与中国人送礼不同,西方人送礼有其独特之处,一些基本的约定俗成的"规则"有:

(1)西方社会较为重视礼物的意义和感情价值,而不是货币价值,送礼花费不大,礼品不必太贵重。太贵重的礼物送人并不妥当,易引起"重礼之下,必有所求"的猜测。一般可以送有民族特色或地方特色的纪念品、艺术品、鲜花、书籍、画册等小礼品,也可以给儿童买件称心的小玩具。

(2)西方人在送礼及收礼时,都很少有谦卑之词。中国人在送礼时习惯说"礼不好,请笑纳",但外国人认为这有遭贬之感;中国人习惯在受礼时说"受之有愧"等自谦语,而西方人认为这是无礼的行为,会使送礼者不愉快甚至难堪。

(3)当接受宾朋的礼品时,绝大多数国家的人是用双手接过礼品,并向对方致谢。西方人大都喜欢在收到礼品后立即打开,并说出感谢的话,以示对送礼人之尊重,送礼人不用介意其是否真正喜欢。

(4)拒绝收礼一般是不允许的。若因故拒绝,态度应委婉而坚决。

2. 一些国家赠送礼品的喜好与禁忌

在美国,法律只允许送相当于付25美元税的商品。因此,可"以玩代礼",邀请对方共度美好时光就可算作送礼。当然也可送葡萄酒、烈性酒或高雅的名牌礼物。可尽量送一些具有浓厚乡土气息或精巧别致的工艺品,以满足美国人的猎奇心。送礼应在应酬前或结束时,不要在应酬中将礼物拿出来。到美国人家中做客,通常不带礼物,取而代之的是事后一封感谢信。但如果一定要送,可象征性地送些花、植物或一瓶酒之类的礼品。

给英国人送礼要轻,可送些鲜花、小工艺品、巧克力或名酒,送礼一般在晚上。

德国人喜欢价格适中、典雅别致的礼物,包装一定要尽善尽美,且不能用白色、空白或棕色的包装物。

法国人对礼物十分看重,但又有其特别的讲究。法国人最忌讳初次见面就送礼,一般在第二次见面时送礼为宜。宜选具有艺术品位和纪念意义的物品或是几枝不加捆扎的鲜花送于法国人,但是不能赠送菊花,因为菊花是和丧礼相联系的。不宜向法国人赠送以刀、剑、剪、餐具或是带有明显的广告标志的物品。男士向一般关系的女士赠送香水、红玫瑰也是不合适的。

送礼是日本人的一大喜好,商务送礼一般在第一次商务会上,日本人之间互赠礼品一般在盂兰盆节或年末。日本人比较注重品牌,喜欢名牌礼物和包装的礼品,但不一定要过于贵重的礼品。对日本人来说,互送仪式比礼品本身更重要。送礼通常送对其本人用途不大的物品为宜,送礼者不要在礼物上刻字作画以留纪念,因为收礼者可能还要将此礼品继续送出去。在日本,礼物的数量不要是4和9,因为这两个数字的日语发音与不吉祥的词语同音。

到韩国人家中做客最好带些鲜花或小礼品。韩国人喜欢本地出产的物品,故在送礼时只需备一份本国、本民族、本地区的特产即可,也可以送上印有本公司介绍的精美笔记本或办公用品。因为在朝鲜语中"4"与"死"同音被认为是不吉祥的,因此,礼物的数量也不可以是4。

阿拉伯人喜欢赠送贵重物品,也喜欢得到贵重物品,他们喜欢名牌和多姿多彩的礼物,不喜欢纯实用性的物品,但初次见面不能送礼给他们,否则会被认为有贿赂的嫌疑。不能向阿拉伯人送酒和绘有动物图案的礼品。

在信奉基督教的国家不可以送数量为13的礼物。朝鲜人喜欢送花,斯里兰卡人喜欢赠茶,澳大利亚、新加坡人喜欢接受鲜花与美酒。一般外国人喜欢中国的景泰蓝、刺绣品等。

(二)接受礼品礼仪

在国际商务谈判中,接受礼物必须符合国家和企业的有关规定、纪律。当对礼物不能接受时,应说明情况并致谢。

受礼后还有还礼的问题。还礼时可以是实物,一般为对方礼物价值的一半。也可以在适当的时候提及,表示不忘和再次感谢。在接受礼品时若不当着送礼者的面打开包装,则是一种无礼的表现。

总之,随着经济全球化不断发展,企业家和商家走出国门的机会越来越多。无论到哪一个国家,都应入乡随俗,如果对当地的礼仪不太清楚,应尽可能多请教当地人,以免带来不必要的烦恼。

知识素养二 各国文化差异对商务谈判的影响

商务谈判是国际商务活动的重要组成部分,在国际商务活动中占据相当大的比重。随着经济国际化的加强,国际商贸活动逐步增加。而国际商贸活动的交易主体是与来自不同文化背景或不同国家的对手之间的谈判。不同国家由于特点、习惯不同,这就为商务谈判增加了新的难度。所以,必须熟悉各个国家的谈判风格,掌握他们的风俗习惯,在谈判中加以灵活运用,这样可以避免犯错误,引起不必要的损失。

一、影响国际商务谈判风格的文化因素

所谓谈判风格,主要是指在谈判过程中谈判人员所表现出来的言谈举止、处事方式及习惯爱好等特点。由于文化背景不一样,不同国家、地区的谈判者具有不同的谈判风格。研究各国的谈判风格,就要从影响谈判风格的文化因素谈起。

(一)语言及非语言行为

国际商务活动的语言差异最直观明了。解决语言问题的方法也很简单,如雇佣一位翻译或用共同的第三语言交谈。模拟谈判研究表明,谈判人员所使用的语言行为在各种文化中具有较高的相似性,但差异也是显然的。不同语言中,作为信息交流技巧的语言行为方式的使用频率呈现一定的差异性,如不了解这些差异,很容易误解谈判对手所传播的信息,影响谈判目标的实现。谈判人员以非语言的更含蓄的方式发出或接受大量的比语言信息更为重要的信息,而且所有这类信号或示意,总是无意识地进行着。因此,当外国伙伴发出不同的非语言信号时,具有不同文化背景的谈判对手极易误解这些信号,而且还意识不到所发生的错误。这种不知不觉中所产生的个人摩擦如得不到及时地纠正,就会影响商业关系的正常展开。

国际商务谈判中语言及非语言行为之间的差异很复杂。日本商人的交流风格是最为礼貌的,较多采用正面的承诺、推荐和保证,而较少采用威胁、命令和警告性言论,其礼貌的讲话风格中最突出的是不常使用"不"、"你"等字眼,不大显示面部凝视状态,但常保持一段时间的沉默。

(二)风俗习惯

国际商务谈判中通常有些正式或非正式的社交活动,如喝茶、喝咖啡、宴请等,这些活动受文化因素的影响很大,并制约着谈判的进行。如阿拉伯人在社交活动中常邀请对方喝咖啡。按他们的习惯,客人不应邀喝咖啡是很失礼的行为,拒绝喝一杯咖啡会引起严重的麻烦。又如德国人在绝大多数时候都是穿礼服,但无论穿什么,都不会把手放在口袋里,因为这样做会被认为是粗鲁的,他们很守时,如对方谈判者迟到,就可能会遭遇冷落。另外,德国人不习惯与人连连握手,若与德国人连连握手,德国人会惶惶不安。而在与法国人进行紧张谈判的过程中,与他们共进工作餐或游览名胜古迹,对缓和气氛、增进彼此的友谊大有裨益。但千万不能在餐桌上或在游玩时谈生意,这样会败坏食欲,让他们觉得扫兴。法国人习惯在吃饭时称赞厨师的手艺。又如在日本,很多交易都是在饭店、酒吧里消磨几个小时后达成的。

北欧人和美国人谈生意时喜欢有一定的隐私。在英国和德国,秘书们会将新的来客挡在外面,以避免经理们在会谈中受到打扰。在西班牙、葡萄牙和南美一些国家,敞门办公的现象可能会发生,但新来的客人也常常被请到外面等候。阿拉伯人也有"敞开门户"的习惯,客人任何时候来都欢迎。

(三)思维差异

国际商务谈判时,来自不同文化的谈判者往往会遭遇思维方式上的冲突。以东方文化和英美文化为例,两者在思维方面的差异有:东方文化偏好形象思维,英美文化偏好抽象思维;东方文化偏好综合思维,英美文化偏好分析思维;东方人注重统一,英美人注重对立。

知识链接 *11-5*

跨文化谈判的差异与问题,见图11-1。

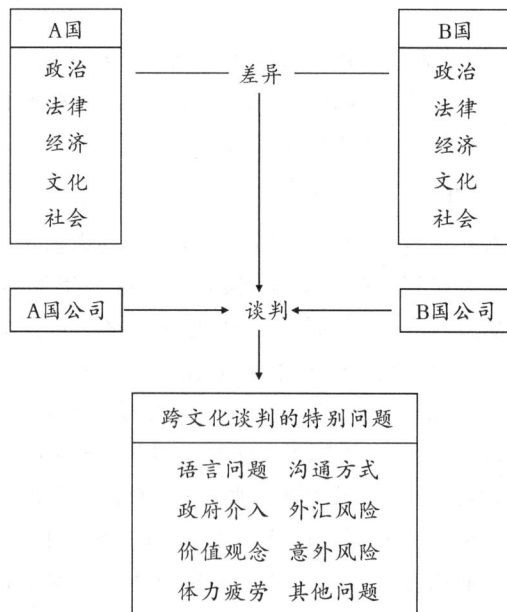

图11-1 跨文化谈判的差异与问题

（四）价值观

国际商务谈判中价值观方面的差异远比其他方面的文化差异隐藏得深,因此更难以克服。价值观差异对国际商务谈判行为的影响主要表现为因客观性、时间观念、竞争和平等观等观念差异而引起的误解和厌恶。

1. 客观性

商务谈判中的客观性反映了行为人对"人和事物的区分程度"。西方人特别是美国人具有较强的"客观性",美国人在国际商务谈判时强调"把人和事区分开来",他们感兴趣的主要为实质性问题。相反在世界其他地方,人和事却不是很明显地区分开来。例如,在裙带关系十分重要的东方和拉丁美洲文化中,经济发展往往是在家族控制的领域内实现的。来自这些国家的谈判者不仅作为个人来参与谈判,个人品行和实质成了两个并非不相干的问题,且实质上两者已变得不可分开。

2. 时间观念

不同文化的人具有不同的时间观念。如北美文化的时间观念很强,对美国人来说时间就是金钱;而中东和拉丁美洲文化的时间观念则较弱,在他们看来,时间应是被享用的。

3. 竞争和平等观

竞争和平等观差异对国际商务谈判的影响是很明显的。如在日本,顾客被看作上帝,卖方会顺从买方的需要和欲望。而美国的情况不同,卖方往往将买方更多地视为地位相等的人,这也符合美国社会奉行的平等主义价值观。如许多美国经理认为,利润划分的公平性似乎比利润的多少更为重要。

（五）人际关系

成功的谈判要求始终保持畅通无阻的信息交流,而不同的文化背景使国际商务谈判者间的信息交流面临许多障碍和冲突。国际商务谈判人员必须在谈判中和对手保持良好的人际关系,保证顺利的沟通。

法国人天性开朗,注重人情味,很珍惜交往过程中的人际关系。在法国"人际关系是用信赖的链条牢牢地相互联结的"。另外,在与法国商人谈判时不能只想到谈生意,否则会被认为太枯燥无味。在日本,人们的地位意识浓厚,等级观念很重,与日本人谈判,清楚其谈判人员的级别、社会地位是十分重要的。在德国,人们重视体面,注意形式,对有头衔的德国谈判者一定要称呼其头衔。澳大利亚谈判代表一般都是有决定权的,因而与其商人谈判时,要让有决定权的人员参加,否则他们会不愉快,甚至中断谈判。

风俗习惯、语言表达、人际关系、时间观念等因素的文化差异塑造了不同国家各异的谈判风格,必须对此深入了解。

知识链接 11-6

在谈判过程中出现文化差异该如何处理?

进入正式商务谈判之前,由于来自不同文化的谈判者在语言及非语言行为、价值观和思维决策方面存在差异性,这些会引起谈判者在谈判各阶段所花费的时间和精力上的不同,通常我们借助谈判的寒暄、说服,作出让步并最终达成协议来化解。

（1）寒暄：谈一些与工作不相干的话题，是借此了解客户的背景和兴趣，从而为选择适当的后续沟通方式提供重要线索。

（2）说服：就是处理"反对意见"。说服是谈判的要害所在。人们对说服的认识、说服方式的选用往往因文化而异。

二、美国商人的谈判风格

美国由于其独特的文化背景以及重要的经济地位，使其谈判风格很有特点，在世界上亦很有影响。从我国对外贸易的角度讲，美国是我国的主要贸易伙伴，在合资、合作的项目中，美国的资金与技术的引进也占较大比重。因此，研究掌握美国商人的谈判风格是十分必要的。

（一）自信直率，不兜圈子

美国人热情洋溢，他们最有代表性的四点特征是：民族性、有活力、勤奋和有创造力。他们喜欢别人按他们的意愿行事，喜欢以自我为中心。

美国商人坦诚直率、真挚热情、健谈，不断发表自己的意见和看法。他们注重实际，对是与非有明确理性的定义。当他们无法接受对方提出的条件时，就明白地告诉对方自己不能接受，而且从不含糊其辞。无论介绍还是提出建议，美国谈判者都乐于简明扼要，尽量提供准确数据。对谈判，他们认为是双方公平自由的协商，应该有双赢的结果，所以希望彼此尽量坦诚陈述观点和意见，有理的争论都会受到欢迎。美国人十分欣赏能积极反应，立足事实，大方地讨价还价，为取得经济利益而精于施展策略的人，每当这时他们有种棋逢对手的兴奋；相反，过分谦虚，立场不鲜明，会被美国谈判者视为缺乏能力、不自信、不真诚甚至虚伪的表现。美国商人办事比较干净利落，喜欢很快进入谈判主题，谈锋甚健，并且不断地发表自己的见解。美国商人对于一揽子交易兴趣十足，并在气势上咄咄逼人。他们在谈判中分工具体、职责明确，一旦条件符合即迅速拍板，因此决策的速度很快，甚至常常从口袋里拿出早已拟好的合同让对方签约成交。因此，与美国商人谈判时，如果己方准备不充分，谈判中很可能处于被动地位，甚至失去成交的机会。

美国现在是世界上经济、技术最发达的国家，国民经济实力也最为雄厚，所以美国商人自我优越感很强。美国商人认为两方进行交易，双方都要有利可图。他们的谈判方式是：喜欢在双方接触的初始就阐明自己的立场、观点，推出自己的方案，以争取主动。他们在双方的洽商中充满自信，语言明确肯定，计算也科学准确。如果双方出现分歧，他们只会怀疑对方的分析、计算，而坚持自己的看法。正是这种自信、直率的个性，使他们对中国人，特别是日本人的婉转、暗示、含糊的表达方式表现出某种不理解、误会，对中国人与日本人的谦恭、客气也感觉不适应。这是文化差异的结果。

（二）重合同，法律观念强

美国是一个高度法制的国家。美国人解决矛盾纠纷习惯于诉诸法律。美国商人重视契约。他们认为，双方谈判的结果一定要达成书面的法律文件，因此，他们特别看重合同，认真地讨论合同条款，重视合同的法律性，合同履约率较高。在他们看来，如果签订合同不能履约，那么就要严格按照合同的违约条款支付赔偿金和违约金，没有再协商的余地，所以，他们也十分注重违约条款的协商与执行。一旦双方在执行合同条款中出现意外情况，就按双方事先商定的责任条款处理。

美国商人重合同、重法律,还表现在他们认为商业合同就是商业合同,朋友归朋友,两者之间不能混淆起来。私交再好,甚至是父子关系,在经济利益上也是绝对分明的。因此,美国商人对中国人的传统观念——既然是老朋友,就可以理所当然地要对方提供比别人优惠的待遇,出让更大的利益——表示难以理解。

(三)注重时间效率

美国商人的生活节奏比较快,他们说话频率快,办事讲究效率,所以在商务谈判中,美国人常抱怨其他国家的谈判对手拖延时间,缺乏工作效率,而这些国家的人则埋怨美国人缺少耐心。所以在国际间的谈判中,美国人常显得不合拍。

美国商人的时间观念很强,表现在做事要一切井然有序,有一定的计划性,办事要预约,并且准时,约会迟到的人会感到内疚、羞耻。一旦不能如期赴约,一定要电话通知对方并为此道歉,否则将被视为无诚意和不可信赖。与美国商人约会,早到或迟到都是不礼貌的。

美国谈判者总是努力节约时间,不喜欢繁文缛节,喜欢直接切入正题。他们喜欢谈判紧凑,强调尽可能有效率地进行,迅速决策不拖沓。美国商人谈判的信息收集、决策都比较快速,高效率。他们一般谈判的特点是开门见山,报价及提出的具体条件也比较客观,水分较少。在美国商人的价值观念中,时间是线性的而且是有限的,必须珍惜和有效地利用。对整个谈判过程,他们总有一个进度安排,精打细算地规划谈判时间的利用,希望每一阶段逐项进行,并完成阶段性的谈判任务。他们一件事接一件事、一个问题接一个问题地讨论,直至最后完成整个协定的逐项议价的方式被称为美式谈判。他们重视时间成本和谈判效率,常用最后期限策略来增加对方的压力,迫使对手让步。

(四)讲究实际,注重利益

美国商人在做交易时往往以获取经济利益作为主要目标。所以,美国商人对于日本人、中国人习惯的注重友情和看在老朋友的面子上,可以随意通融的做法很不适应。在经商过程中,美国人不太重视谈判前个人之间关系的建立。如果在业务关系建立之前竭力与美国对手建立私人关系,反而可能引起他们猜疑、警惕和挑剔。他们喜欢公事公办,个人交往和商业交往是明确分开的。他们认为,良好的商业关系带来彼此的友谊,而非个人之间的关系带来良好的商业关系。尽管他们注重实际利益,但他们一般不漫天要价,也不喜欢别人漫天要价。他们认为,做买卖要双方都获利,不管哪一方提出的方案都要公平合理,所以,美国商人做生意时,更多考虑的是做生意所能带来的实际利益,而不是生意人之间的私人交情。

不过,美国商人强调个人主义和自由平等,交往中不强调等级差别,生活态度积极、开放,还是很愿意交朋友而且容易结交。美国商人以顾客为主甚于以产品为主,他们很努力地维护和老客户的长期关系,以求稳定的市场占有率。

(五)注重个人能力,自我表现欲强

受美国文化的深层影响,美国人对谈判角色的等级和协调的要求比较低,往往尊重个人的作用和个人在实际工作中的表现。在企业的决策上,常常是以个人或少数人为特点,自上而下地进行,在决策中强调个人责任。他们的自我表现欲望很强,在谈判中表现出大权在握的自信模样。在美国商人的谈判队伍中,代表团的人数一般不会超过7人,很少见到大规模的代表团。即使是有小组成员在场,谈判的关键决策者通常也只有1~2人,遇到问题他们往往有权

作出决定,先斩后奏之事时常发生。但他们在谈判前往往非常认真、充分、详细而规范地准备资料,以便在谈判过程中能干脆、灵活地决策。

在商务谈判中,美国人与东方人,特别是与日本人和中国人的表达方式有明显的不同,美国人常对中国人在谈判中的不满与不同意采取迂回、兜圈子的做法感到莫名其妙。东方人所推崇的谦虚、有耐性、涵养,可能会被美国人认为是虚伪、客套、耍花招。

三 法国商人的谈判风格

(一)富有人情味,尊重妇女,注重个人之间友谊的建立

法国人乐观、开朗、热情、幽默,注重生活情趣,富有浓郁的人情味和浪漫情怀,非常重视相互信任的朋友关系,并以此影响生意。如果与法国公司的负责人或洽商人员建立了十分友好、相互信任的关系,那么也就建立了牢固的生意关系。同时,法国人是十分容易共事的伙伴。在商务交往上,他们不会提出一些过分要求,在坚持原则的前提下,他们较为体谅人。法国商人很少与人发生公开的争吵。在商务交往上,法国商人很注重信誉和人际关系,在未成为朋友之前,不会同对方进行大宗贸易,只有有了深交,才会进行大宗贸易。法国商人很擅长交际,家庭宴会是最隆重的款待。在社交活动中,法国人很顾全对方的面子。

法国商人无论是以家庭宴会还是以午餐招待,都不能看作是交易的延伸,在宴请招待时忌讳谈生意。

法国商人非常喜爱举行沙龙,在沙龙中相聚交谈,他们把这种彼此间的交谈视为艺术,认为静静聆听别人幽雅的谈吐、机智幽默的对话以及谈话中丰富的思想是一种高雅的享受,他们往往在这种享受中做成生意。法国商人谈生意不习惯开始就进入正题,他们往往先聊一些社会新闻或文化生活的话题(切忌涉及法国商人家庭私事和生意秘密),以此创造一种轻松友好的气氛,培养感情。在边聊边谈中慢慢转入正题,在最后作决定阶段,才一丝不苟地谈生意。法国商人大多十分健谈,话题广泛,而且口若悬河,出口成章。法国商人以尊重妇女而自豪,处处关照妇女、保护妇女。

(二)坚持使用法语

法国人有很强的民族自豪感,在他们看来,法语是世界上最高贵的语言。因此大多数的商务谈判中,法国商人往往会坚持使用法语,即使法国的洽谈人员英语讲得很好,也不会用英语谈判,除非他们迫切需要成交,否则是很少让步的。如果法国洽谈人员讲英语,可以说是最大的让步了。

(三)重原则,轻细节,偏爱横向谈判

法国商人比较注重信用,一旦签约,会比较好地执行协议。在合同条款中,他们非常重视交货期和质量条款。在合同的文字方面,法国商人往往坚持使用法语,以示其爱国热情。为此,与法国商人签订协议不得不使用两种文字,并且要商定两种文字的合同具有同等的效力。

法国人的商业交易作风比较松垮,但又富有顽强精神。在谈判方式的选择上,他们偏爱横向谈判,谈判的重点在于整个交易是否可行,不太重视细节部分。法国商人不喜欢为谈判制订严格的日程安排,但喜欢看到成果,当主要问题谈妥之后,他们就催促对方签约。在他们看来,细节问题可以留待日后商讨或待发现问题时再谈,因此,在协议的签订与具体的执行过程中常

有一些改变,经常出现昨天签的协议明天就要修改的情况。这些变更有的是出于他们的工作习惯,有的则是讨价还价,争取最后一点利益。与法国商人的交易往往由于细节问题而引起不必要误会直至改约之事时有发生;法国商人轻易不会放弃自己的观点,有时会出现因分歧使"纪要"、"备忘录"无法写成的局面。

(四)时间意识对人严,对己松

法国商人的时间意识是单方面的。对别人要求严格,对自己比较随便是法国人时间观的一大特点。如果对方迟到,不论出于何种原因都会受到冷遇,但他们自己却会很自然地找到一大堆冠冕堂皇的理由加以解释。在法国社交场合有个非正式的习惯,主宾越重要越到得迟。因此,如果法国商人邀请对方一起参加宴会,可以预料用餐时间要比规定的晚 30 分钟。

(五)注重度假,注重穿着

法国人工作时认真投入,讲究效率,休闲时则痛快玩耍。法国商人很注意劳逸结合,早起早睡。他们十分珍惜假期,十分舍得在度假中花钱,会毫不吝惜地把一年辛辛苦苦赚来的钱全都花光。通常八月是法国人的假期。他们很注重穿着,在他们看来,衣着代表一个人的修养和身份。

(六)大都重视个人力量,很少集体决策

一般情况下,法国公司比较重视个人力量,很少集体决策。法国公司一般实行个人负责制,个人权力很大,决策迅速。法国商人知识面广,能通好几个专业,即使是专业性很强的谈判,他们也能一个人独挡几面。

四、英国商人的谈判风格

(一)重礼仪,但不轻易与对方建立个人关系

英国商人重礼仪,讲究绅士风度,也很注重谈判对手的修养与风度。英国人有很强的民族自豪感和排外心理,总带着一种强国之民悠然自得的样子,高傲保守,言行持重。因此,英国商人与人接触时,开始总保持一段距离,然后才慢慢地接近,他们不轻易相信别人,依靠别人。英国商人一般不在公共场合外露个人感情,也决不随意打听别人的事,偶然纠纷时,英国商人会毫不留情地起来争辩,即使是他们的错误,也不会轻易认错和道歉。他们除了讲英语之外很少讲其他语言,因为他们以英语为母语很骄傲。英国人显得有些保守,对新鲜事物不积极接受。但是一旦与英国人建立了友谊,他们会十分珍惜,给对方长期信任,做生意上的关系也会十分融洽。所以,如果没有赢得英国商人的信任,没有最优秀的中间人作介绍,就不要期望与他们做大买卖。

英国商人习惯于将商业活动和自己个人生活严格分开,有一套关于商业活动交往的行为礼仪的明确准则。个人关系往往以完成某项工作、达成某个谈判为前提。

(二)注重身份,有等级差异

在对外交往中,英国人比较注重对方的身份、经历、业绩、背景。组织中的权力自上而下流动,等级性很强,决策多来自于上层。所以,与英国商人谈判,在必要的情况下,派有较高身份、地位的人,会有一定的积极作用。英国商人比较看重秩序、纪律和责任,比较重视个人能力,不

喜欢分权和集体负责。

（三）对谈判的准备不够充分和详细周密

英国商人对谈判本身不如日本人、美国人那样看重，相应地，他们对谈判的准备也不充分，不够详细周密。英国商人谈判稳健，善于简明扼要地阐述立场、陈述观点，之后便是更多地沉默，表现出平静、自信而谨慎。他们对于物质利益的追求，不如日本人表现得那样强烈，不如美国人表现得那样直接。在谈判中，与英国商人讨价还价的余地不大。有时他们采取非此即彼的态度。在谈判中如果遇到纠纷，英国商人会毫不留情地争辩。在谈判关键时刻，他们往往表现得既固执又不肯花大力气争取。所以，他们宁愿做风险小、利润少的买卖，也不愿做冒大风险、赚大利润的买卖。

（四）重视合同细节，但不能按期履行合同

英国商人很重视合同的签订，喜欢仔细推敲合同的所有细节，一旦认为某个细节不妥，便拒绝签字，除非对方耐心说服，并提供有力的证明材料。英国商人一般比较守信用，履约率比较高，注意维护合同的严肃性。但国际上对英国商人比较一致的抱怨是他们有不大关心交货日期的习惯。所以，在与英国商人签订的协议中，万万不可忘记写进延迟发货的惩罚条款加以约束。

五、俄罗斯商人的谈判风格

（一）热情好客、重感情

俄罗斯商人热情好客，注重个人之间的关系，愿意与熟人做生意。俄罗斯商人在陌生人面前比较保守，但对朋友，或是他们认为是朋友的人会亲密得多。他们的商业关系是建立在个人关系基础之上的，只有建立了个人关系，相互信任和忠诚，才会发展成为商业关系。俄罗斯商人做生意时会表现得很诚恳，因此，如果想要与俄罗斯商人建立一种较为长久的合作关系，那么，就应该设法成为他们的朋友。没有个人关系，即使是一家优秀的外国公司进入俄罗斯市场，也很难维持其发展。一旦彼此熟悉，建立起友谊，俄罗斯商人就表现得非常豪爽、质朴、热情，他们健谈、灵活、大方、豪迈，长时间不停地敬酒，见面和离开都要握手。在俄罗斯，生意伙伴通常就会成为好朋友，大家不只是一起做生意，也在一起消磨其他的时间，如吃饭喝酒、休闲娱乐等。他们把希望寄托在合作伙伴身上，一旦希望落空，他们会觉得受了欺骗。

（二）谈判节奏松弛，决策缓慢

俄罗斯商人往往以谈判小组的形式出现，等级地位观念重，责任常常不太明确具体。他们推崇集体成员的一致决策和决策过程的等级化。他们喜欢按计划办事，一旦对方的让步与其原订目标有差距，则难以达成协议。由于俄罗斯商人在谈判中经常要向领导汇报情况，因而谈判中决策与反馈的时间较长，但近几年，这种情况有所改变。

（三）重合同，重技术细节

俄罗斯商人重视合同，一旦达成谈判协议，他们会按照协议的字面意义严格执行，同时，他们也很少接受对手变更合同条款的要求。在谈判中，他们对每个条款，尤其是技术细节十分重视，他们特别重视谈判项目中的技术内容和索赔条款，并在合同中精确表示各条款。所以，在

与俄罗斯商人进行洽商时,要有充分的准备,可能要就产品的技术问题进行反复大量的磋商。

(四)善于在价格上讨价还价

俄罗斯商人非常善于寻找合作与竞争的伙伴,也非常善于讨价还价。如果他们想要引进某个项目,首先要对外招标,引来数家竞争者,从而不慌不忙地进行选择,并采取各种离间手段,让争取合同的对手之间竞相压价,相互残杀,最后从中渔利。

俄罗斯商人在讨价还价上堪称行家里手。他们千方百计地要挤出报价中的水分,达到他们认为理想的结果。俄罗斯人开低价常用的一个办法就是"我们第一次向你订货,希望你给个最优惠价,以后我们会长期向你订货","如果你们给我们以最低价格,我们会在其他方面予以补偿"以引诱对方降低价格。

(五)喜欢易货贸易

由于俄罗斯银行系统运作极不稳定和缺乏外汇,易货、赊销和记账贸易在俄罗斯商人中很流行。他们喜欢在外贸交易中采用易货贸易的形式。由于易货贸易的形式比较多,如转手贸易、补偿贸易、清算账户贸易等。这样就使贸易谈判活动变得十分复杂。

六、日本商人的谈判风格

(一)讲究礼节,注重身份,爱面子

日本商人在商务活动中,十分讲究礼节,稍有失礼,往往前功尽弃。只有在了解日本文化背景的基础上,理解并尊重他们的行为,才能获得日本商人的信任与好感。

日本商人最重视人的身份地位。日本商界对外商务活动有两条不成文的约定:第一,对方的商务活动人员(特别是负责人)应是男士;第二,要求对方派出的商务人员(主要指负责人)在年龄和职务上要与日方基本一致。在日方看来,如果他们自己派出一位职务较高、年龄也较大的人员,而对方派出的是年轻人,则认为对方不太重视本次商务或没有诚意,有时甚至还可能认为是对他们人格的不尊重。

与日本商人谈判,交换名片是一项绝不可少的仪式。在谈判中,要向日方的每一个人递送名片,绝不能遗漏任何人。

日本人在商务谈判中说话态度婉转暧昧,从不直截了当地拒绝对方。日本人认为直接的表露是粗鲁的,断然拒绝会伤害对方的感情,或使他丢面子。因此,"哈依"便成为日本人的口头禅。尽管这个词在词典里的解释是"是",但实际上绝不是表示同意,它意味着"我在听着你说",但表面上却给人大有诚意之感,因而容易让人产生误会,错解其意。另外,当对方提出要求,日本人回答"我们将研究考虑"时,它的真实含义是:他们知道了你的要求,但他们并不赞成或同意。他们之所以这样说,是为了避免使对方陷入难堪尴尬的境地。同样,日本人提出建议时也不直截了当,他们更多地是把对方引向自己的方向。

(二)重视集体智慧,强调集体决策

日商参加谈判的每个人都负有一定的决策权,每个谈判者都有责任保证谈判成功,很难说哪一个人重要与否,所以应该重视日商参与商务活动的全体成员的表情和意见。同时,日本商务谈判人员对于重要问题往往不能马上做出决策,需在公司内部与所有有关人员进行彻底磋商后做出。这既是由日本的管理体制决定的,也是由群体意识的影响造成的。因此,日本商人

在做决策时需要更多的时间。

(三)重视和谐的人际关系

日本商人在商谈过程中,有相当一部分精力和时间是花在人际关系中,他们不赞成也不习惯直接的、纯粹的商务活动。参加与日本商人的交易谈判就像参加文化交流活动,如果有人想开门见山直接进入商务问题而不愿展开人际交往,那就会处处碰壁,欲速则不达。

日本商人做生意更注重建立个人之间的人际关系,要想在日本社会取得成功,关键是看能否成功地与日本人结交。在商务谈判中,如果赢得了日本人的信任,那么,合同条款的商议就是次要的。日本人认为,双方既然已经十分信任和了解,一定会通力合作,即使万一做不到合同所保证的,也可以重新协商合同的条款。

合同在日本一向就被认为是人际关系的一种外在形式,如果周围环境发生变化,使得情况有害于公司利益,那么合同的效力就会丧失。如果对方坚持合同中的惩罚条款,或是不愿意放宽业已签订了的合同的条款,日本商人就会感到极为不满。但如果对方根据情况的变化,体谅他们的处境,日本商人也会忠诚地与你合作。

在与日本商人的合作中,中间人是十分重要的。在谈判的初始阶段,或是在面对面的讨论细则之前,对谈判内容的确定往往都有中间人出面。中间人在沟通双方信息,加强联系,建立信任与友谊上都有着不可估量的作用。当外商在同从未打交道的日本企业洽商时,最好的办法是找一个信誉较好的中间人,这对于谈判成功大有益处。

中间人既可以是企业、社团组织、皇族成员、知名人士,也可以是银行、为企业提供服务的咨询组织等。日本公司是男性占统治地位的机构,中间人的性别最好是男性,身份、地位要同日方代表地位相等。如果地位相差较大,不论高或低,都可能造成紧张或尴尬的局面。一般来讲,中间人应同中层管理人员接洽最为理想,这主要是因为在日本公司,决策的形成是从中下层开始,逐级向上反馈,而进行商贸谈判的决策也始于中层。另外,中间人与日方的首次接触,最好是面谈的形式,会面也最好在中立场所。

(四)谈判颇具耐心

日本商人在谈判中的耐心是举世闻名的。日本商人的决策缓慢,准备充分,考虑周全,洽商有条不紊。为了一笔理想交易,他们可以毫无怨言地等上2~3个月,只要能达到他们预想的目标或取得更好的结果,时间对于他们来讲不是第一位的。

另外,日本商人具有耐心还与他们交易中注重个人友谊、相互信任有直接的联系。要建立友谊、信任就需要时间。所以,与日本商人谈判,缺乏耐心或急于求成,都会输得一败涂地。

(五)获取情报,不遗余力

日本商人认为,准确的情报能扩大业务,不准确的情报会坐失良机。日本商社的工作人员都受过搜集情报的专门训练,每个驻外人员和临时出国人员都负有搜集情报的任务。

七、阿拉伯商人的谈判风格

(一)热情好客

任何人来访,阿拉伯商人都会停下手中的事热情招待,否则,会被认为是不礼貌的。因此,谈判过程也常常被一些突然来访的客人打断,阿拉伯商人可能会抛下对方,与新来的客人谈天说地,等这些人走后再继续谈判。所以,必须适应阿拉伯商人这种风俗习惯,不能急躁,学会忍耐和见机行事,在洽谈的时候创造新的成交机会,这是达成交易的关键。

(二)注重以诚实创立自己的信誉

阿拉伯商人崇尚"和谐重于争斗"的商业观念,注重大家族的团结。诚实是伊斯兰教信仰的基石,是阿拉伯商人奉行的最重要的信条,他们认为赚钱要讲道德。

(三)时间观念差

阿拉伯商人约会经常迟到,谈判中会出现随意中断或拖延谈判的现象,决策过程也较长。但阿拉伯商人决策时间长,不能归结于他们拖拉和无效率。这种拖延也可能表明他们对对方的建议有不满之处,而且尽管他们暗示了哪些地方令他们不满,对方却没有捕捉到这些信号,也没有做出积极的反应。这时,他们并不当着对方的面说"不"字,而是根本不做任何决定,他们希望时间能帮助他们达到目的,否则就让谈判的事在置之不理中自然地告吹。

(四)注重感情投资,善于交际

阿拉伯商人善于用友情创造利润,不喜欢一见面就谈生意。在访问客户时,第一、二次会面绝不可以谈生意,他们认为这样做会有失身份。第三次可以稍微提出一下,再访问一两次后,方可进入商谈。因此,与阿拉伯商人打交道,必须先取得他们的信任与好感,建立起朋友关系,创造谈判气氛,下一步交易才会进展顺利。

(五)习惯讨价还价

阿拉伯商人认为没有讨价还价就不是"严肃的谈判",他们认为精于讨价还价者是行家,因此以能胜于行家而骄傲,否则会采取不屑一顾的态度。如阿拉伯商人对与他讨价还价的人会认真看待,价格与说明会像连珠炮似的甩出,即便未成,一耸肩、双手一摊表示无力做到;对只浏览不理睬他们的顾客,他们会在对方转身后做个怪相以示不屑一顾。

八、中国商人的谈判风格

(一)注重礼节

中国人接待客人非常殷勤和慷慨,几乎每一个去中国访问的外商都会感受到温暖。中国商人在谈判时,习惯于以礼相待。在洽谈生意时,中国商人常常要求在本国进行谈判,以控制议事日程,掌握谈判进展,并在此过程中仔细观察对方,让客人相信他们的诚意,期待着建立起信任和友谊。与中国人谈判,无论其年纪大小,均要注意礼节,不可因小失大,以免最后造成被动。中国人认为,作为谈判代表,他代表的是一个集体,在一定义上甚至代表的是一个国家和民族,而不是单一的个人。对方可以对中国人个人有失礼之处,但绝不可以轻视他身后的集体组织、社会背景与文化传承。对于讲究面子的中国人来说,礼节常与威信和尊严联系在一起。在商务谈判中,中国人常给对方留有余地,很少直截了当地拒绝对方的建议,同时他们也需要对方给自己留有余地。如果对方能帮助他们,就会得到许多回报;反之,任何当众侮辱或轻蔑的行为,即使是无意的,仍会造成很大损失。因此,不论对待年龄大小或地位高低的谈判人员,在与中国商人谈判时,都应该始终注意自己言行中的礼仪。

(二)重视人际关系

中国人重视人际关系。在做东道主时,他们并不急于谈判,而是耐心地认识和熟悉对方,并尽可能地建立起一种长久而牢固的关系。他们对于老朋友、老关系,或是朋友的朋友、间接的关系,均会予以重视,在力所能及的情况下尽可能予以照顾。因此,在与中国商人谈判时,充分利用各种人际关系,可以避免不必要的感情障碍,从而改变谈判气氛,影响谈判结果。不过,中国人的人际关系广泛而错综复杂,因此要针对具体的交易,为达到某一具体目的和效果而将有力的人际关系运用到重点上。

(三)工作节奏不快

中国人吃苦耐劳,但工作节奏不快。谈判时,中国人往往会派出为数众多的洽谈人员,但人多常常会延长谈判时间。与中国人谈判可将日程安排紧凑,争取更多的工作时间,对于这点,中国人往往会予以满足。紧凑的日程增加了交换意见的机会,在某种意义上也增加了成功的机会。

(四)比较含蓄

中国人比较含蓄,不喜欢直截了当地表明自己的态度。在谈判的初始阶段,中国人很少提出自己对产品的要求和建议,他们总是要求对方介绍产品的性能,认真倾听对方关于交易的想法、观点和建议。在谈判中,他们常有技术专家参与进来,用竞争者的产品特点来探求对方产品、技术方面的资料。谈判时,若对方提出的问题、条件超出中方代表的决定权限或令其难以解答,他们常常在向上级请示或讨论后有了确切把握时,才予以答复。

(五)善于把握原则性和灵活性

中国人对问题的原则性和灵活性把握得很有分寸。他们在谈判时注重利益均衡。当谈判进入实质性阶段,中国商人往往会要求首先以意向书的形式达成一个原则框架,然后才洽谈具体细节。中国商人在原则问题上寸步不让,表现得非常固执。谈判中如果发现原则框架中的某条原则受到了挑战,或谈判内容不符合长期目标,或提出的建议与计划不适合,中国人的态度就会严肃起来并表现出不屈不挠的决心。同时,在具体事务上,他们则表现出极大的灵活性。由于中国商人追求"平等"与"平衡",所以在谈判中无论什么条件均比较一下得与失。与中国人做交易,谈判各种性质的交易条件都应有一本明细账。这样,在进退之中可以随时进行准确评估,减少混乱之中的失衡,减少不必要的谈判弯路且避免无谓的谈判危机。

◤ 实训项目一

商务谈判的礼仪
实训练习一　服饰礼仪、宴会礼仪和礼品礼仪的运用
1. 实训目的
掌握商务谈判服饰礼仪、宴会礼仪和礼品礼仪。
2. 实训背景
Smith 先生是法国 Media 公司的总经理,他将带领公司人员,一行 10 人(包括 3 名女性)乘机抵达我国,参加与我公司关于建立合资企业的谈判。
3. 实训过程
(1)假如你是中方总经理,是此次谈判的负责人,你应该做哪些安排?
(2)为了融洽双方感情,我方准备在法方谈判人员抵达后第二天举办晚宴,为 Smith 先生等法方谈判人员接风洗尘,请问你应做哪些准备? 参加晚宴时,你将如何穿着?

(3)经过艰苦的谈判,双方终于签署了有关协议,Smith 先生即将回国,你公司准备赠送他一些礼品。请问你会选择什么物品?

(4)如果你是一名谈判小组的成员,请你设计一张招待法国 Media 公司人员的晚宴的请柬。

实训练习二 名片礼仪的运用

1. 实训目的

学会使用名片礼仪。

2. 实训背景

地址:山东省烟台市五一路 336 号,传真 0535 - 3526111,电话 0535 - 3232126

E-mail:liyan@163.com

3. 实训过程

请为联合国际传播有限公司李燕总经理设计一张名片。

实训练习三 餐饮礼仪的运用

1. 实训目的

学会运用餐饮礼仪。

2. 实训背景

请你安排一次中餐宴会,你的身份是中方主谈,由你的同学扮演日本 A 公司的谈判人员。宴会背景是谈判由于价格问题陷入僵局,你代表中方宣布休会,并取得了日方的同意。

3. 实训过程

(1)模拟谈判的氛围,在餐桌上注意缓和与日方谈判人员的关系(日方的扮演者应尽量模仿日本人的语气说话和办事)。

(2)按照中餐的就餐礼仪就餐。

(3)按照礼仪要求安排座位。

实训项目二

商务谈判的风格

实训练习一 如何面对对方的热情

1. 实训目的

分析在谈判中,如何与日本人商务往来,并分析他们的谈判风格。

2. 实训过程

结合下面的两个小资料,学生分组,每组 5~6 人,设组长一名,讨论与日本人进行谈判的注意事项,分析他们的谈判风格。学生分组,用情景模拟、角色扮演来回复对方。安排两组中的 1~2 名学生,进行发言总结,时间 15~20 分钟。

3. 实训背景

某日本商社邀请你们去东京商谈出口纺织品的事宜。当你们抵达机场时,该社长率手下的公关部科长已经在迎候你们。在送你们到饭店后,该社长热情地为你们安排回程机票,并且说为你们的行程安排了比较丰富的内容,你们该如何回复对方的热情?

4. 实训提示

(1)表示感谢,告诉对方你的回程日期,同意让他们给你们安排机票。

(2)表示感谢,告诉对方没有确定回程的日期,根据谈判的情况随时决定回程。

(3)表示感谢,告诉对方,其他公司也希望给我们安排回程的机票。

(4)其他回复……

实训练习二 如何面对阿拉伯代理商

1. 实训目的

分析在谈判中,如何与阿拉伯人进行谈判,分析他们的谈判风格。

2. 实训过程

结合下面的两个小资料,学生分组,每组5~6人,设组长一名,讨论与阿拉伯人进行谈判的注意事项,分析他们的谈判风格。学生分组,用情景模拟、角色扮演来回复对方。安排两组中的1~2名学生,进行发言总结,时间15~20分钟。

3. 实训背景

你和当地一位重要的阿拉伯代理商会面,在花了几个小时进行社交活动和喝咖啡以后,还没有论及任何生意问题,你急着要讨论你的建议,那么你应该怎样做?

4. 实训提示

(1)在适当的时候主动提起。

(2)等着阿拉伯人提起这件事。

(3)在聊天过程中引导对方提出生意话题。

(4)避免提出生意话题。

(5)你决定等着让东道主提起这件事,但你离开的时间又到了,那么你该怎样做?

A.问他你什么时候可以再来看他。

B.留下一套关于你的产品的材料。

C.请他定下一个确切的会面日期,再讨论生意问题。

(6)其他……

项目小结

知识素养一主要介绍了服饰、迎送、会见的洽谈、宴请和舞会、参观与馈赠礼品等方面的礼仪在商务谈判活动中的重要性及一般礼仪,以及一些特殊国家或地区的特别禁忌,目的是使读者了解礼仪在商务谈判活动中的重要性及各种礼仪的内容,了解一些特殊国家或地区的特别禁忌,以便在涉外商务谈判中自觉地加以运用,取得良好的谈判效果。

知识素养二从全世界选择了多个有代表性的国家、地区,分别介绍了这些国家和地区商人的谈判风格,以及在这些国家或地区进行谈判时需要注意的事项、禁忌和应掌握的原则。但是由于不同的谈判者具有不同的个人经历、文化程度,即使是同一个国家的商人也可能具有一些个体差异。因此,在实际谈判中必须灵活运用,决不能机械地照搬。

思考与案例分析

一、思考题

1. 如何选择与搭配适合特定场合的服装?

2. 如何做好迎送接待工作?

3. 会见时应注意哪些方面的礼仪?

4. 影响国际商务谈判风格文化因素主要有哪些?

5. 与英国人谈判应该注意哪些问题?

6. 阿拉伯国家的商业和风俗习惯主要有哪些?

二、案例分析

为了筹备中国兰州第九届投资贸易洽谈会有关商务活动,大会特组建了秘书处以做好准备工作。以下是秘书处所做的记录:

8月25日,应中国兰州第九届投资贸易洽谈会组委会委托,我处与甘肃省政府驻京办邀请了19个国家24位驻华大使等外交官员由北京飞往兰州出席兰洽会。兰州市政府副秘书长特地前来北京迎接使节团,使外交官们感受到了甘肃的热情和对此次访陇的重视。

飞机在晴空万里的兰州中川机场降落。也许是因第二天兰洽会开幕,机场接机处特别热闹,"兰洽会热"直面扑来。省外办副主任专门到机场迎接使节团,他说,这是九届兰洽会以来外国使节前来参会人数最多的一次。从机场到市内下榻宾馆的路上,这些外交官提了许多关于甘肃的问题,省外办翻译一路上作了十分热情的介绍。

刚一抵达兰州饭店,第一项公务安排就是由省长会见使节团。不过遗憾的是,我们的行李车坏在了半道上,而一些外宾的西服、领带则在行李中,兰州的接待人员直向外宾说"抱歉",那些没有正式着装的外宾则向省领导说"Sorry"。

会见时,省长对大家应邀到会表示了诚挚的欢迎,并介绍了甘肃省的发展。使节团团长代表大家感谢甘肃省的热心邀请。此时,人们已感到,甘肃正在快步走向世界,世界也正更多地介入甘肃。

在省长的欢迎宴会上,中外宾客频频举杯,人们已融合为一家。大家纷纷赞美莫高葡萄酒。

宴会后,我处即安排美国商务助理与甘肃某公司董事长李先生会谈,李先生向这位美国商务官员介绍了白牦牛开发项目,一番交谈下来,这位商务官员兴致颇高,表示愿意向美国企业家推荐此项目。

接着,我们随着人流来到展馆。展位前,外交官们仔细看着,认真听着,不时问着。泾川防果树腐烂病的长效康复灵,甘谷辣椒制品,甘南的人参果汁,金昌的镍矿石,张掖的高效蛋白肉,各种当归制品,名目繁多的白酒、果酒……让这些外交官们目不暇接,也忙坏了我们的陪同翻译。

下午,安排使节团参观兰州高新技术开发区和市容。应省委省政府的邀请,联谊体理事长做了一场"中国加入WTO与西部地区的应对策略"报告会,副省长主持报告会,甘肃省地市级以上干部均到场出席。曾任我国加入WTO首席谈判代表的佟部长结合中西部地区实际,提出了如何应对入世的积极对策,得到了与会者的普遍好评。

8月27日,使节团日程安排得很满,参观了兰州三毛厂、博物馆、中科院近代物理研究所、中科院寒旱所。听说兰州黄河边夜景很美,于是晚饭后几位外宾在母亲河边散步、照相留影。黄河边那绚丽多彩的灯光,就似那45万平方千米的甘肃正向世界闪烁着璀璨夺目的光芒。一路散步交谈时,外交官们都表示回去后向本国介绍甘肃,以促进本国与甘肃的经贸合作。

8月28日,使节团返京。飞机上,几位驻华大使特别让秘书处转达全体外交官对兰洽会组委会的感谢。他们说,今后还会再去甘肃更多的地方看看。

请回答以下的问题:

请你分析这次活动主要由几部分组成。你认为这次活动的组织是否成功,并说明原因。

第三篇

商务谈判模拟综合实训

项目十二
商务谈判综合策略

学习目标

一、知识目标

掌握主动地位、被动地位、平等地位策略

二、技能目标

会运用谈判策略达到实训目标

情境链接

赫本初次受命,他雄心勃勃地走上飞机,到东京去进行为期14天的谈判。赫本虽做了大量准备工作,可一下飞机却坠入"友好而礼貌"的隆重接待之中。日本人为他提供周到、舒适的服务,甚至热情地帮助他学习日语。闲谈中日本人问他:"你是要按时坐飞机回去么(当时的赫本,尚未意识到时间期限的重要作用)?我们好安排车送你返回机场。"这时他心中暗想:"考虑得多周到啊!"赫本不假思索地伸手从口袋里拿出回程机票给日本人看,好让他们知道什么时候送他。可是,他当时并没有察觉到日本人已知道了他的"死线"(赫本后来幽默地把截止期限称为"死线")。尽管如此,日本人仍不及时开始谈判,反而继续派人陪同他去"体验日本文化"。一个多星期的时间,让赫本尽兴旅游了整个国家。每天晚宴及"余兴"节目,都在四小时以上。赫本时常焦急地督促日方尽快谈判,日方却总是说:"不忙,还有很多时间,时间足够用!"最后,到了第12天谈判才正式开始。这一天的下午,日本人有意拉他一起去打高尔夫球,谈判很快又结束了。最后到第14天,亦即按预期将离开东京的最后时间,这时仍在继续谈判,正当谈判进行到关键时刻,等候送赫本去机场的轿车已停在门外。为了不耽误计划行程,赫本只得同日本人草草讨论条件,并赶在轿车开动时完成了交易。不言而喻,这一次谈判以日方获胜而结束,这给赫本以极深刻的教训。

在谈判的过程中,谈判者可以根据现实情况灵活地做出决策。在运用各种策略时,应该综合考虑实力、环境、竞争等各种因素,在此基础上做出正确的选择。

知识素养一　主动地位策略

在商务谈判活动中,强有力的一方,其核心是争取尽可能多的利益需求,往往采取以下策略。

(一)前紧后松策略

"前紧"是指在谈判前一阶段,提出的条件都较苛刻,而且坚持不作任何让步,使对方产生疑虑、压抑、无望等心态，以大幅度降低其期望值，处于一种很难接受又怕谈判破裂的矛盾紧张心理状态。"后松"是指在实际谈判中，逐步优惠或让步，使对方在紧张后产生某种特殊的轻松感，从而有利于达成满足己方需要的协议。

在具体运用"前紧后松"策略时，谈判组的成员可作恰当分工，用一位谈判人员扮演"前紧"角色，首先出场，提出较为苛刻的要求和条件，并且表现出立场坚定、毫不妥协的态度。然后随着谈判活动的展开深入，当争持不下、气氛紧张之时，谈判组的第二个人便可登场了。他和颜悦色、举止谦恭，给人一种和事老的形象，进行"后松"的谈判，显得通情达理，愿意体谅对方的难处，经过左思右想，尽管面有难色，但仍表示通过做"前紧"角色的工作，从而立场上一步一步地后退。通过实施这种策略，即使后退，仍能达到预期的目标。

不过，任何策略的有效性都是相对的、有局限的，起先向对方所提的要求，不能过于苛刻、漫无边际，"紧"要紧得有分寸，不能与通常的惯例和做法相去太远。否则，对方会认为己方太缺乏诚意，而使谈判破裂，切忌"过犹不及"，谈判失败，双方都会一事无成。

案例链接 12-1

美国一房地产主，买下一片土地，准备修建一幢大楼，在这片土地上，还剩最后一户不肯迁走，这位住户利用对方急于动工，而自己房子还有两年才到期的有利条件，将谈判中对方开价25000美元争取到125000美元成交。有人对住户说："假如你再多要5美元，恐怕起重机就要撞上住房了，'出乎意料'地一撞成了危险建筑就非拆不可，那时就得不到125000美元了。"因此，"松"要把握时机，不要成了"马后炮"。

(二)不开先例策略

不开先例策略，通常是指握有优势的卖方坚持自己提出的交易条件，尤其是价格条件，而不愿让步的一种强硬策略。当买方所提的要求使卖方不能接受时，卖方谈判者向买方解释说：如果答应了这一次的要求，对卖方来说，就等于开了一个交易先例，这样就会迫使卖方今后在遇到类似的问题同其他客户发生交易行为时，也至少必须提供同样的优惠，而这是卖方客观上承担不起的。当谈判中出现以下情况时，卖方可以选择运用"不开先例"的策略。

(1)谈判内容属保密性交易活动时，如高级生产技术的转让、特殊商品的出口等。

(2)交易商品属于垄断经营时。

(3)市场有利于卖方，而买主急于达成交易时。

(4)当买方提出交易条件难以接受，这一策略性回答也是退出谈判最有礼貌的托词。

卖方在运用"不开先例"的谈判策略时，要对所提出的交易条件反复衡量斟酌，说明不开先例的事实与理由，使买方感到可信。否则，不利于达成协议，除非已拟退出谈判。

对于买方来讲，这里问题的关键是难以获得必要的情报和信息，来确切证明卖方所宣称的"先例"界限是否属实。而且即使在目前的谈判中卖方决定提供该买方一个新的优惠，但买方是否就真的成为一个"先例"，也是无法了解的事情。因此，买方除非已有确切情报可予揭穿，否则只能凭主观来判断，要么相信，要么不相信，别无他途。

总之，不开先例策略是一种保护卖方利益，强化自己谈判地位和立场的最简单有效的方法，当然，买方如居优势，对于有求于己的推销也可参照应用。

(三)欲擒故纵

在谈判桌前，有的谈判者将己方的需求隐藏起来，却刺激对方的需求；急于谈判成功的一方,却装着无所谓的样子,这就是在使用欲擒故纵的策略。"欲擒故纵"的手法是多变的,因条件而异,而且不难掌握。从态度上看,不过分忍让和屈从,该硬就硬,该顶就顶。在日程安排上,不是表现非常急切,可随和对方,既表现得有礼貌,又可乘机利用对自己有利的意见。采取一种半冷半热,似紧又不紧的做法,使对手摸不到真实意图何在。有时候则在对方强烈的攻势下,采用让其表演、不怕后果的轻蔑态度,既不慌乱也不害怕,以制造心理上的优势。这样可以争取比较好的价格条件。

案例链接 12 - 2

杰克一行应邀从美国来东京,他们将就本公司生产的靛蓝粉,同日商洽谈销售协议。谈判开始了,日商见杰克不到 30 岁,颇为轻视。几个回合下来,日商发现年轻的杰克竟是一个谈判高手,他守住每吨 12000 美元的报价,半点也不肯让步。无论日商怎样说服,杰克换一个提法,换一个角度,还是原来的价格。没想到对手竟然如此棘手。日商决定中止谈判,采用拖延战术。归期快到了,杰克如果毫无结果,回去肯定不好交差。杰克虽然心中着急,但看上去若无其事。他有把握认定,日商必定签订协议,因为这批靛蓝粉是日商急需的原料,在最后一天的谈判中,日商还是不肯让步,杰克最后说:"在日本的生意不做了,明天我们将飞往香港,那里靛蓝粉抢手得很。先生们,明天机场见!"说完,杰克就回到下榻的旅馆。晚饭后,日商终于沉不住气了,打电话来要求再谈一次。杰克这时才亮出底牌:"我们公司愿意与贵公司合作。这样吧,每吨 10800 美元!"日商无话可说,当即签订了近 40 万美元的订货合同。第二天,临起飞前半小时,另一家公司又签订了 76 万美元的合同,杰克满载而归。

欲擒故纵谈判策略的明显特征是采取逆向行为,向对方传递一个不真实的信息。由于这是一种较为常见的策略,因此也常常被人识破。谈判者在采用这种策略时,应是有真有假、真假难辨,而不能全虚全假。破解欲擒故纵的对策:一是在准确把握了对方心理的基础上,从思想上克服急于求成的情绪,宁去勿从,对方就会调整策略;二是直接指明对方的需求所在,要求他回到坦诚谈判的基础上来。

(四)先声夺人策略

先声夺人的谈判策略是在谈判开局中借助于己方的优势和特点,以求掌握主动的方法。它的特点在于"借东风扬己所长",以求在心理上抢占优势。

案例链接 12 - 3

20 世纪 70 年代,我国从国外引进了三套年产 20 万吨合成氨化肥大型机械设备,但在使用中发生了转子叶片断裂的事故。于是一场索赔——主要是借助从技术上论证说理的涉外谈判——开始了。谈判双方争执的焦点是"叶片的强度够不够"。为此,外方在谈判的起始就紧扣主题,以其专家头衔的优势,居高临下,侃侃而谈,不时地运用国际透平机械权威特劳倍尔教授的理论和意见,证明说只要把断裂的叶片的顶部稍加改进就可以了。为了支持他们这一观点,外方随即拿出三份有关事故设计计算书和分析报告,并强调其中一份是由公认的国际透平机械权威特劳倍尔教授亲自审核签字的。

这种在谈判一开始,就亮出王牌的谈判手法即是典型的先声夺人策略。此种以专家头衔和国际理论权威来威慑对方的方法,确实产生了一定的效果。先声夺人谈判策略是一种极为有效的谈判策略,但运用不适当会给对方留下不良印象,有时会给谈判带来负作用。例如,有些谈判者为了达到目的,以权压人,过分炫耀等,会招至对方的反感,刺激对方的抵制心理。因此,采用先声夺人的"夺"应因势布局,顺情入理,适当的施加某种压力是可以的,但必须运用的巧妙、得体,才能达到"夺人"的目的。

对付先声夺人的策略是首先在心理上不要怵,要敢于和对手争锋,但不要拘于一招一式的高低。在关键性的问题上应"含笑争理",次要性问题可充耳不闻,视而不见。先声夺人的"造势"策略便不攻自灭了。

上述谈判案例外方所持的王牌,是国际公认的权威理论。但由于涉及中方索赔成败的关键性问题。为此,中方谈判主谈人当仁不让:首先,肯定了特劳倍尔的理论,并认为双方的观点都没有背离这一理论,既然对方以权威开路,不妨以其矛攻其盾,也用权威的理论为自己服务。其次,依据自己对这位权威理论的透彻了解指出,理论上的解决并不等于工程问题的解决,并指出叶片的计算是错的。最后,中方谈判人员说:"根据你们带来的计算书,也用你们的数据,按特劳倍尔教授的公式计算,叶片的强度仍然不够。"自此外方谈判者不得不承认叶片断裂是强度不够造成的。中方谈判人员以"魔高一尺,道高一丈"的气势,使对方的王牌失去了先声夺人的作用。

(五)声东击西策略

"声东击西"初见《三国志·魏书·武帝纪》,原指公元 200 年元月,曹操与袁绍战于白马,谋士荀攸为曹操所出的计谋。后来唐朝人杜佑的《通典·兵典六》中也有记载。"声东击西"意思是说,善于指挥打仗的人,能灵活用兵,虽然他攻击的目标在西边,偏要大造攻击东边的声势,以扰乱敌人的耳目,创造打败敌人的条件。

将"声东击西"作为策略用于商务谈判,是指谈判桌上变换目标,借助转移对方注意力的手法,达到谈判的目的。谈判桌上的议题多种多样,但有主有次,聪明的谈判者往往利用变换题目,转移视线,分散精力,绕道前进的策略谈判,使对方顾此失彼,防不胜防。它的特点在于,具有较大的灵活性,能够避免正面交锋可能带来的不良影响,神不知、鬼不觉地实现自己的目标。

案例链接 12 - 4

某工厂要从日本 A 公司引进收音机生产线,在引进过程中双方进行谈判。在谈判开始之后,日本 A 公司坚持要按过去卖给某厂的价格来定价,坚决不让步,谈判进入僵局。我方为了占据主动地位,开始与日本 B 公司频频接触,洽谈相同的项目,并有意将此情报传播,同时通过有关人员向 A 公司传递价格信息,A 公司信以为真,不愿失去这笔交易,很快接受我方提出的价格,这个价格比过去其他厂商引进的价格低 26%。

声东击西策略作为一种障眼法,转移对方的视线,隐蔽己方的真实意图。如己方实质关心的是价格问题,又明知对方在运输方面存在有困难,是他们最不放心的问题,己方就可以用"声东击西"的办法,即"集中力量"帮助对方解决运输上的困难,来达到"击西"的目的,使对方在价格上对己方作出较大的让步。还可以通过诱使对方在己方无关紧要的问题上进行纠缠,使己方能抽出时间对有关问题作调查研究,掌握情况,迅速制定出新的对策。有时为投其所好,己方可故意在己方认为是次要的问题上花费较多的时间和精力。目的在于表明己方的重视,提高该次要议题在对方心目中的地位,使己方在这个问题上一旦作出让步,对方会感到很有价值。

采用声东击西谈判策略的关键点是,必须清醒地了解对方是否觉察到己方的动机,如果己方的动机已为对方所知,那么,声东击西就不可能给己方带来任何意义。因此,随时洞察对方的动向,是破解声东击西谈判策略的关键。

(六)出其不意策略

出其不意策略的内容是,谈判桌上一方利用突如其来的方法、手段和态度的改变,使对方在毫无准备的情况下不知所措,进而获得意想不到的成果。例如,在谈判中各方一直在和风细雨地谈问题,突然有人声色俱厉,就会产生一语惊四座的效果,因而,渲染了己方的立场,强调了己方的观点。这种以声夺人的手段,就使用了出其不意的谈判策略。运用出其不意的谈判策略要把握两个要领:一是"快速",以速制胜;二是"新奇",以奇夺人。

案例链接 12-5

天津市曾为了拓展对外技术合作市场,打算派一个较大的代表团赴欧考察,为了考察顺利进行,首先派出一个先遣团抵达德国。先遣团在无意之中听到一则消息,慕尼黑市有家生产名牌纯达普摩托车的工厂,因债台高筑宣布破产,正急于出卖整个工厂。

先遣团立即奔赴慕尼黑实地考察了这家工厂。得知该厂历史悠久,产品过硬,产品畅销欧洲,只是因为日本摩托车的冲击,才使该厂受到严重威胁,但该厂有雄厚的技术力量,良好的产品优势,先进的生产设备,而且卖价特别便宜。这一切使天津方面十分感兴趣。与此同时,印度、伊朗等几个国家的商人也有购买意向,关键是谁能捷足先登。中国先遣团果断地向德方传递了一个有意购买的信息,然后立即启程回国,向市政府汇报,第三天市政府即作出决定,购买全部纯达普厂设备与技术,并即电传通知德国。市政府又决定,以最快速度完成代表团出国手续的办理。

这时,风云突变,德方来电急告,伊朗商人已抢先与纯达普厂签订了合同。这回音使中方大为震惊,但并未绝望。本着"一切都可变的"谈判意识,天津市政府认为尚有一分希望,就要做百分之百的努力。中方立即电告在德国的联系人摸清详情。几天后德方回电,伊朗方合同规定 24 日前须付款,若到期未付,所签合同无效。天津市政府即命令代表团出国,在 23 日到达慕尼黑。

第二天下午 3 时,听说伊朗商人未如期付款,中方谈判团立即出动。德方做梦也没想到中方如此神速。中德双方即展开了实质性谈判,由于中方有了足够准备,使谈判顺利进行。事后,这次达成的协议价格,比伊朗商应支付的尚低 200 万马克,比另一竞争对手准备支付的低 500 万马克。中国成功了! 这一事件在德国引起轰动,报界不惜重墨予以报道。这项谈判成功,关键是天津市政府的效率意识及勇于负责的胆识,也反映了谈判人员用兵神速、出其不意的谈判艺术。如果不是这样,就不会有"纯达普"远嫁中国之举。

出其不意是一种有效的获利手段。谈判者想破解这一策略,首先要在思想上做好应变的准备,并随时洞悉对手的动向。见奇不惊,常保心理平衡,是破解出其不意的对策。

(七)炒蛋策略

炒蛋策略也是当前国际谈判桌上一种比较流行的谈判策略,又可叫做"浑水摸鱼"。照理说,谈判应当是循序渐进的,而炒蛋策略却是反其道而行之,故意将谈判秩序搅乱,将许多问题一揽子兜上桌面,让人眼花缭乱,难以应付。这时,毫无精神准备的一方就会大伤脑筋,望而却步。谈判中的失误也许就会因此而产生。生活经验告诉我们,如果一个人面临一大堆杂乱无章的难题时,便会情绪紧张,智力衰弱,自暴自弃,丧失信心。"炒蛋"战术即是利用这种心理,打破正常的有章可循的谈判议程,将许多乱七八糟的非实质性问题同关键性议题糅杂在一起,使人心烦意乱,难以应付,借以达到使对方慌乱失措的目的,使对方滋生逃避或依赖心理,己方便趁机敦促协议的达成。

案例链接 12-6

中国某公司与外商洽谈合伙生产矿泉水生意。中方对外商提出的某一技术数据表示怀疑时,外商马上从皮箱中拉出一大堆乱七八糟的技术资料,让中方自己分析计算。中方主谈判者被这一大堆资料弄得头昏脑胀,他根本没有意识到这是外商的"炒蛋"战略,也没有思考回击对方的战略战术,便翻了几下,就说:"我们相信你们的技术数据。"最后,草草签了协议书。

这是一个反面例证,意在提醒人们:千万不要让谈判对方扰乱你的心智活动,要冷静对付。

破解炒蛋策略的方法是,谈判者面对对方一揽子兜出许多问题时,首先,要沉着冷静,坚定信念;其次,坚决要求对方回到谈判的正常秩序中来,逐项讨论和解决问题,遇到涉及有关数据问题时,一定不可草率行事,有时仅仅一位数之差,便会导致己方的利益荡然无存;再次,当对方使用材料和数据等一些炒蛋策略时,要有勇气提出暂停谈判,以对各种材料和数据进行仔细研究,不要为图节省时间和精力,造成无法弥补的损失。

知识素养二 被动地位策略

这是指明显处于弱势地位时的谈判对策。在现代瞬息万变的市场环境下,竞争会愈来愈激烈,任何企业都不可能永远处于优势。当处于极不利的条件下进行商务谈判时,其主要策略是以尽可能减少损失为前提或者变弱势中的被动为主动,去争取谈判的成功。

(一)"挡箭牌"策略

这是在谈判中,谈判人员发觉正在被迫作出远非己方能接受的让步时,会申明没有被授予这种承诺的权力,手持"盾牌",在自己的立场前面,寻找各种借口、遁词的做法。一般是利用"训令、规定、上级、同僚或其他的第三者"作为挡箭牌来向对手要条件,减少己方让步的幅度和次数。

这种策略的一种做法往往是隐蔽手中的权力,推出一个"假设的决策人",以避免正面或立即回答对方的问题。例如,"您的问题我很理解,但需向有关部门的先生汇报。""我本人无权回答贵方提出的问题,需向我的上级请示才能答复。""我本人的谈判任务到此结束了,贵方现在起提出的所有建议,我都乐于忠实地转达,若嫌麻烦,贵方也可直接找有关领导。"

案例链接 12-7

尼尔伦伯格在《谈判的艺术》一书中说了这么一件事:他的一位委托人安排了一次会谈,对方及其律师都到场了,尼尔伦伯格作为代理人也到场了,可是委托人自己却失约了。等了好一会也没见他的人影,这三位到场的人就先开始谈判了。随着谈判的进行,尼尔伦伯格发现自己正顺顺当当地迫使对方作出一个又一个的让步或承诺,每当对方要求他作出相应的承诺时,他却以委托人未到,他的权力有限为由,委婉地拒绝了。结果,他以一个代理人的身份,为他的委托人争取了对方的许多让步,而他却不用向对方作出相应的让步。

这种策略通常是实力较弱一方的谈判人员在不利的情况下使出的一张"盾牌"。"权力有限"作为一种策略,则不完全是事实,而只是一种对抗对手的盾牌。在一般情况下,对付这一"盾牌"难以辨别真伪,对手只好凭自己一方的"底牌"来决定是否改变要求、作出让步。而运用这一策略的一方,即使要撤销盾牌也并不困难——可以说已请示领导同意便行了。

(二)疲惫策略

疲惫策略,主要是通过"软磨硬泡"来干扰对方的注意力,瓦解意志,从而寻找漏洞,抓住时机达成协议。在商务谈判中。实力较强一方的谈判者常常咄咄逼人、锋芒毕露,表现出居高临下、先声夺人的姿态。对于这种谈判者,疲惫策略是一个十分有效的策略。这种策略的目的在于通过许多回合的"疲劳战",使趾高气扬的谈判者逐渐地消磨锐气,同时使己方的谈判地位从不利和被动局面中扭转过来。到了对手精疲力竭、头晕脑胀之时,己方则可乘此良机,反守为攻,抱着以理服人的态度,摆出己方的观点,力促对方作出让步。

为了更好地展开疲惫攻势,谈判者常常采取车轮战术不断更换谈判人员来使谈判对手陷于不断重复谈判的境地,抵消对方的耐力,挫减对方的锐气,以达到迫使对方作出让步的目的。

车轮战术一方以多个谈判班子对付一个谈判班子,显然在精力上是占了上风。车轮战术还有另外一个好处,因为新露面的谈判者不仅可以从前一轮谈判者那里了解对手的谈判目标、方法和风格,发现对方的矛盾、失误和短处,而且便于修正甚至不承认己方在谈判中的失误和让步的允诺。而对方则不然,他必须努力向每一轮谈判者推销自己,重新介绍前面已讨论过的议题和自己的观点。这样,谈判对手就被困在车轮战术的泥坑中了。

有一个购货经理,频频使用此种战术。他向下属指示:"在谈判时要提出强硬要求,决不让步,甚至不惜使谈判陷入低潮,当双方都精疲力竭,快要形成僵局时,再由我亲自出马上阵。"经理出马,气氛马上转变,乘机要求较低的价格和较多的服务。那个搞得晕头转向的卖方,很容易作出让步。在谈判中,可以向对方发动疲劳攻势来争取有利的条件,也可能处于对方的疲劳攻势中。

谈判者应学会反击对手疲劳攻势的各种措施:

(1)当己方远道而来,对方进行热情的款待之后,己方应作充分的休息,最好第二天下午再开始谈判,使体力从疲劳中恢复过来。

(2)倾听是保持精力的好办法,有利于获得信息,多听少说比喋喋不休更实用。

(3)在谈判过程中,当感到精疲力竭时,可提出暂时休息的建议。在休息时,理清思路,归纳一下刚才讨论的问题,检查一下己方的谈判情况和成效,以及谈判对方的情况,对下一步谈判提出新的设想。要充分利用休息时间,带着考虑好的问题,胸有成竹、精神饱满地回到谈判桌旁。

(4)对付车轮战术,可以提出异议,暂停谈判;也可以借对方换人,己方也换人;或者可以给新一轮的谈判对手出难题,迫使其自动退出谈判;如果对方一口否认过去的协定,己方也可以借此理由否认所许过的诺言。

(三)以柔克刚策略

老子说过柔能克刚。感情柔弱作为一种谈判策略,有时确能产生一种意想不到的神奇效果。当谈判中,处于不利局面或弱势时,最好的策略是避开对方的锋芒,以柔克刚。

在这方面沙特阿拉伯的石油大亨亚马尼做得十分出色,他善于以柔克刚,使对方心悦诚服地接受条件。一位美国石油商曾经这样叙述亚马尼的谈判艺术:"亚马尼在谈判时总是低声细语,绝不高声恫吓。他最厉害的一招是心平气和地重复一个又一个问题,最后把你搞得精疲力竭,不得不把自己的祖奶奶都拱手让出去,他是我打过交道的最难对付的谈判对手。"多数情况下,谈判者对咄咄逼人的对手所提出的要求,可暂不表示反应,而是以我之静待敌之动,以我之逸待敌之劳,以平和柔缓的持久战磨其棱角,挫其锐气,挑起对方的厌烦情绪,伺机反守为攻,夺取谈判的最后胜利。使用"以柔克刚"的策略,需要注意如下几点:要有持久作战的精神准备,采用迂回战术,通过若干回合的拉锯,按己方事先筹划好的步骤把谈判对方一步一步地拖下去;坚持以理服人,言谈举止做到有理、有利、有节,使对方心急而无处发,恼怒而无处泄。否则,稍有不慎,就可能给对方造成机会,使其喧嚣一时,搞乱全局。

知识素养三　平等地位策略

在商务谈判中,有时也可能出现谈判双方势均力敌的状态,谈判者的地位平等,双方企图以势压人,威慑人,往往无济于事。商务谈判中,均势条件又包含多种内容,不仅是指企业的经济实力、声誉及市场形象,更多是指对具体交易、需求的迫切程度,即合作的内在驱动力大体相当,其合作可能性很大。因此,在这种情况下,应以谋求合作和追求互利为前提。

(一)弹性策略

借用弹性来描述策略,是指在谈判中遇事留有允分余地的对策。讲话不能太满太死,要有灵活性,无论是陈述介绍,还是报价还价,都要留有余地,否则,会导致不必要的对抗。这种策略实际是"留一手"的做法。在商务谈判中,若对方向己方提出了某种己方可以满足其的要求时,己方应该怎么办?这时应看到,即使己方能满足对方全部要求,也不必痛快地全部或马上都应承下来,而宜首先用诚恳的态度,满足其部分要求,然后留有余地,以备进一步讨价还价之用,这种策略也是一些谈判人员经常使用的策略。比如在商务谈判实践中,常采用的一种"假设条件模式"就是弹性策略的具体应用。这种模式一般用"假如我们……贵方是否可能……"或这样讲:"假如我方全部负责包装运输和安装,贵方是否可能提高订货数量。"或"如果我再增加一倍的订货,价格会便宜吗?""如果我们自己检验产品质量,你们在技术上会有什么新的要求?"这样可使对方感觉有充分商量余地。某矿山公司,为购置紧俏重型汽车,向生产厂家提出:"假如我方购买 10 辆汽车,其中 6 辆车制造所用钢材原材料,由我方按国家规定价格划拨贵厂,能以什么条件供货?"或者"若能供给 10 辆车,我们再买贵方一部分仓库积压的备件,怎么样?"用户此时的目的很明确,即急需购置 10 辆汽车。这时,只要生产厂家急需钢材,或者急于减少库存备件的积压以增加周转资金,答应客户两个条件中的任何一个,双方就能达成协议。弹性策略的有效使用,使己方在谈判中有更大的伸缩和回旋余地,又使对方感到合情合理,还可机动地探测对方的意向,抓住有利契机,达成双方互惠互利的交易。

(二)转移策略

这是指采用不要死盯在某一具体条款上的谈判对策。当在谈判上某一条款上快要出现僵局时,转移谈判具体项目,特别是转移到双方容易统一的条款上,这对缓和气氛,回避冲突,具有一定的效果。

（三）调和折中策略

在双方地位平等的情况下，经过双方调和折中后达成协议，这也是商务谈判中经常采用的策略，也即双方互相让步的策略。在谈判者向对手作出让步承诺的同时，他应该力争使对方在另一个问题上也向自己作出让步。理想的让步应是互惠、折中的让步。为了实现折中让步，谈判者可以试探着做一次假设的以物易物的交换："看，你想从我们手中得到这个东西，而我们想从你那里得到那个东西，假如我们从自己方面考虑一下这个问题，你们方面是否准备同样进行考虑呢？"这样，谈判者就把双方可能相互作出让步的两个问题联系在一起，并且建议说，这里可能有做点交易的余地。当然，这种折中让步的示意方式显得直来直去，比较生硬，有经验的谈判者往往能找到更好的示意方式。比如，他会这样说："我们向贵方作出这一退让，已与公司政策相矛盾，在经理那儿也交不了差，因此，我们要求贵方必须在付款方式上有所松动，采用即期付款方式，这样我们也好对公司有个交代。"在这种折中的让步中，高明的谈判人员善于在其强有力的部位进行突破，而同时送个顺水人情。比如，谈判者所在公司的惯例为 30 天内付清账单，但他却向对手要求 3 个月的延付期。谈判对手与他争来争去，最后他终于屈服，答应对手 30 天的期限，但同时他要求对手拿出点东西来换，结果，他得到了 1.5％的额外折扣。谈判者对于自己所付出的每一点小的让步，都应试图取得最大的回报。但是，在谈判中，要使谈话保持轻松和有伸缩性，否则，对方会发觉他在什么地方处了下风，从而更加坚持自己的要求。

折中调和时，必须记住以下几个问题：首先，明确什么时候才可以折中？卖方总希望尽量少降价，即要求买方折中，假如买方同意，则对卖方有利。若是买方希望多降价，即要求卖方折中，假如卖方同意，则买方有利。这里有一个"降价幅度"的判断标准问题。其次，"折中"是结束的信号。所以提出折中方案的时候，应是洽谈的尾声，而不是中间阶段，更不是开始阶段。再次，由谁提出折中呢？或由谁提出折中比较好些？对此没有明确的规定。然而，有一点是可以肯定的，即当己方认为折中调和的结果是在己方的预算之内时，就可以主动提出。这样做的优点一是表示己方宽容大度，二是可以促进谈判。最后，从得利的角度分析，首先提出折中的一方对自己不利。

（四）红白脸策略

红白脸策略又叫软硬兼施策略、好坏人策略或鸽派鹰派策略。在谈判初始阶段，先由唱白脸的人出场，他傲慢无理，苛刻无比，强硬僵死，立场坚定，毫不妥协，让对手产生极大的反感。当谈判进入僵持状态时，红脸人出场，他表现出体谅对方的难处，以合情合理的态度，照顾对方的某些要求，放弃自己一方的某些苛刻条件和要求，作出一定的让步，扮演一个"红脸"的角色。实际上，他作出这些让步之后，所剩下的那些条件和要求，恰恰是原来设计好的必须全力争取达到的目标。

需要指出的是，不管对方谈判人员如何表现，要坚持自己的谈判风格，按既定方针，在重要问题上决不轻易让步。如果对方扮演的"好人"、"坏人"，不超出商业的道德标准，不以极其恶劣的手段来对待己方，就不要采取过分直率的行动，可婉转指出对方报价的水分，所要求的不合理之处，提出己方的公平建议；如果对方确实在使用阴谋诡计，可以考虑采取退出谈判、向上提出抗议、要求撤换谈判代表、公开指出对方诡计等形式。

使用该策略应注意的问题是：

①扮演白脸的谈判人员,既要表现得"凶",又要保持良好的形象,即态度强硬,但又处处讲理,决不蛮横。

②扮演红脸的谈判人员应为主谈人,他一方面要善于把握谈判的条件,另一方面要把握好出场的火候。

当对方使用该策略时己方的对策是:

①认识到对方无论是"好人"还是"坏人",都属于同一阵线,其目的就是从己方手里得到利益,因而应同等对待。

②放慢谈判及让步速度,在"老鹰"面前也要寸步不让。

③当持温和态度的"鸽子"上场时,要求其立即作出让步,并根据他的让步决定己方的对策。

④给对方的让步要算总账,绝不能在对方的温和派上场后给予较大的让步。

红白脸策略往往在对手缺乏经验、对手很需要达成协议的情境下使用。

(五)利用竞争、坐收渔利策略

制造和利用竞争永远是谈判中逼迫对方让步的最有效的武器和策略。当谈判的一方存在竞争对手时,其谈判的实力就大为减弱。

买方把所有可能的卖方请来,同他们讨论成交的条件,利用方之间的竞争,各个击破,为自己创造有利的条件。该策略取自"鹬蚌相争,渔翁得利",比喻双方争执,让第三者得利。这里就是利用卖方之间的竞争,使买方得利。该策略成功的基础是制造竞争,卖方的竞争越激烈,买方的利益就越大。

在谈判中,我们应该有意识地制造和保持对方的竞争局面。有时,对方实际上并没有竞争对手,但我们可以巧妙地制造假象来迷惑对方,以求逼迫对方让步。

比如,进行技术引进谈判,可以多考察几家国外的厂商,同时邀请这些厂商前来进行谈判,并且适当地透露一些有关对方竞争对手的情况,在与其中的一个厂商最终谈成之前,不过早地结束与其他厂商的谈判。

制造竞争的具体方法有:

①邀请多家卖方参加投标,利用其之间的竞争取胜。

②同时邀请几家主要的卖方与其谈判,把与一家谈判的条件作为与另一家谈判要价的筹码,通过让其进行背靠背的竞争,促其竞相降低条件。

③邀请多家卖方参加集体谈判,当着所有卖方的面以压低的条件与其中一位卖方谈判,以迫使该卖方接受新的条件。因为这种情况下,卖方处在竞争的压力下,如不答应新的条件,又怕生意被别人争去,便不得不屈从于买方的意愿。

买方采用该策略时,卖方的对策要因其制造的竞争方式不同而不同:对于利用招标进行的秘密竞争,要积极参加;对于背靠背的竞争,应尽早退出。对于面对面的竞争,可采取相反的两种对策:一种是参加这种会议,但只倾听而不表态,不答应对方提出的任何条件,仍按自己的既定条件办事;另一种是不参加这种会议,不听别人的观点,因为在会议上容易受到买方所提条件的影响。

(六)虚拟假设策略

所谓虚拟假设,首先是分析利害,迫使对方选择让步。1977年8月,克罗地亚人劫持了美国环球公司一架班机,最后迫降于法国戴高乐机场。法国警方与劫持者进行了3天谈判。双方陷入僵局后,警方运用虚拟假设向对方发出了"最后通牒":"如果你们现在放下武器跟美方警察回去,你们将被判处最多不过2~4年的监禁;但是,如果我们不得不逮捕你们,按照法国的法律,你们将被判处死刑。你们愿走哪条路呢?"恐怖分子只好选择了投降。虚拟假设的另一作用是诱使对方进入圈套,以便己方如愿以偿。美国谈判大师荷伯·科恩一次飞往墨西哥城去主持一次谈判研讨会,抵达目的地时,旅馆告之已"客满"。此时,荷伯·科恩施展了他的看家本领,找到了旅馆经理问:"如果墨西哥总统来怎么办? 你们是否要给他一个房间?""是的,先生。"经理回答。荷伯·科恩接着说:"好吧,他没有来,所以我住他那间。"结果他顺利地住进了"总统套房",不过附加条件是总统来了必须立即让出,而这个概率是很小的。

(七)得寸进尺策略

这种策略是指一方在争取对方一定让步的基础上,再进一步,提出更多的要求,以争取己方利益。这一策略的核心是:一点一点地要求,积少成多,以达到己方的目的。

有时也称这种策略为"蚕食策略",意思是就像蚕吃桑叶一样步步为营。有人也把这种策略形象地比喻为"切意大利香肠",意思为你想得到整根的意大利香肠,而对方抓得很牢,这时你一定不要去抢,而是恳求他给你切一片,这时他不会十分介意。第二天,你再恳求他给你切薄薄的一片,第三天、第四天,这样一片一片,整个香肠就是你的了。所以,谈判中的得寸进尺或蚕食策略,西方人也叫"切意大利香肠"。

例如,有位精明的顾客去店里买录像机时,将这一策略运用得淋漓尽致。他对售货员说:"我了解你,我信赖你的诚实,你出的价格我决不还价。"(先以道德的压力使对方公平出价)"等一等,如果我要买台带遥控的录像机,会不会在总价上打点折扣?"(以一揽子交易压价)"还有一件事要给你提一下,我希望我付给你的价格是公平的,是一次双方都获益的交易。如果是这样的话。三个月后,我的办公室也要买一套,现在就可以定了。"(以远利压价)就这样,这位顾客每次赶在对方报价之前提出新的条件,不动声色地使售货员一再压价,最终得到了非常划算的价格。这就是说,积少成多,达到了预期目的。

但这种战术的运用也有一定的冒险性,如果一方压得太凶,或要求越来越高的方式不恰当,反而会激怒对方,使其固守原价,甚至加价,以进行报复,从而使谈判陷入僵局。因此在具有一定条件的情况下,才采用这一策略。这些条件是:①出价较低的一方,有较为明显的议价倾向;②经过科学的估算,确信对方出价的"水分"较大;③弄清一些不需要的服务费用是否包括在价格之中;④熟悉市场行情,一般在对方产品市场疲软的情况下,回旋余地较大。

实训项目

1. 实训目的
通过分析案例达到掌握商务谈判中不同策略。

2. 实训要求
能够分析实训背景中所采用的谈判策略,并应用于实践中。

3.实训背景
1980年奥运会在莫斯科举行。为了提高奥运会转播权售价,前苏联人采取了巧妙和坐收渔利的策略,并大获全胜。早在1976年蒙特利尔奥运会期间,前苏联人就邀请美国三大广播网——ABC、NBC、CBS——负责人到停泊在圣罗伦河的亚历山大·普希金号船上,给予了盛情招待,并单独接见每一个广播网的负责人,分别向他们报出了莫斯科奥运会转播权的起点价是2100万美元,意在引起三家的激烈竞争。经过拉锯式的谈判,结果NBC报价7000万美元,CBS报价7100万美元,ABC报价为7300万美元。眼看ABC以其较高报价在竞争中取胜,不料CBS却雇佣了德国谈判高手洛萨。在洛萨的努力下,1976年1月前苏联谈判代表和CBS主席威廉·派利达成协议:CBS以高出ABC的价格购买转播权。但到1976年12月,前苏联又出人意料地将三家广播公司负责人请到莫斯科,宣布以前所谈的一切只不过是使他们每一家获得最后阶段谈判权资格,现在必须由三家重新出价。三家对此非常恼火,集体退出谈判而回国,以此来威胁前苏联。谁知前苏联又抬出沙特拉公司作为第四个谈判对手。这个公司在全世界毫无名气,把奥运会转播权交给这样一个公司等于是对美国三大公司的耻笑。随后,前苏联人又利用沙特拉公司说服洛萨,让他与NBC重新联系。在洛萨的多次劝说、交涉下,终于使NBC广播网以8700万美元买下了莫斯科奥运会的转播权,洛萨本人也从NBC公司获得约600万美元的酬金。事实上,前苏联对最初的2100万美元高额要价从来没有认真过,他们原本打算以6000万~7000万美元出售转播权。当NBC获知这一情况后,后悔莫及。

4.实训过程

分析前苏联人在这场谈判中取得巨大胜利的原因是什么,在实际中应该注意什么问题。

5.实训评议

结合谈判策略,分析成功的原因和注意的问题。

项目十三

综合模拟实训的方案设计

一、知识目标

1. 了解模拟谈判的必要性
2. 了解模拟假设时要注意的事项
3. 掌握模拟谈判的总结应包括的内容

二、技能目标

能够通过模拟谈判掌握谈判流程和谈判内容

知识素养一 模拟谈判知识

我们可以就谈判制定出详细的方案,但这还不能成为谈判成功的充分保证,因为方案不可能尽善尽美。为了更直接地预见谈判的前景,对于一些重要的和难度较大的谈判,可以采取模拟谈判的方法来改进和完善谈判的准备工作。

模拟谈判即正式谈判前的"彩排",即将谈判组成员一分为二,一部分人扮演谈判对手,并以对手的立场、观点和作风来与另一部分己方谈判人员交锋,预演谈判的过程。

一、模拟谈判的必要性

模拟谈判可以使谈判者获得实战经验,取得重大成果。在模拟谈判中,谈判者不用担心谈判的失败,从检验谈判方案可能产生的效果出发,不仅可以使谈判者注意到那些原本被忽略或被轻视的重要问题,而且通过站在对方角度进行思考,可以使己方在谈判策略设计方面显得更加有针对性。同时,也将丰富己方在消除双方分歧方面的建设性思路。通过模拟谈判,己方对于将要谈判的各个问题,都将明确考虑可接受的解决方案和妥协方案。模拟谈判可以锻炼谈判者的应变能力,培养和提高谈判者的素质。

二、拟定假设

要使模拟谈判做到真正有效,还有赖于拟定正确的假设条件。拟定假设是指根据某些既定的事实或常识,将某些事物承认为事实,不管这些事物现在及将来是否发生,但仍视其为事实进行推理。依照假设的内容,可以把假设条件分为三类,即对客观世界的假设、对谈判对手的假设和对己方的假设。在谈判中,常常由于双方误解事实真相而浪费大量的时间,也许曲解事实的原因就在于一方或双方假设的错误。因此,谈判者必须牢记,自己所做的假设只是一种推测,如果把假设奉为必然去谈判,将是非常危险的。拟定假设的关键在于提高假设的精确度,使之更接近事实。

为此,在拟定假设条件时要注意:

(1)让具有丰富谈判经验的人做假设,这些人身经百战,提出假设的可靠度高。

(2)必须按照正确的逻辑思维进行推理,遵守思维的一般规律。

(3)必须以事实为基准,所拟定的事实越多、越全面,假设的准确度就越高。

(4)要正确区分事实与经验、事实与主观臆断,只有事实才是靠得住的。

三、模拟谈判的总结

模拟谈判的目的在于总结经验,发现问题,提出对策,完善谈判方案。所以,模拟谈判的总结是必不可少的。模拟谈判的总结应包括以下内容:

(1)对方的观点、风格、精神。

(2)对方的反对意见及解决办法。

(3)自己的有利条件及运用状况。

(4)自己的不足及改进措施。

(5)谈判所需情报资料是否完善。

(6)双方各自的妥协条件及可共同接受的条件。

(7)谈判破裂与否的界限等。

可见,谈判总结涉及各方面的内容,只有通过总结,才能积累经验,吸取教训,完善谈判的准备工作。

①优秀的商务谈判人员应该具备什么样的素质?②怎样进行谈判人员的配备?③谈判心理准备的要求是什么?④谈判者应具备怎样的心理素质?⑤商务谈判的信息对商务谈判有什么重要的作用?⑥商务谈判应主要搜集哪些方面的信息?⑦商务谈判的方案应该包括哪些方面的内容?⑧如何确定谈判的基本策略?⑨为什么要进行模拟谈判?⑩如何进行模拟谈判?

实训项目

学生可以从以下两个项目中任选一个,按组进行模拟。

实训练习一

1. 实训目的

能够通过模拟谈判掌握谈判流程和谈判内容

2. 实训要求

(1)制定模拟谈判假设。

(2)起草相关的谈判协议。

3. 实训背景

甲方:小张(房东)

乙方:小李(房客)

　　小李为了考研想在学校周围租一间屋子住,但是他对行情一无所知。请对你们学校周围的租房市场进行调查,确定价格。房东老板知道市场的行情随时间不同有所不同。

　　4. 实训过程

　　(1)学生分组讨论进行模拟谈判,一组扮演甲,一组扮演乙,分别进行市场调研并出具市场调研报告。

　　(2)制定模拟谈判假设,起草相关的谈判协议。

　　(3)现场进行模拟。

　　5. 实训评价。

实训练习二

　　1. 实训目的

　　能够通过模拟谈判掌握谈判流程和谈判内容。

　　2. 实训要求

　　(1)制定模拟谈判假设。

　　(2)起草相关的谈判协议。

　　3.实训背景

　　小王在开学的时候想买一辆二手自行车,但是他对行情一无所知。请对你们学校周围的二手自行车市场进行调查,确定价格。二手自行车的老板知道市场的行情随时间不同有所不同。

　　4. 实训过程

　　(1)学生分组讨论进行模拟谈判,一组扮演学生小王,一组扮演二手车店的老板,分别进行市场调研并出具市场调研报告。

　　(2)制定模拟谈判假设,起草相关的谈判协议。

　　(3)现场进行模拟。

　　5. 实训评价

参考文献

[1]孙玉太.商务谈判概论[M].大连：东北财经大学出版社,2000.

[2]范钧.商务沟通与谈判自学辅导[M].杭州：浙江人民出版社,2009.

[3]付春雨.商务谈判[M].北京：化学工业出版社,2009.

[4]石永恒.商务谈判实务与案例[M].北京：机械工业出版社,2009.

[5]卜桂英.国际商务谈判[M].北京大学出版社,2008.

[6]陈文汉.商务谈判实务[M].北京：电子工业出版社,2009.

[7]冯华亚.商务谈判[M].北京：清华大学出版社,2007.

[8]邓有佐.商务谈判实训[M].成都：电子科技大学出版社,2007.

[9]毛国涛.商务谈判.[M].北京理工大学出版社,2006.

[10]肖华.商务谈判实训[M].北京：中国劳动和社会保障出版社,2006.

[11]肯尼迪.谈判是什么[M].陈述,译.北京：中国宇航出版社,2004.

[12]周忠兴.商务谈判原理与技巧[M].南京：东南大学出版社,2003.

[13]王海云.商务谈判[M].北京航空航天大学出版社,2003.

[14]李品媛.现代商务谈判[M].大连：东北财经大学出版社,2003.

[15]汤秀莲.国际商务谈判[M].天津：南开大学出版社,2003.

[16]丁建忠.商务谈判[M].北京：中国人民大学出版社,2003.

[17]陈冠任.世界各国商人性格特征调查报告[M].北京：当代中国出版社,2002.

[18]白远.国际商务谈判理论案例分析与实践[M].北京：中国人民大学出版社,2002.

[19]刘园.国际商务谈判[M].北京：中国对外经济贸易出版社,2007.

[20]Xiuyun Zhou. Modeling the economic growth rate of E – Commerce firms. USA – China Business Review,2003.

[21]李昆益.商务谈判技巧[M].北京：中国对外经济贸易出版社,2007.

[22]吴炜,邱家明.商务谈判实务[M].重庆大学出版社,2008.

[23]刘文广.商务谈判(第二版)[M].北京：高等教育出版社,2009

[24]王洪耘.商务谈判[M].北京：首都经济贸易大学出版社,2005.

[25]赵素洁.商务谈判[M].北京：冶金工业出版社,2008.

[26]毛国涛.商务谈判[M].北京理工大学出版社,2010.

[27]黄卫平,董丽丽.国际商务谈判[M].北京：机械工业出版社,2008.

[28]方其.商务谈判——理论、技巧、案例[M].北京：中国人民大学出版社,2004.

[29]胡舒立,胡野碧,龙永图.谈判是这样完成的[J].财经,2001(11).

[30]汤秀莲.国际商务谈判[M].天津：南开大学出版社,2003.

图书在版编目(CIP)数据

商务谈判/雷娟主编.—2版.—西安:西安交通大学出
版社,2015.5(2019.7 重印)
ISBN 978 - 7 - 5605 - 7324 - 3

Ⅰ.①商… Ⅱ.①雷… Ⅲ.①商务谈判-高等学校-
教材 Ⅳ.①F715.4

中国版本图书馆 CIP 数据核字(2015)第 107318 号

书　　名	商务谈判(第二版)	
主　　编	雷　娟　全　婧	
责任编辑	赵怀瀛	

出版发行	西安交通大学出版社
	(西安市兴庆南路 1 号　邮政编码 710048)
网　　址	http://www.xjtupress.com
电　　话	(029)82668357　82667874(发行中心)
	(029)82668315(总编办)
传　　真	(029)82668280
印　　刷	西安明瑞印务有限公司

开　　本	787mm×1092mm　1/16	印张 13.75	字数 323 千字
版次印次	2015 年 5 月第 2 版　　2019 年 7 月第 4 次印刷		
书　　号	ISBN 978 - 7 - 5605 - 7324 - 3		
定　　价	28.80 元		

读者购书、书店添货,如发现印装质量问题,请与本社发行中心联系、调换。
订购热线:(029)82665248　(029)82665249
投稿热线:(029)82668133
读者信箱:xj_rwjg@126.com